BLACK CLOVER

Der Kampf beginnt

28

Yûki Tabata

TOKYOPOP

Yuno

Gruppe: Goldene Morgendämmerung | Magietypus: Wind

Astas Kindheitsfreund und Rivale. Wie dieser hat er das Ziel, König der Magier zu werden. Der Naturgeist Sylph untersteht seiner Kontrolle.

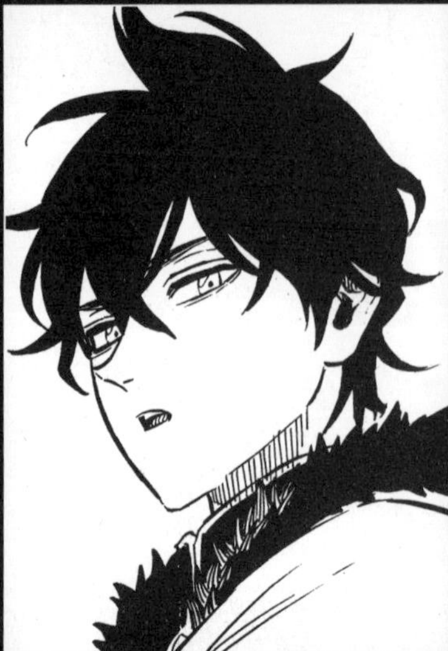

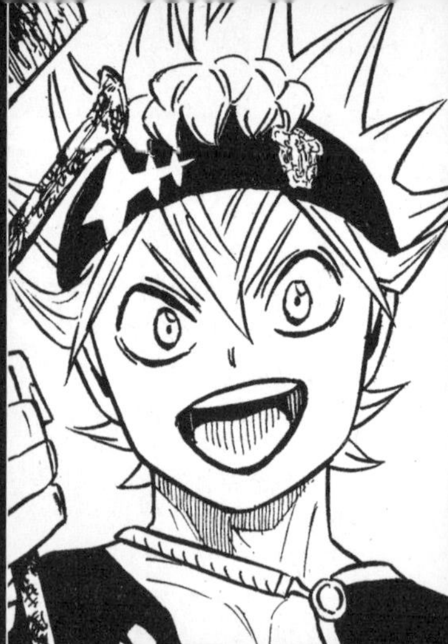

Asta

Gruppe: Schwarzer Stier | Magietypus: Nicht vorhanden (Antimagie)

Er hat zwar keinerlei magische Kraft, versucht aber mit seinem durchtrainierten Körper und seiner Beharrlichkeit König der Magier zu werden. Seine Waffen sind Schwerter aus Antimagie.

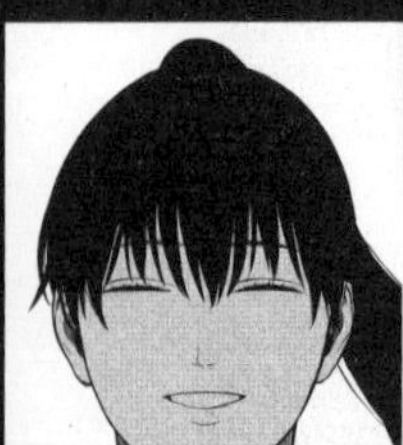

Nacht

Gruppe: Schwarzer Stier
Magietypus: Schatten

Vizeanführer des Schwarzen Stiers. Scheint Yami zu hassen?! Besitzt einen »Weg« – das Merkmal eines Besessenen.

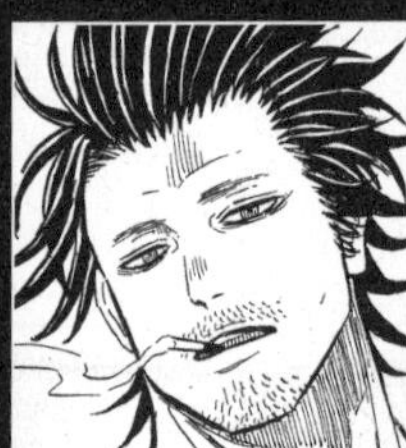

Yami Sukehiro

Gruppe: Schwarzer Stier
Magietypus: Dunkelheit

Er sieht grimmig aus und ist ein ziemlicher Haudegen, wird von seinen Ordensmitgliedern aber geliebt. Kettenraucher.

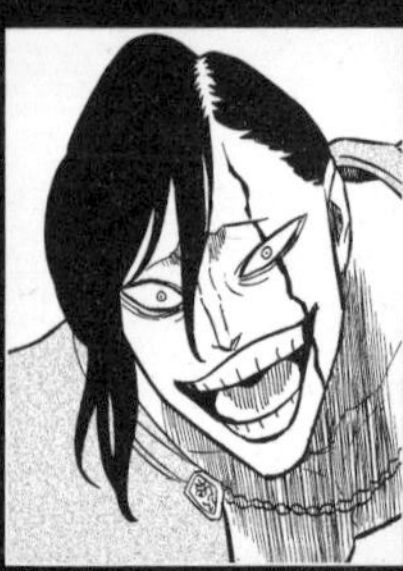

Jack the Ripper

Gruppe: Grüne Gottesanbeterin
Magietypus: Zerreißmagie

Ein Kampffanatiker und Zerreißfetischist. Yami und er sind wie Hund und Katz.

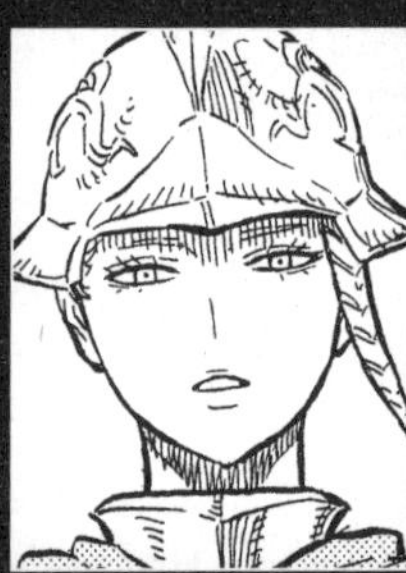

Charlotte Roselei

Gruppe: Blaue Rose
Magietypus: Dornbusch

Eine kühle Frau, die Männer nicht ausstehen kann, nur Yami scheint eine Ausnahme zu sein.

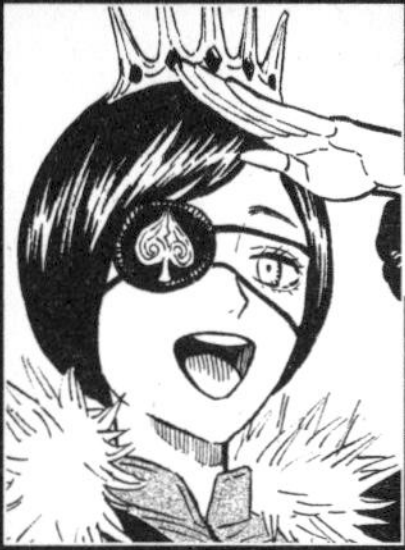

Vanica Zogratis

Magietypus:
Blut & Talisman

Trägt den Teufel Megicula in sich, der eng mit dem Schicksal von Lolopechka und Noelle verknüpft ist. Mitglied der »Dunklen Triade«.

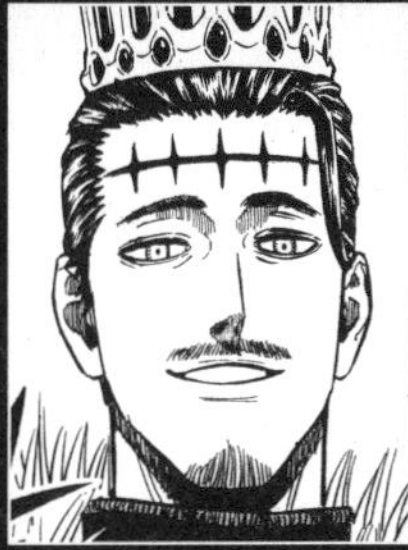

Dante Zogratis

Magietypus:
Körper & Schwerkraft

Anführer der »Dunklen Triade«, die das Königreich Spade beherrscht. Für ihn ist Boshaftigkeit die höchste Tugend.

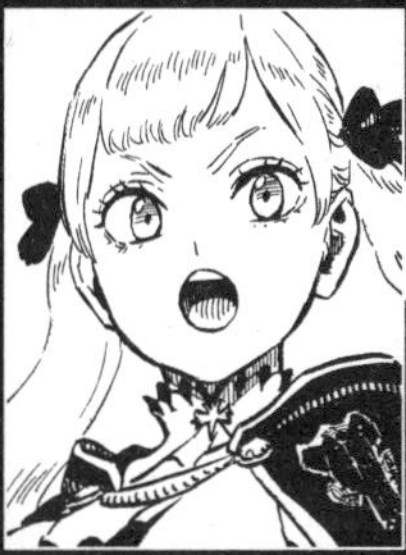

Noelle Silva

Gruppe:
Schwarzer Stier
Magietypus: Wasser

Stammt aus der königlichen Familie. In unzähligen Kämpfen entfaltete sie ihr Talent. Ist in Asta verliebt.

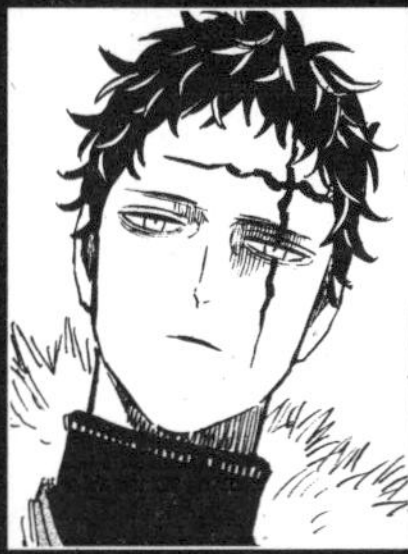

Zenon Zogratis

Magietypus:
Raum & Knochen

Mitglied der »Dunklen Triade«. Hat die Goldene Morgendämmerung mit seiner gigantischen Kraft ganz allein ausgelöscht.

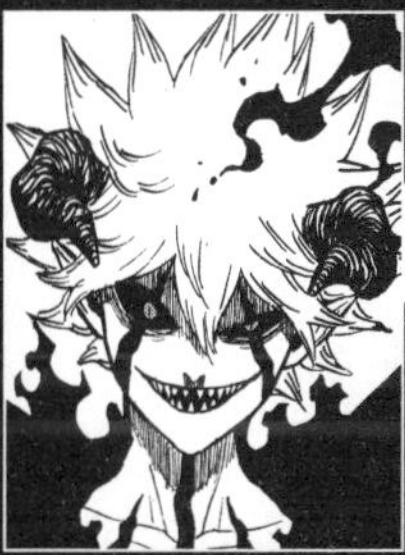

Liebe

Teufel

Der Teufel, der im Grimoire mit dem fünfblättrigen Kleeblatt eingeschlossen ist. Sein Vertrag mit Asta stellt die beiden gleich.

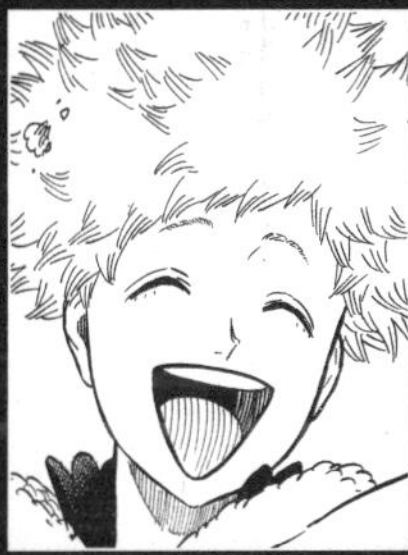

Rill Boismortier

Gruppe: Himmelblauer Phantomhirsch
Magietypus: Gemälde

Obwohl er noch sehr jung ist, führt er aufgrund seines großen Talents bereits einen Orden. Ist mit Asta befreundet und sehr anhänglich.

Was bisher geschah:

Eine Welt, in der nur Magie zählt …
Die Waisenkinder Asta und Yuno, die am selben Tag vor der Kirche des Dorfes Hage ausgesetzt wurden, möchten das höchste Ziel eines jeden Magiers erreichen und König der Magier werden. Dafür trainieren sie tagein, tagaus. Nachdem sie mit 15 Jahren endlich ihre Grimoires, Zauberbücher, die die magische Kraft erhöhen, erhalten haben, nehmen sie an der Eignungsprüfung für die Ritterorden teil. Die neun Ritterorden sind dem König der Magier unterstellt. Yuno, der eine große magische Kraft besitzt, wird im elitären Orden »Goldene Morgendämmerung« aufgenommen, wohingegen Asta, der keinerlei magische Kraft besitzt, im »Schwarzen Stier« landet, einer berüchtigten Chaostruppe. Beide haben also den ersten Schritt gemacht, um ihrem Ziel, König der Magier zu werden, ein wenig näher zu kommen.
Nacht, der lange als Spion im Königreich Spade gearbeitet hat, will eine Eliteeinheit bilden, um Yami und die anderen Entführten zurückzuholen, bevor sich das Tor zur Unterwelt öffnet. Als Nacht die »Zeremonie des Teufelsdieners« durchführt, freundet sich Asta mit dem Teufel »Liebe« an, der ihm innewohnt. Schaffen es die beiden, die »Teufelsvereinigung« zu meistern und ihre maximale Kraft zu mobilisieren?!

INHALT

BLACK CLOVER
28

★ Die nachfolgende Geschichte ist frei erfunden. Jede Ähnlichkeit mit realen Personen, Gruppen oder Geschehen wäre rein zufällig.

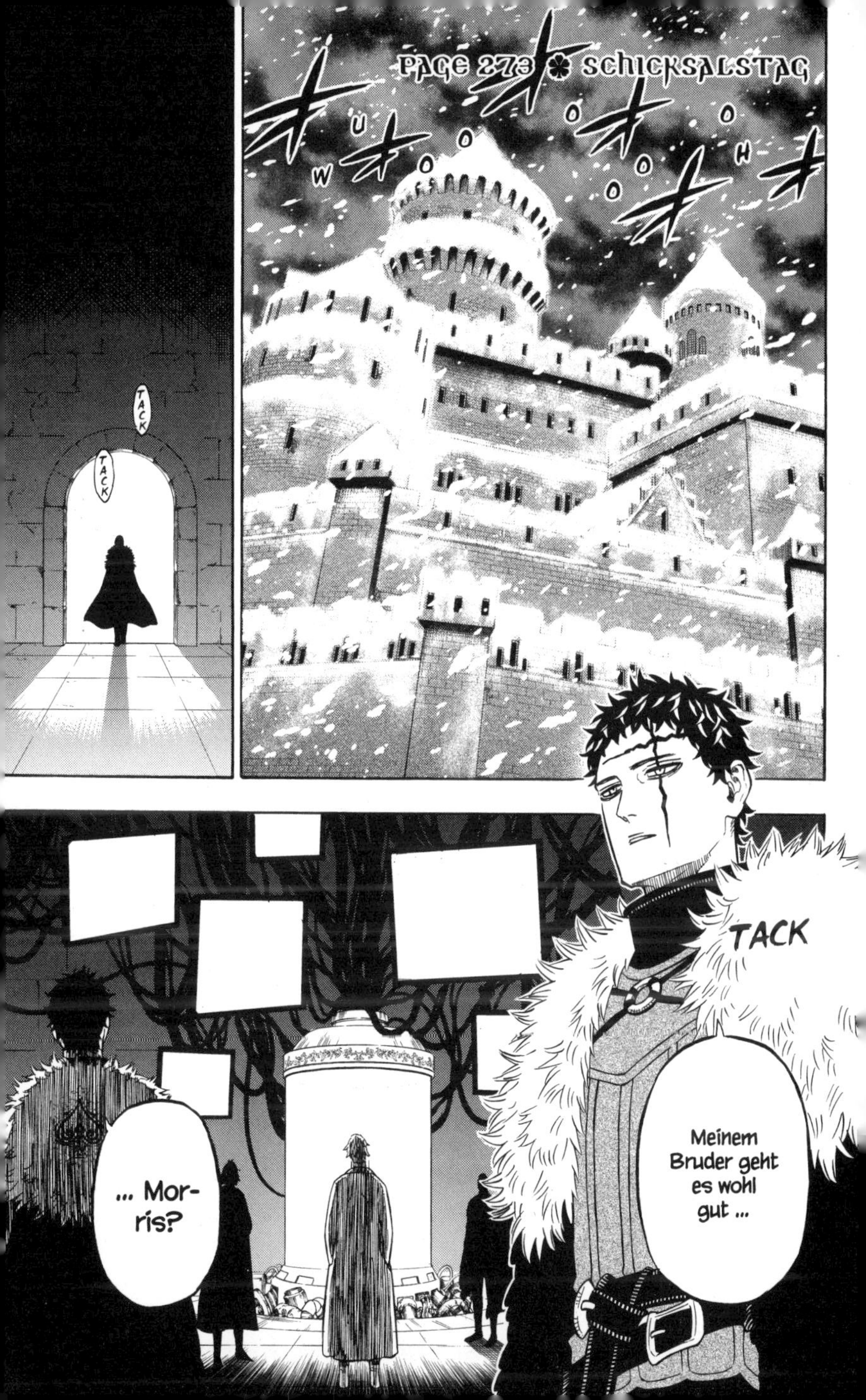
PAGE 273 ✿ SCHICKSALSTAG
WUOOOOOOH
TACK
TACK
TACK
Meinem Bruder geht es wohl gut ...
... Mor-ris?

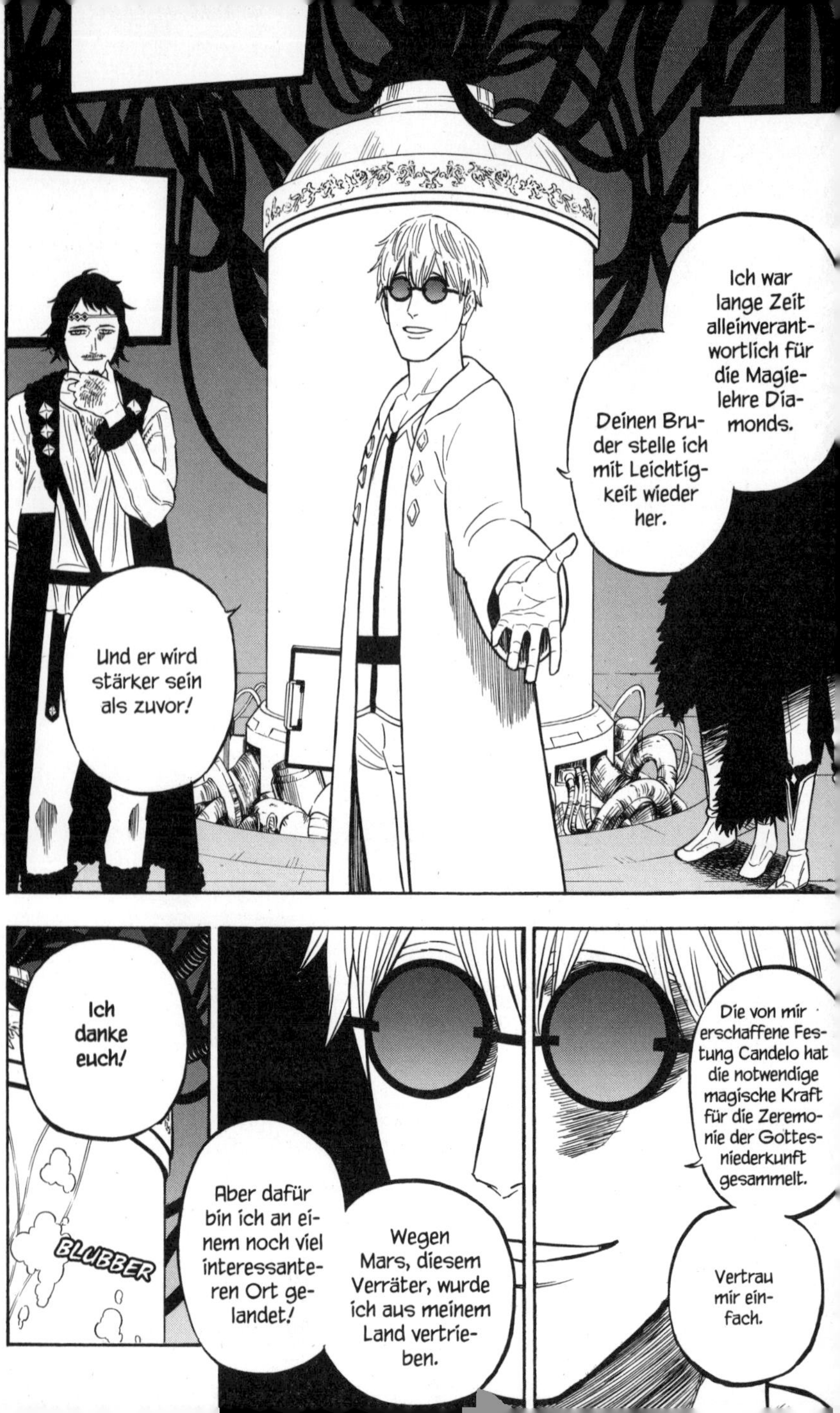
Ich war lange Zeit alleinverantwortlich für die Magielehre Diamonds.
Deinen Bruder stelle ich mit Leichtigkeit wieder her.
Und er wird stärker sein als zuvor!
Die von mir erschaffene Festung Candelo hat die notwendige magische Kraft für die Zeremonie der Gottesniederkunft gesammelt.
Vertrau mir einfach.
Wegen Mars, diesem Verräter, wurde ich aus meinem Land vertrieben.
Aber dafür bin ich an einem noch viel interessanteren Ort gelandet!
Ich danke euch!
BLUBBER

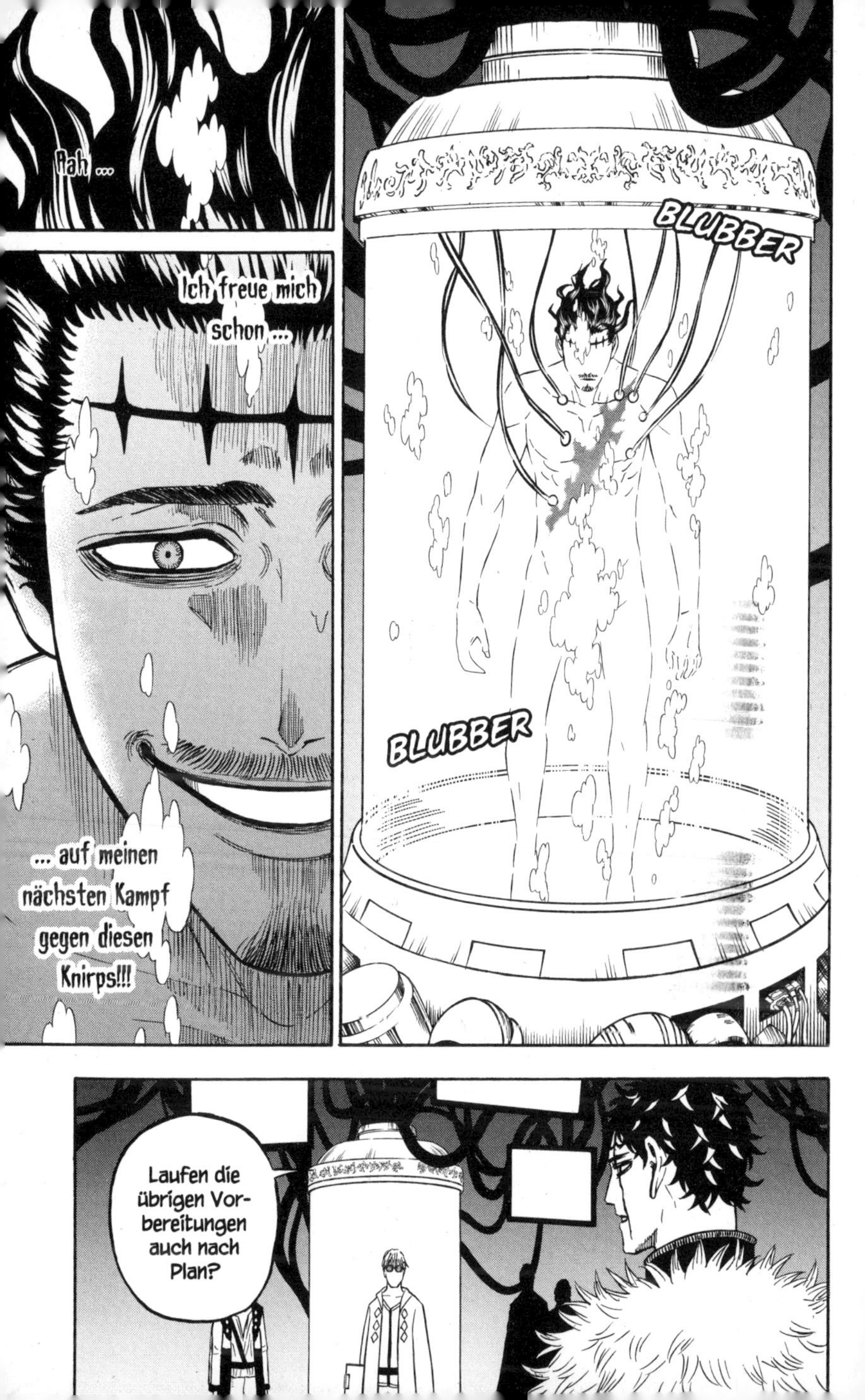
Aah ...
Ich freue mich schon ...
... auf meinen nächsten Kampf gegen diesen Knirps!!!
BLUBBER
BLUBBER
Laufen die übrigen Vorbereitungen auch nach Plan?

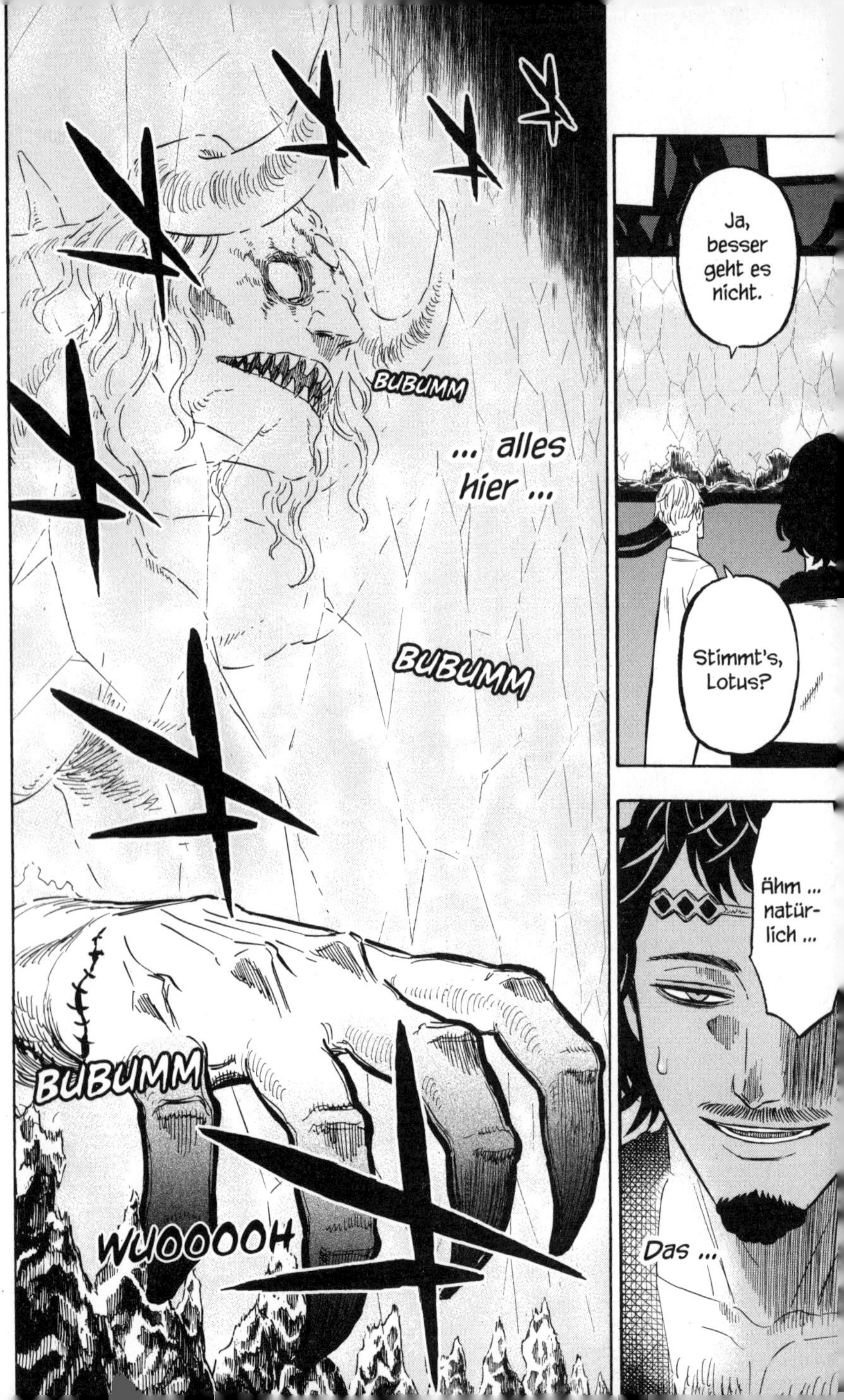
Ja, besser geht es nicht.
Stimmt's, Lotus?
Ähm ... natürlich ...
Das ...
BUBUMM
... alles hier ...
BUBUMM
BUBUMM
WUOOOOH

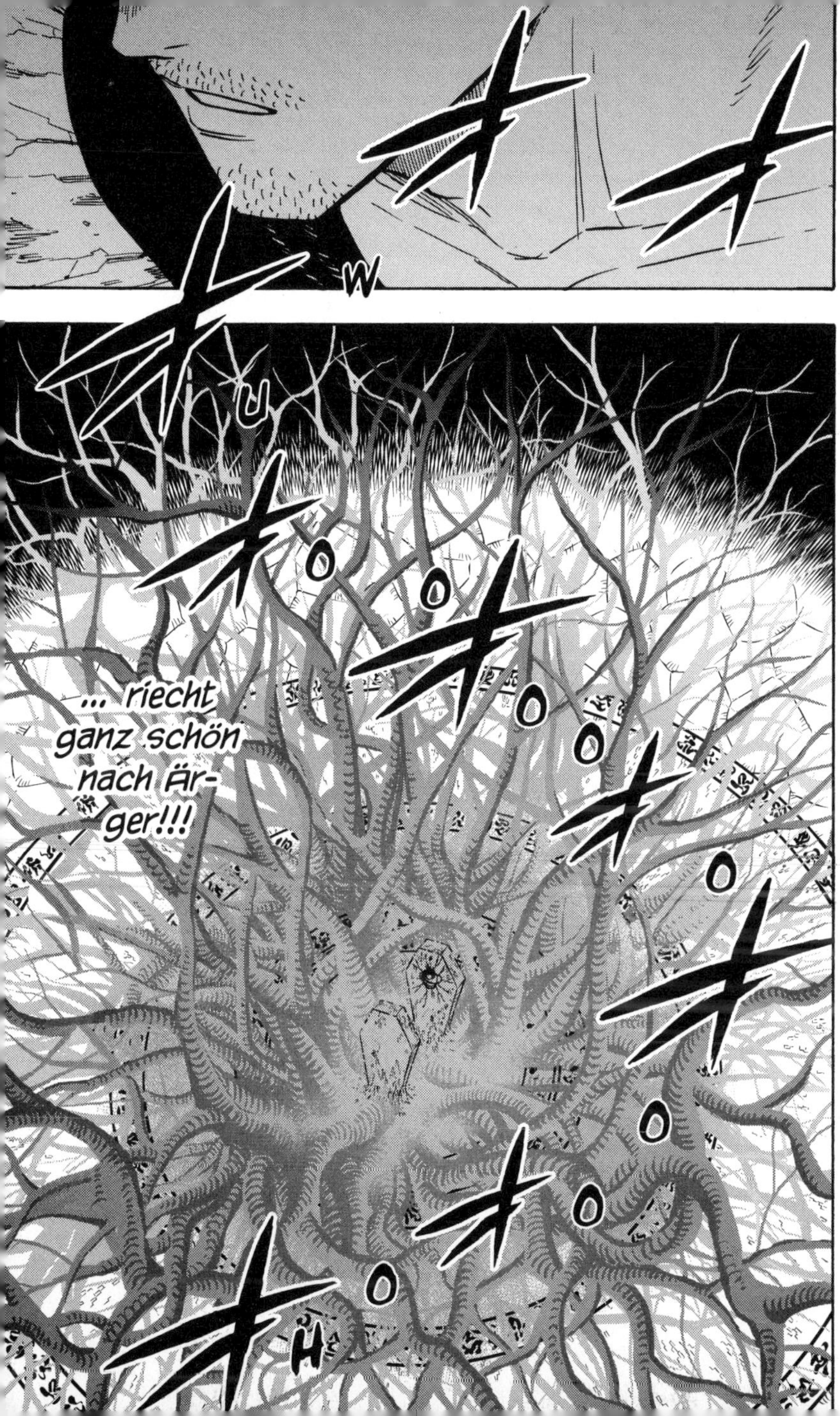
W
U
OOOOOOOO
H
... riecht ganz schön nach Är-ger!!!

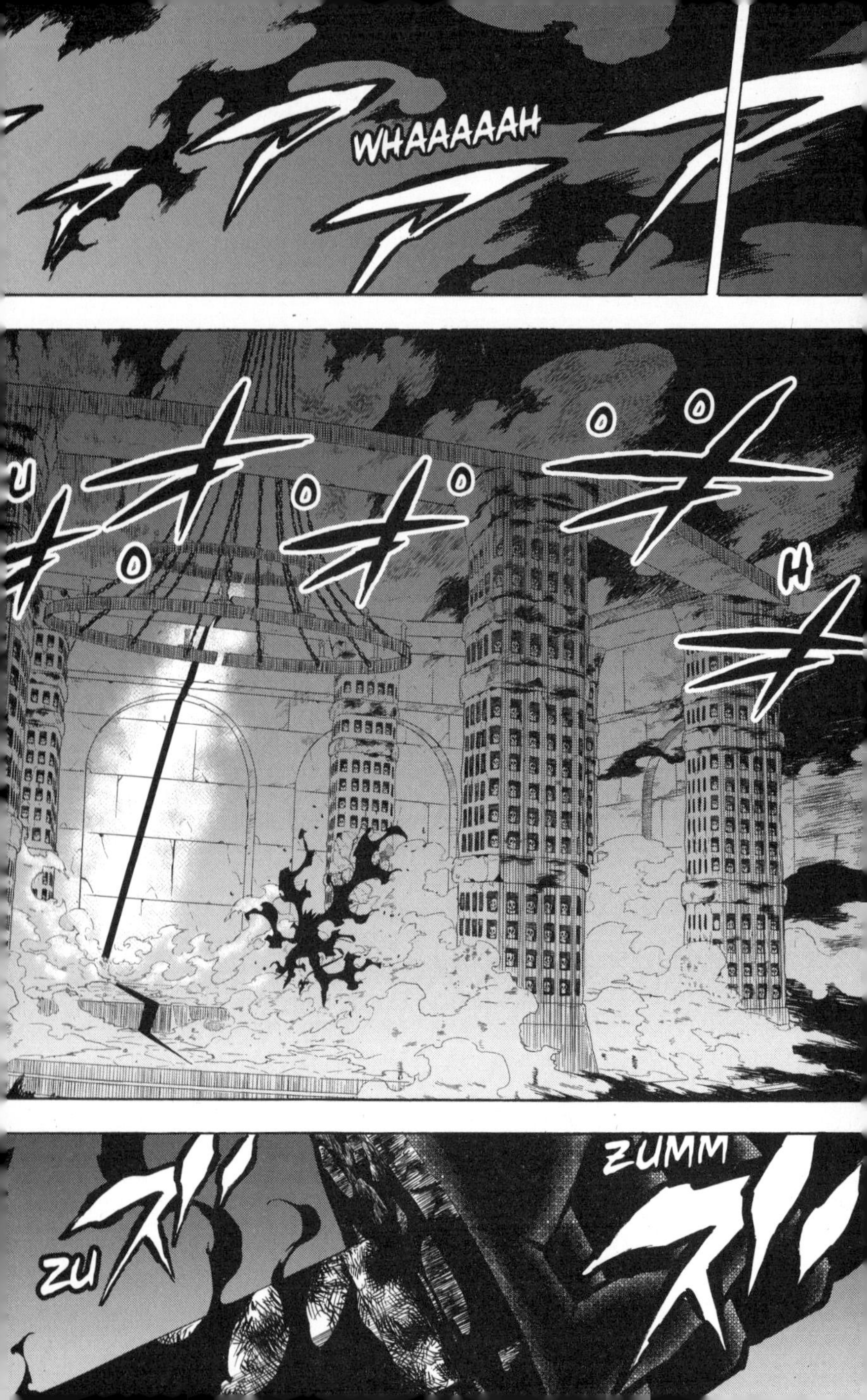
WHAAAAAH
U O O O O O H
ZUMM
ZU

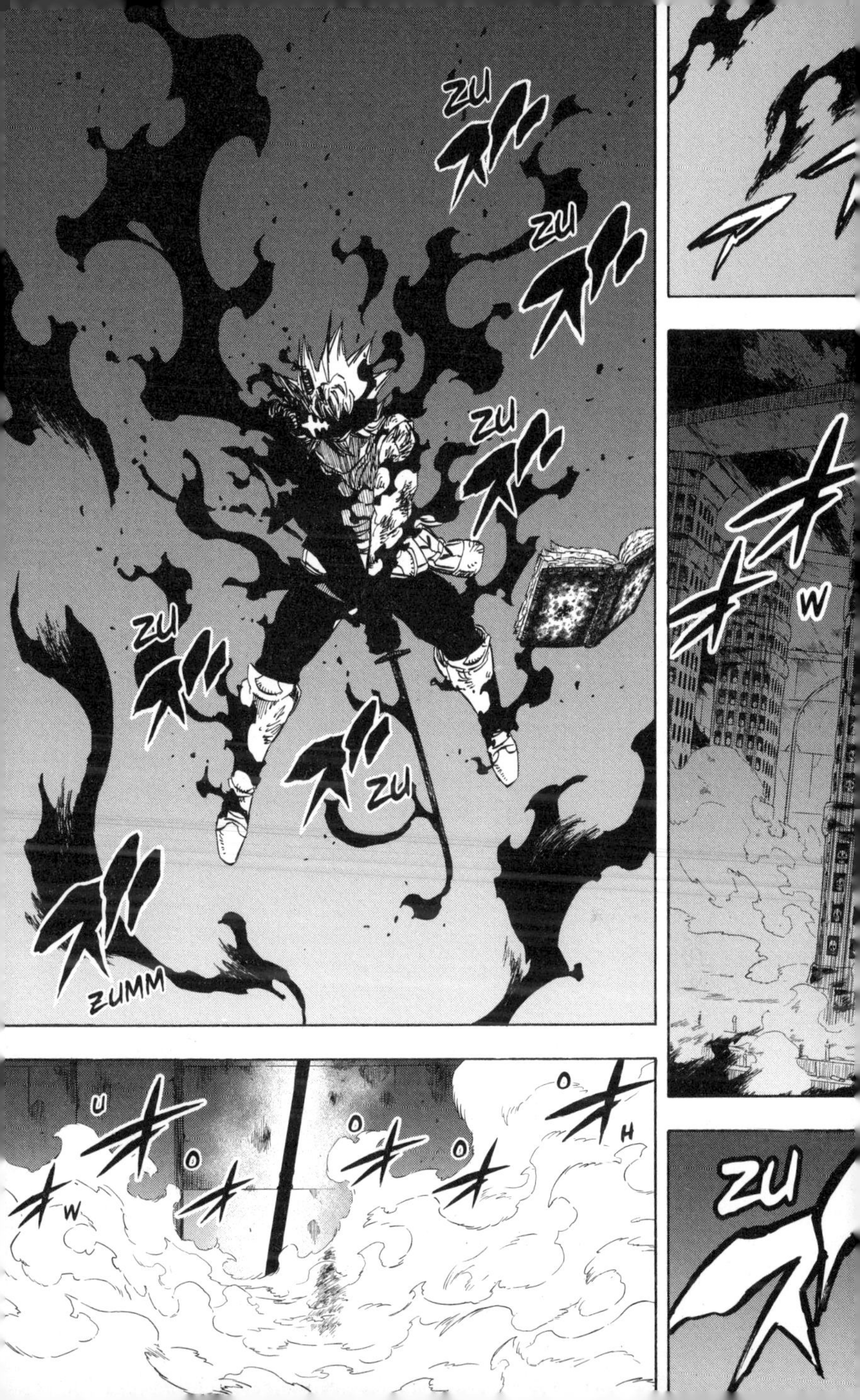
W
ZU
ZU
ZU
ZU
ZU
ZU
ZUMM
O
H
O
O
O
U
W
ZU

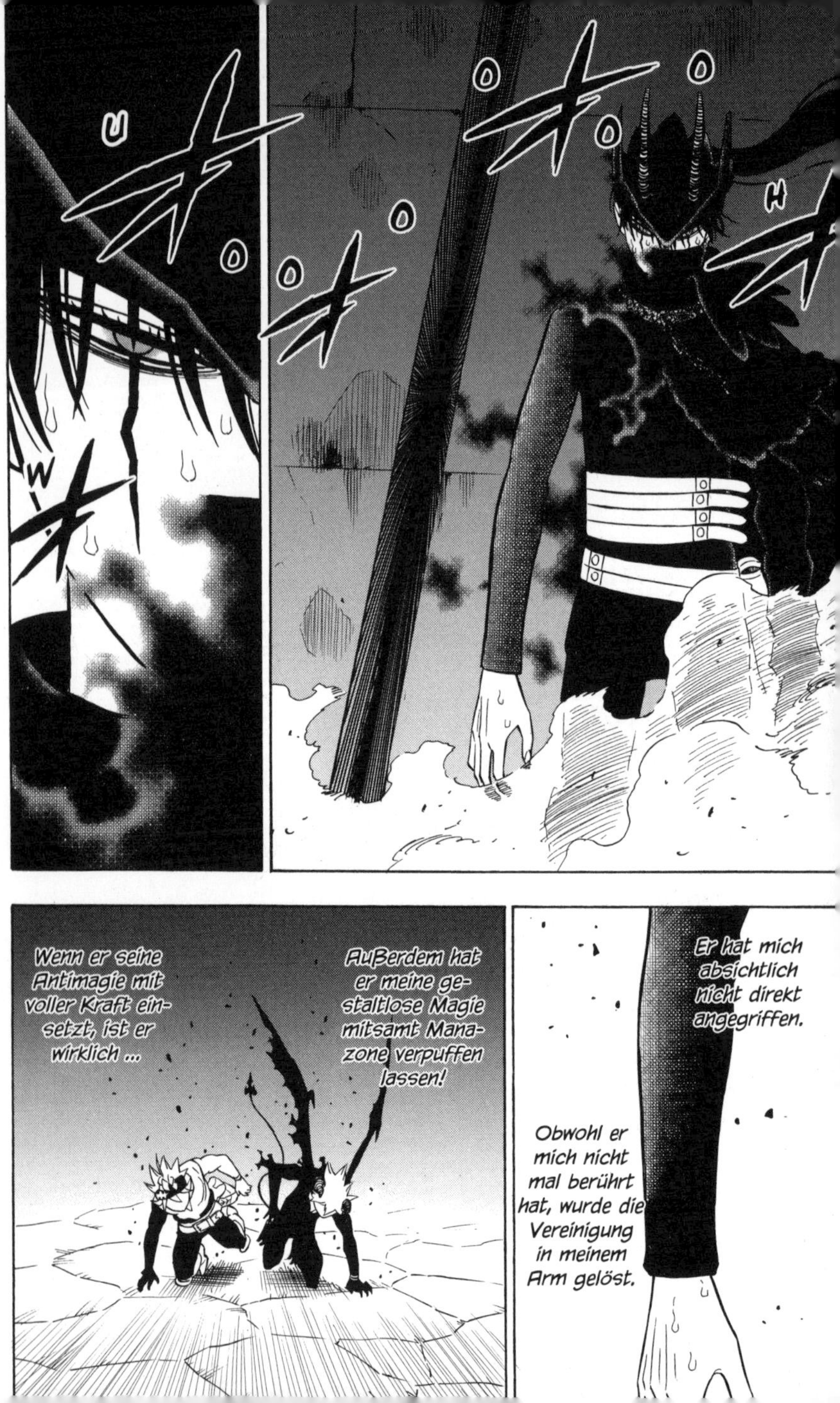
Er hat mich absichtlich nicht direkt angegriffen.
Obwohl er mich nicht mal berührt hat, wurde die Vereinigung in meinem Arm gelöst.
Außerdem hat er meine ge-staltlose Magie mitsamt Mana-zone verpuffen lassen!
Wenn er seine Antimagie mit voller Kraft ein-setzt, ist er wirklich ...

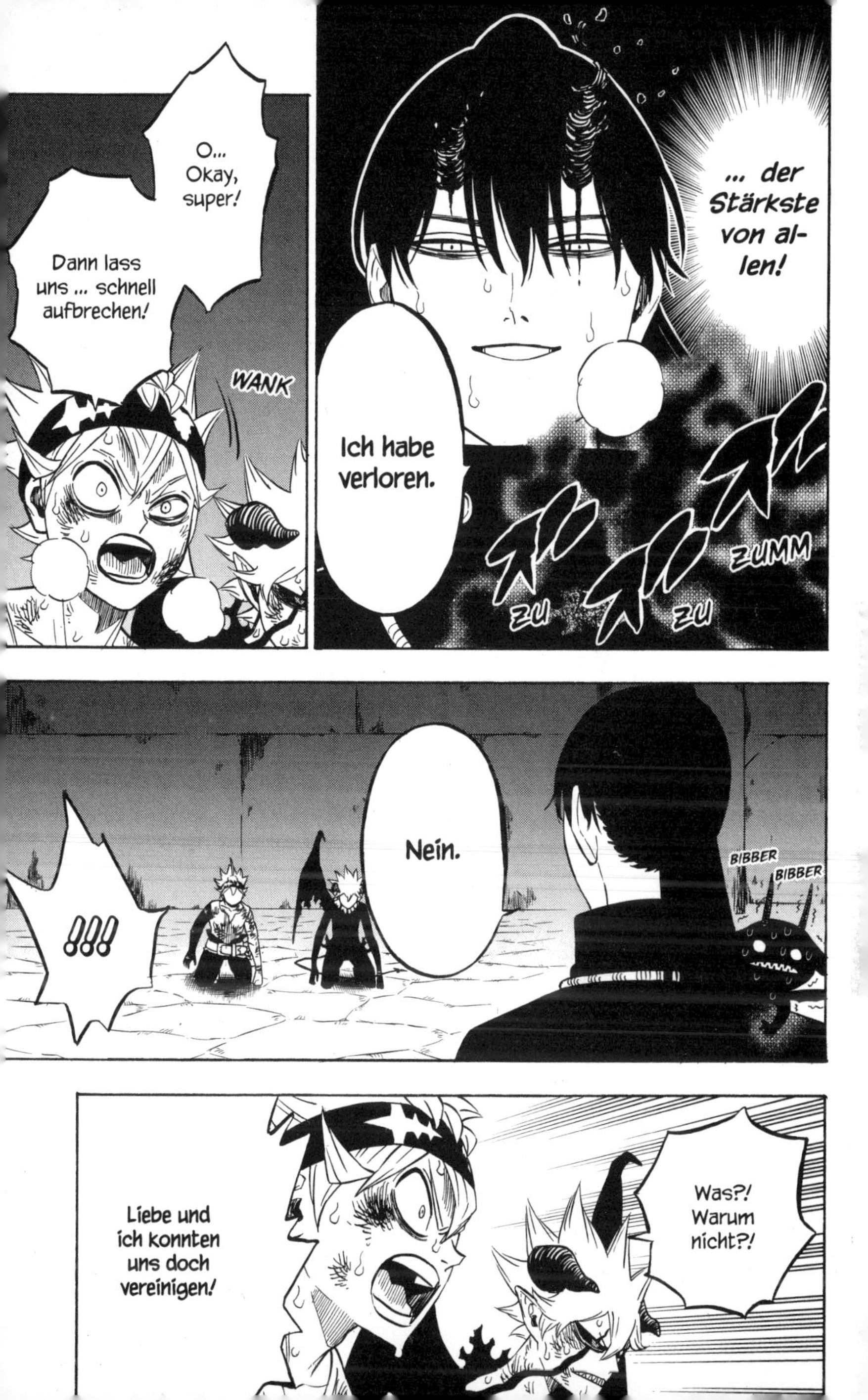
... der Stärkste von al-len!
Ich habe verloren.
ZUMM
ZU
ZU
O... Okay, super!
Dann lass uns ... schnell aufbrechen!
WANK
BIBBER
BIBBER
Nein.
!!!
Was?! Warum nicht?!
Liebe und ich konnten uns doch vereinigen!

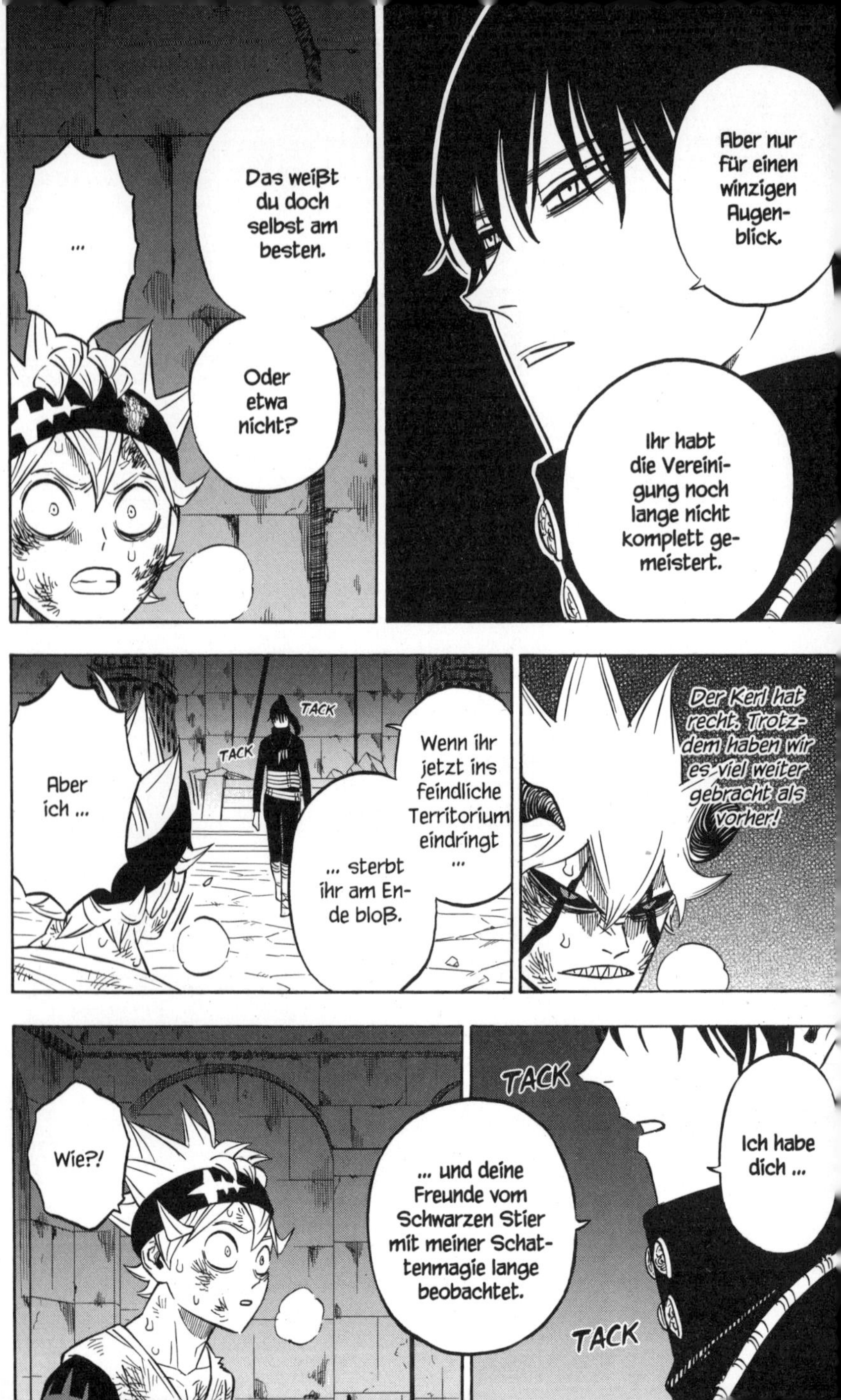

Aber nur für einen winzigen Augenblick.
Ihr habt die Vereinigung noch lange nicht komplett gemeistert.
Das weißt du doch selbst am besten.
Oder etwa nicht?
...
Der Kerl hat recht. Trotzdem haben wir es viel weiter gebracht als vorher!
TACK
TACK
Wenn ihr jetzt ins feindliche Territorium eindringt ...
... sterbt ihr am Ende bloß.
Aber ich ...
TACK
Ich habe dich ...
TACK
... und deine Freunde vom Schwarzen Stier mit meiner Schattenmagie lange beobachtet.
Wie?!

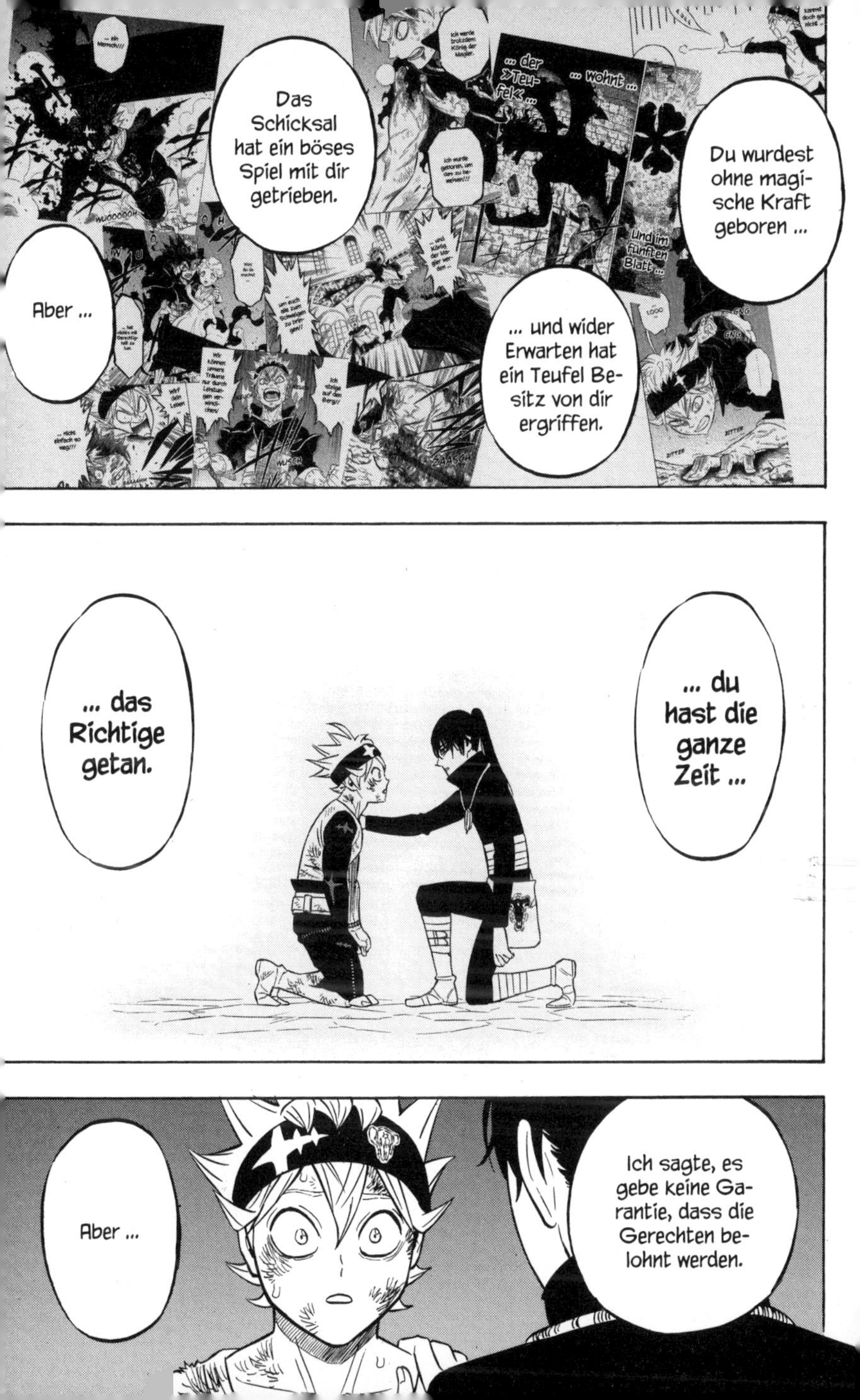
Du wurdest ohne magische Kraft geboren ...
... und im fünften Blatt ...
... wohnt ...
... der >Teufel< ...
... und wider Erwarten hat ein Teufel Besitz von dir ergriffen.
Das Schicksal hat ein böses Spiel mit dir getrieben.
Aber ...
... du hast die ganze Zeit ...
... das Richtige getan.
Ich sagte, es gebe keine Garantie, dass die Gerechten belohnt werden.
Aber ...

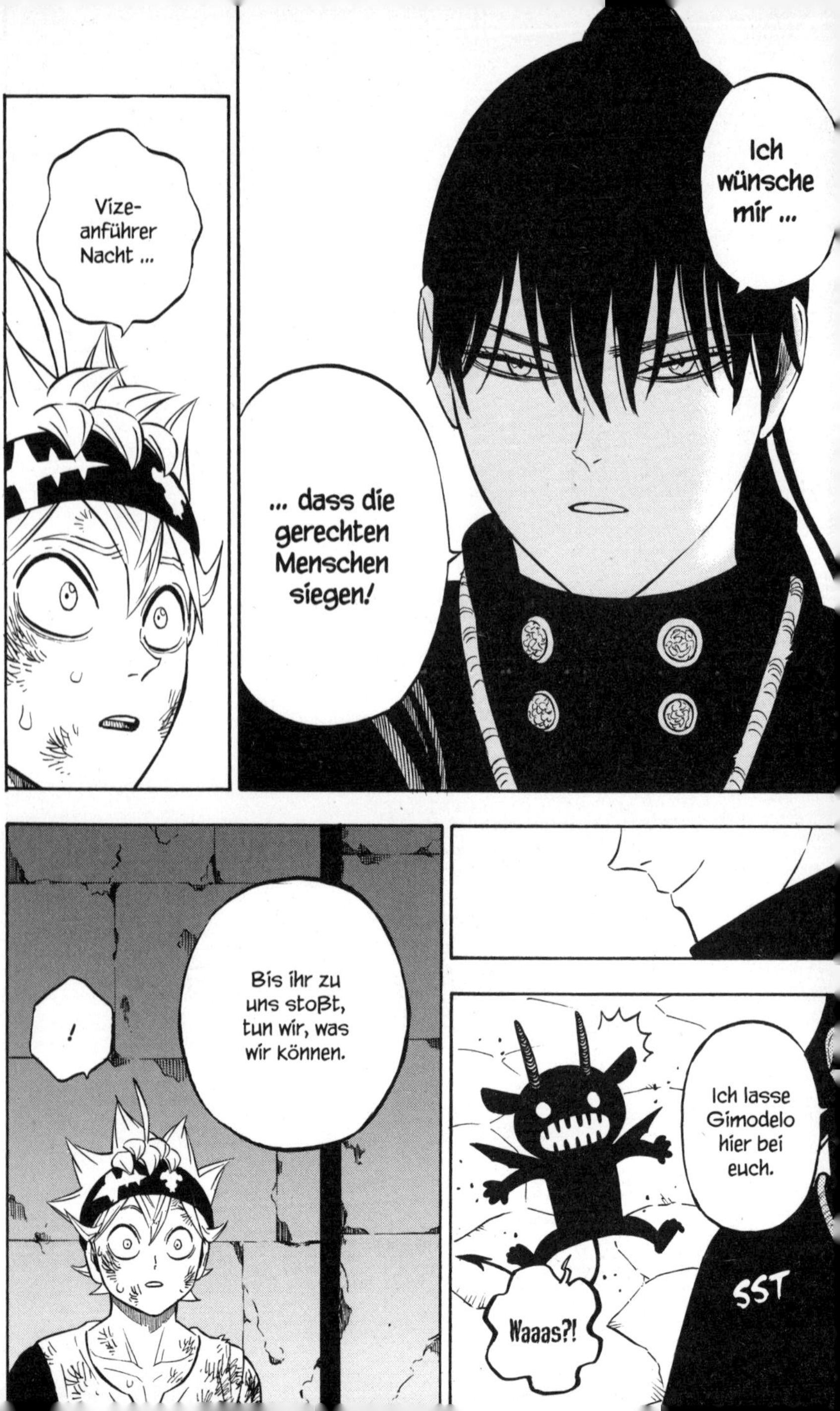
Ich wünsche mir ...
... dass die gerechten Menschen siegen!
Vize-anführer Nacht ...
Ich lasse Gimodelo hier bei euch.
SST
Waaas?!
Bis ihr zu uns stoßt, tun wir, was wir können.
!

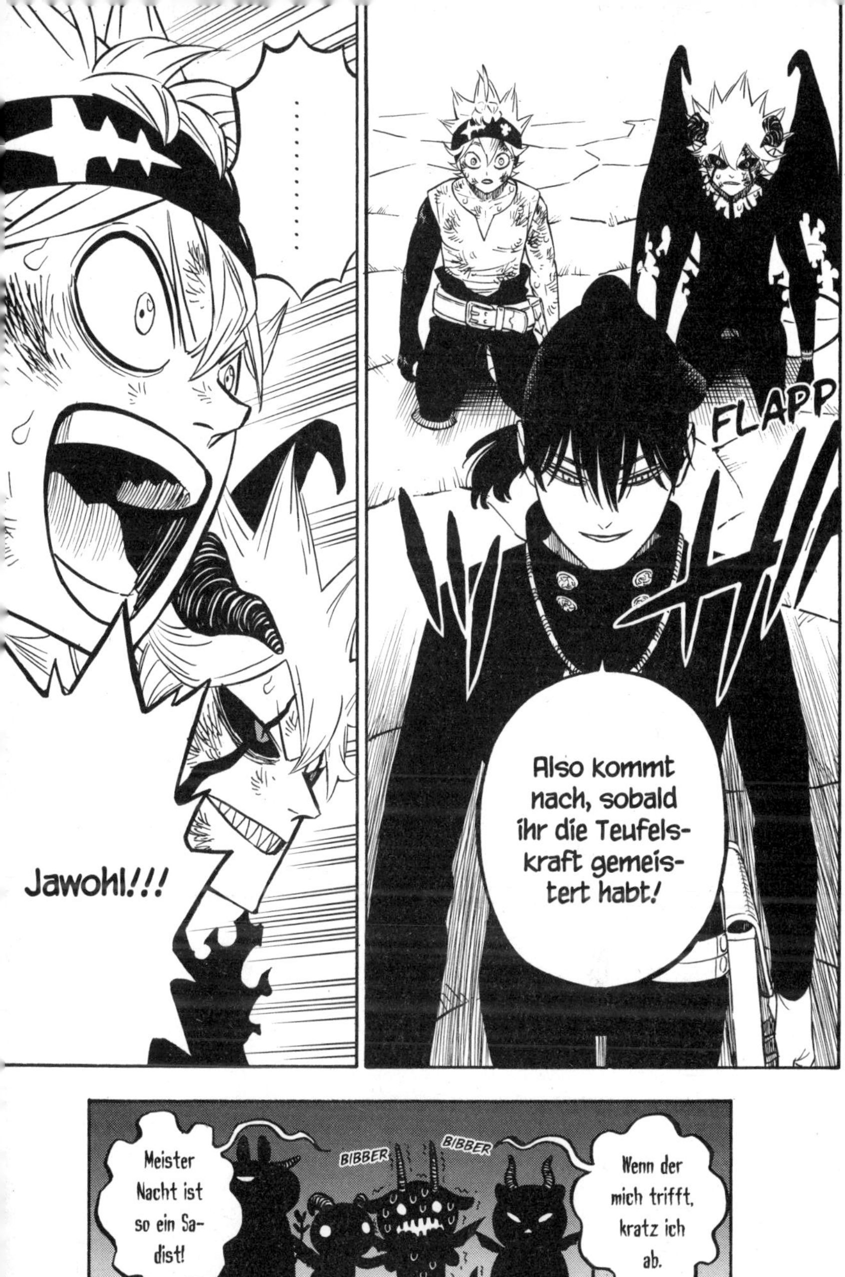

Also kommt nach, sobald ihr die Teufelskraft gemeistert habt!
FLAPP
......
Jawohl!!!
Wenn der mich trifft, kratz ich ab.
BIBBER
BIBBER
BIBBER
Meister Nacht ist so ein Sadist!

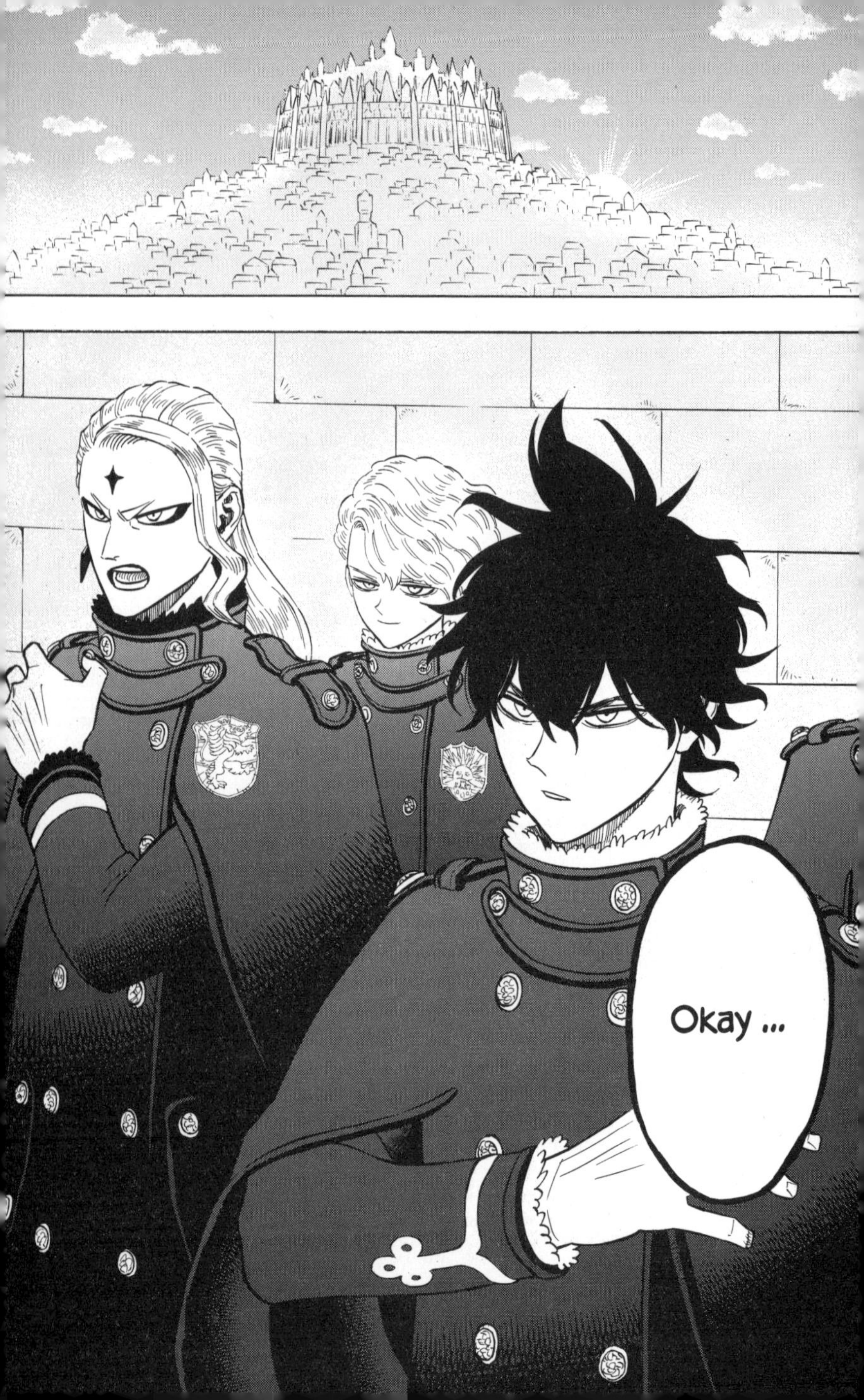
Okay ...

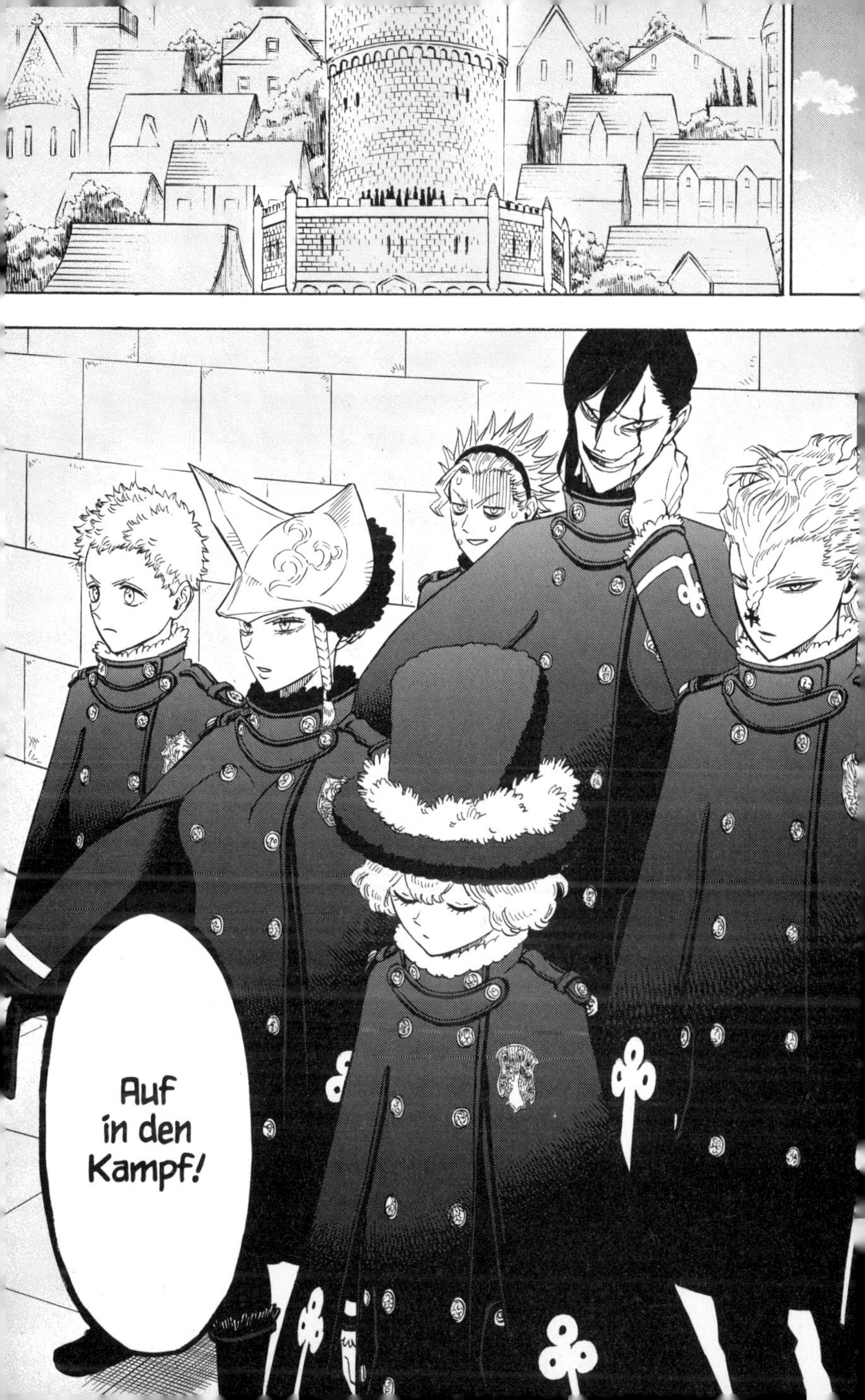
Auf in den Kampf!

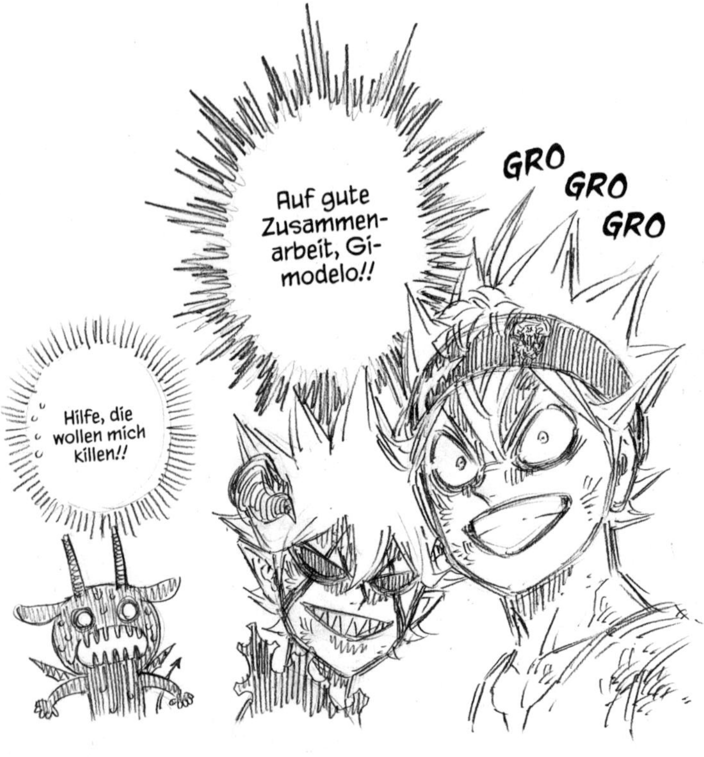
Auf gute Zusammen-arbeit, Gi-modelo!!
GRO GRO GRO
Hilfe, die wollen mich killen!!

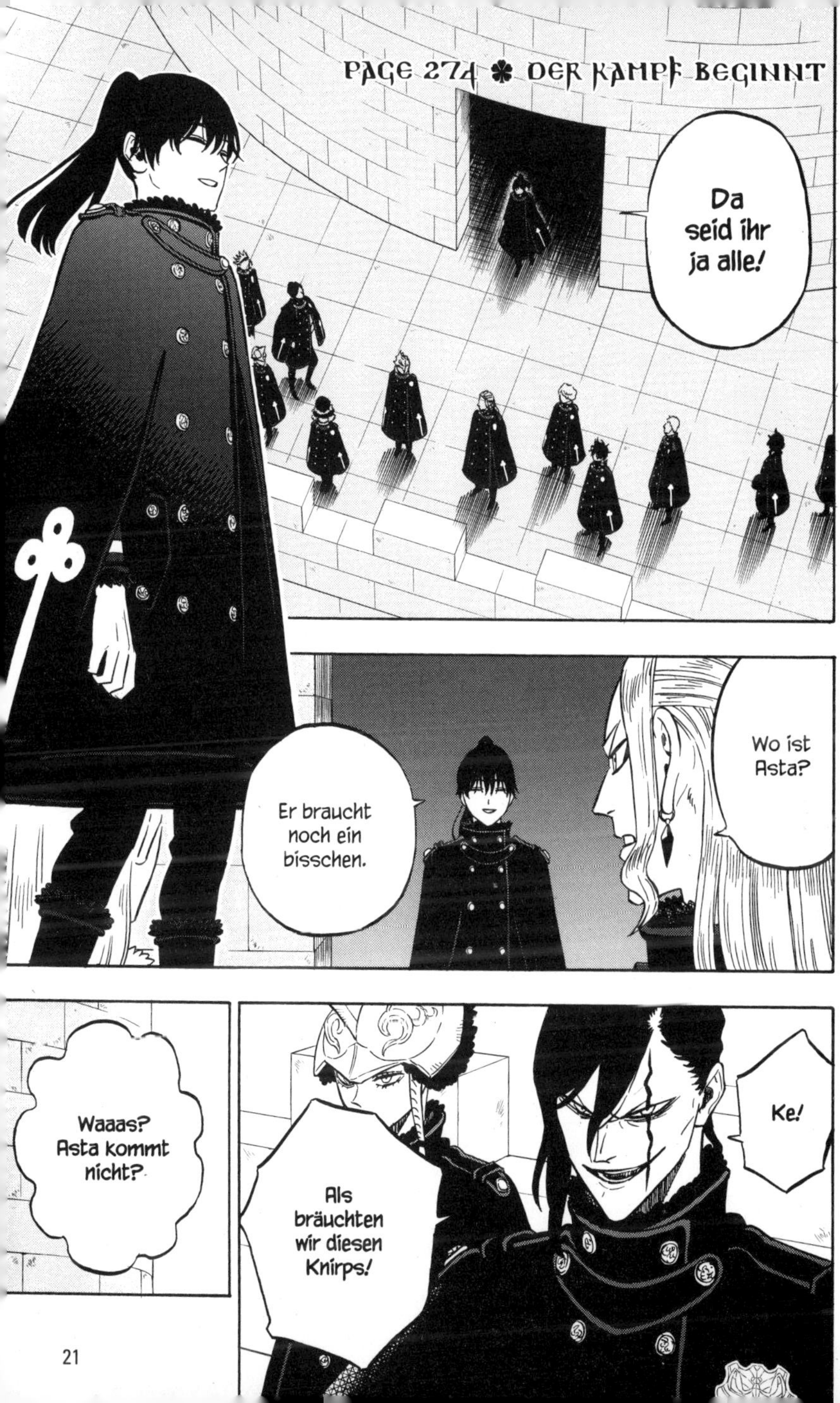
Page 274 ✿ Der Kampf beginnt
Da seid ihr ja alle!
Wo ist Asta?
Er braucht noch ein bisschen.
Ke!
Als bräuchten wir diesen Knirps!
Waaas? Asta kommt nicht?

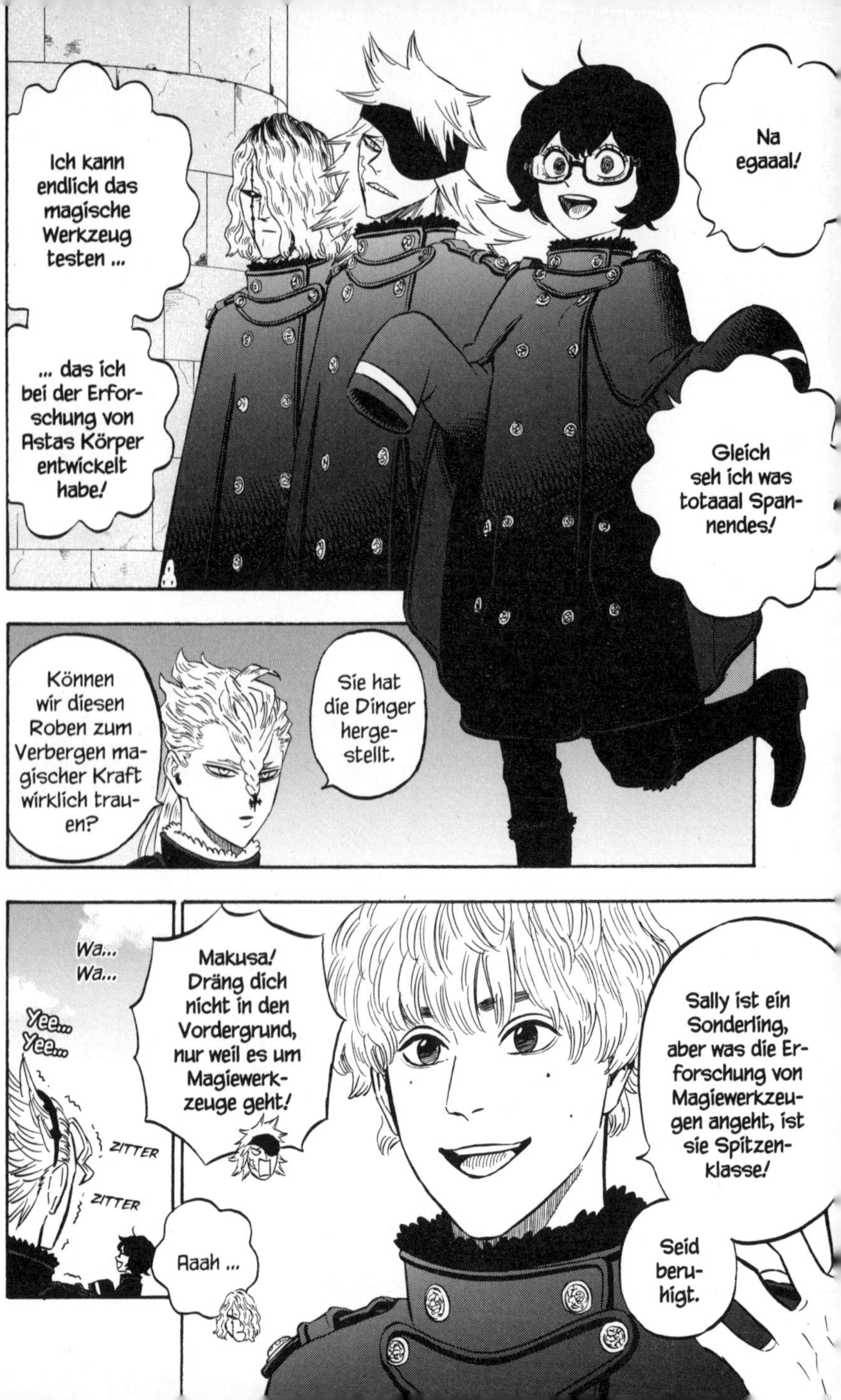
Na egaaal!
Gleich seh ich was totaaal Spannendes!
Ich kann endlich das magische Werkzeug testen ...
... das ich bei der Erforschung von Astas Körper entwickelt habe!
Können wir diesen Roben zum Verbergen magischer Kraft wirklich trauen?
Sie hat die Dinger hergestellt.
Sally ist ein Sonderling, aber was die Erforschung von Magiewerkzeugen angeht, ist sie Spitzenklasse!
Seid beruhigt.
Makusa! Dräng dich nicht in den Vordergrund, nur weil es um Magiewerkzeuge geht!
Aaah ...
Wa... Wa...
Yee... Yee...
ZITTER
ZITTER

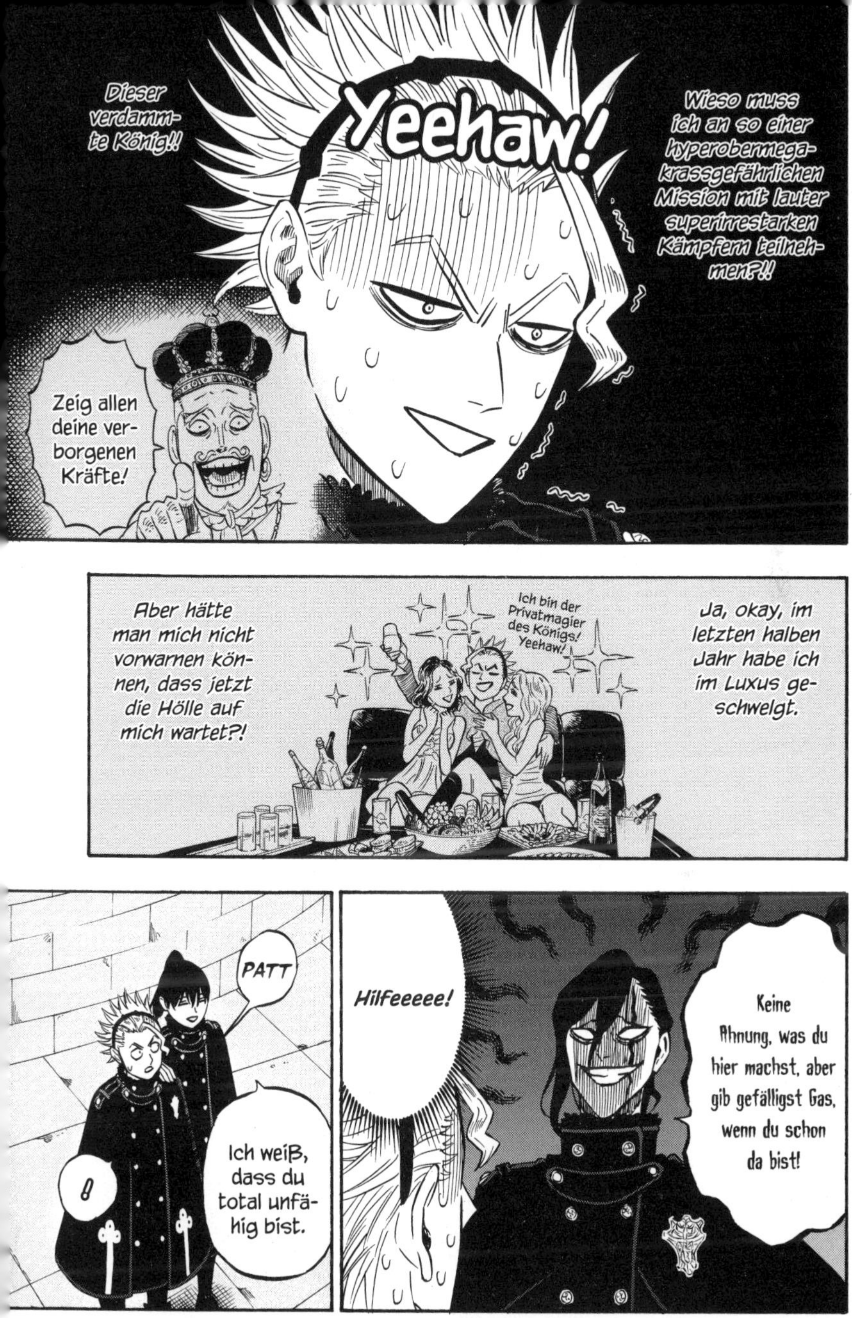

Yeehaw!
Wieso muss ich an so einer hyperobermega-krassgefährlichen Mission mit lauter superirrestarken Kämpfern teilnehmen?!!
Dieser verdammte König!!
Zeig allen deine verborgenen Kräfte!
Ja, okay, im letzten halben Jahr habe ich im Luxus geschwelgt.
Ich bin der Privatmagier des Königs! Yeehaw!
Aber hätte man mich nicht vorwarnen können, dass jetzt die Hölle auf mich wartet?!
Keine Ahnung, was du hier machst, aber gib gefälligst Gas, wenn du schon da bist!
Hilfeeeee!
PATT
Ich weiß, dass du total unfähig bist.
!

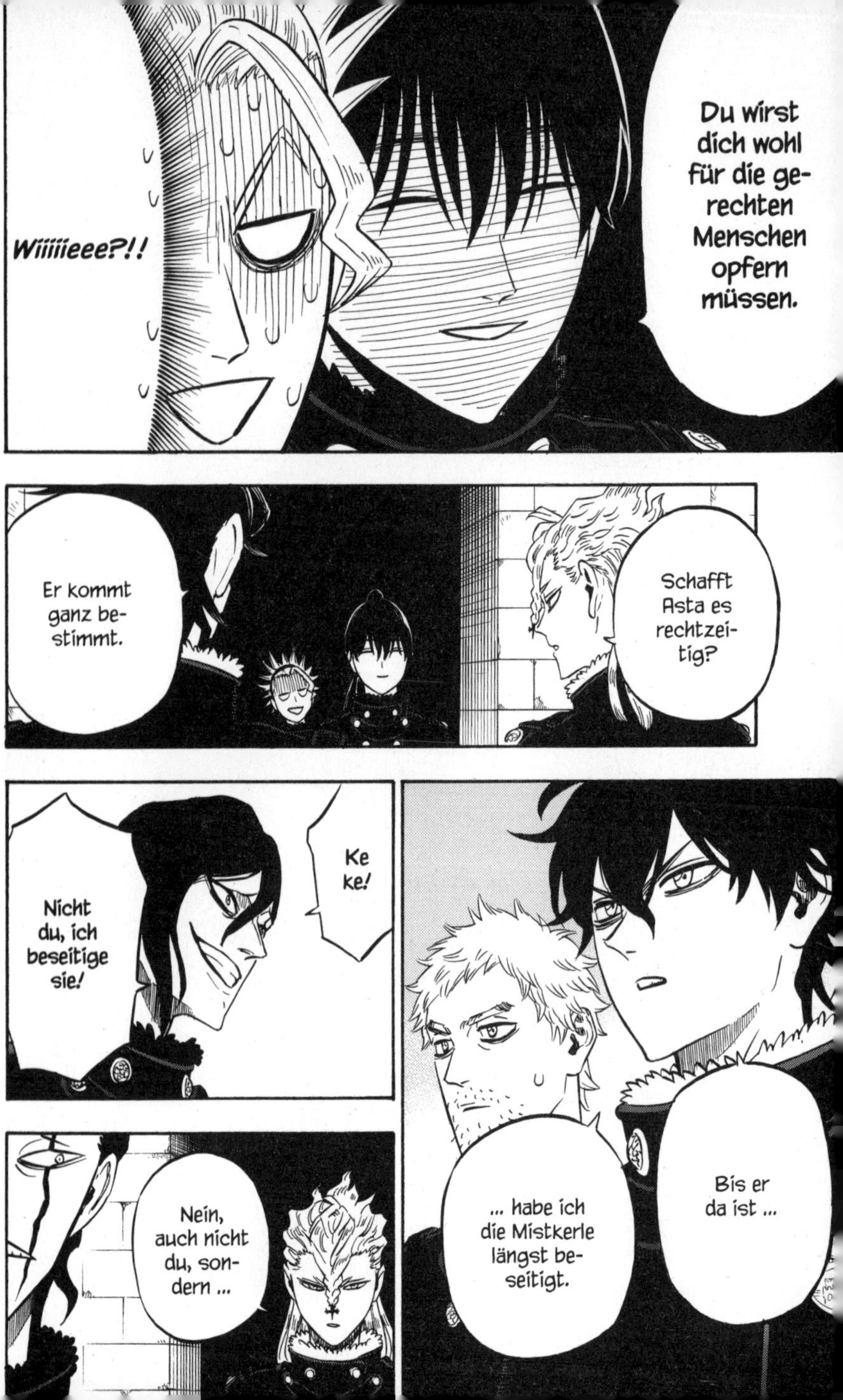
Du wirst dich wohl für die gerechten Menschen opfern müssen.
Wiiiiieee?!!
Schafft Asta es rechtzeitig?
Er kommt ganz bestimmt.
Bis er da ist ...
... habe ich die Mistkerle längst beseitigt.
Ke ke!
Nicht du, ich beseitige sie!
Nein, auch nicht du, sondern ...

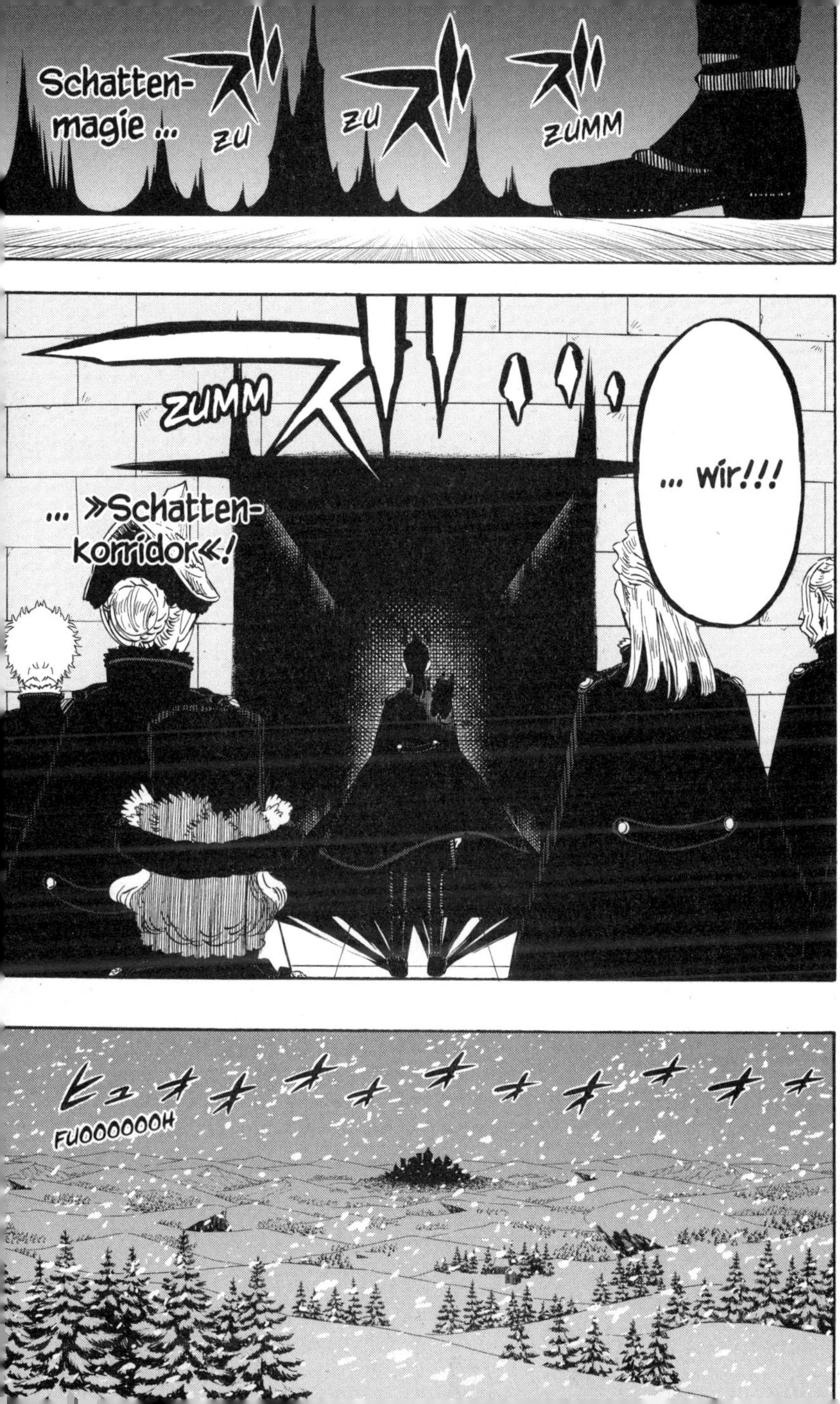
Schatten-
magie ...
ZU
ZU
ZUMM
... wir!!!
ZUMM
... »Schatten-
korridor«!
FUOOOOOOH

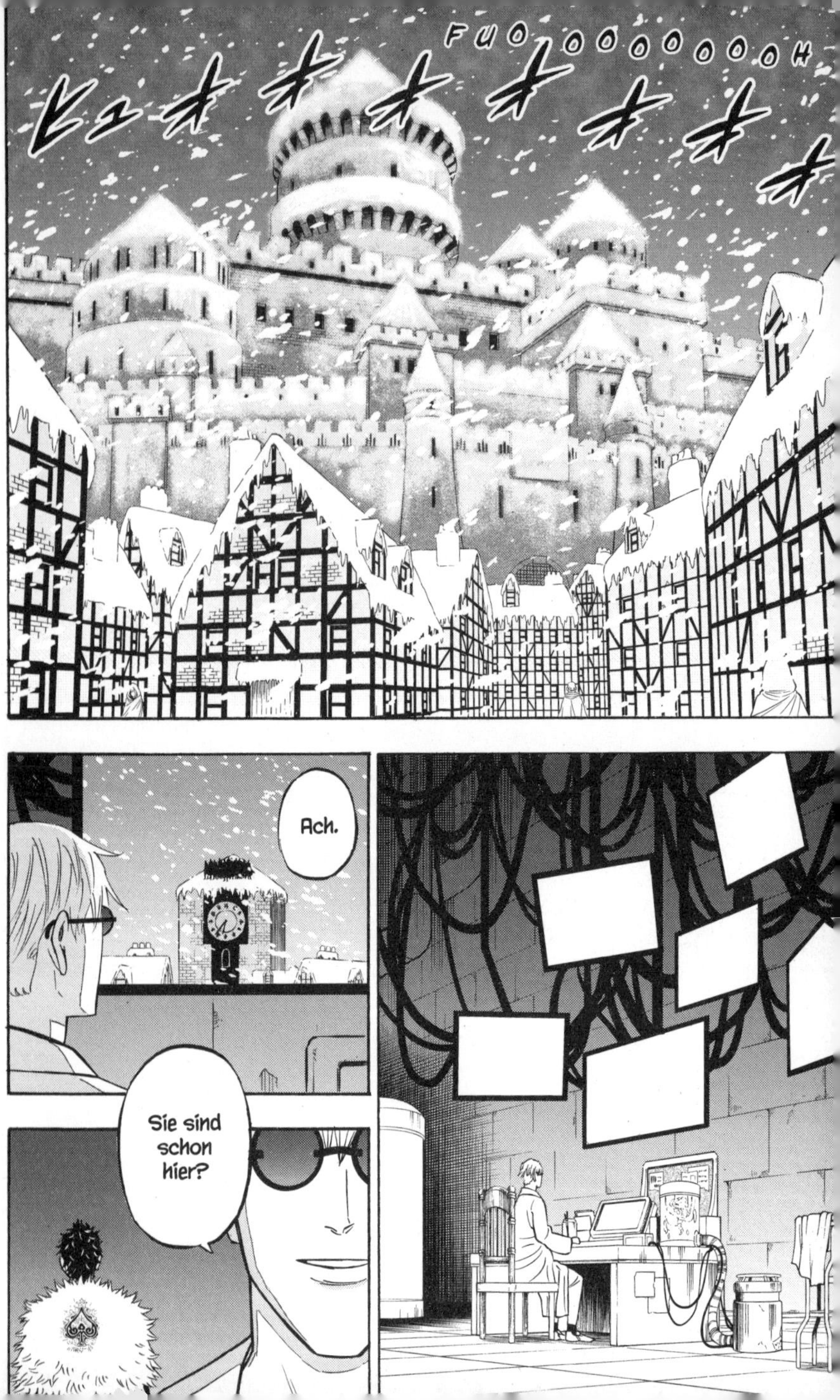
FUOOOOOOOOOH
Ach.
Sie sind schon hier?

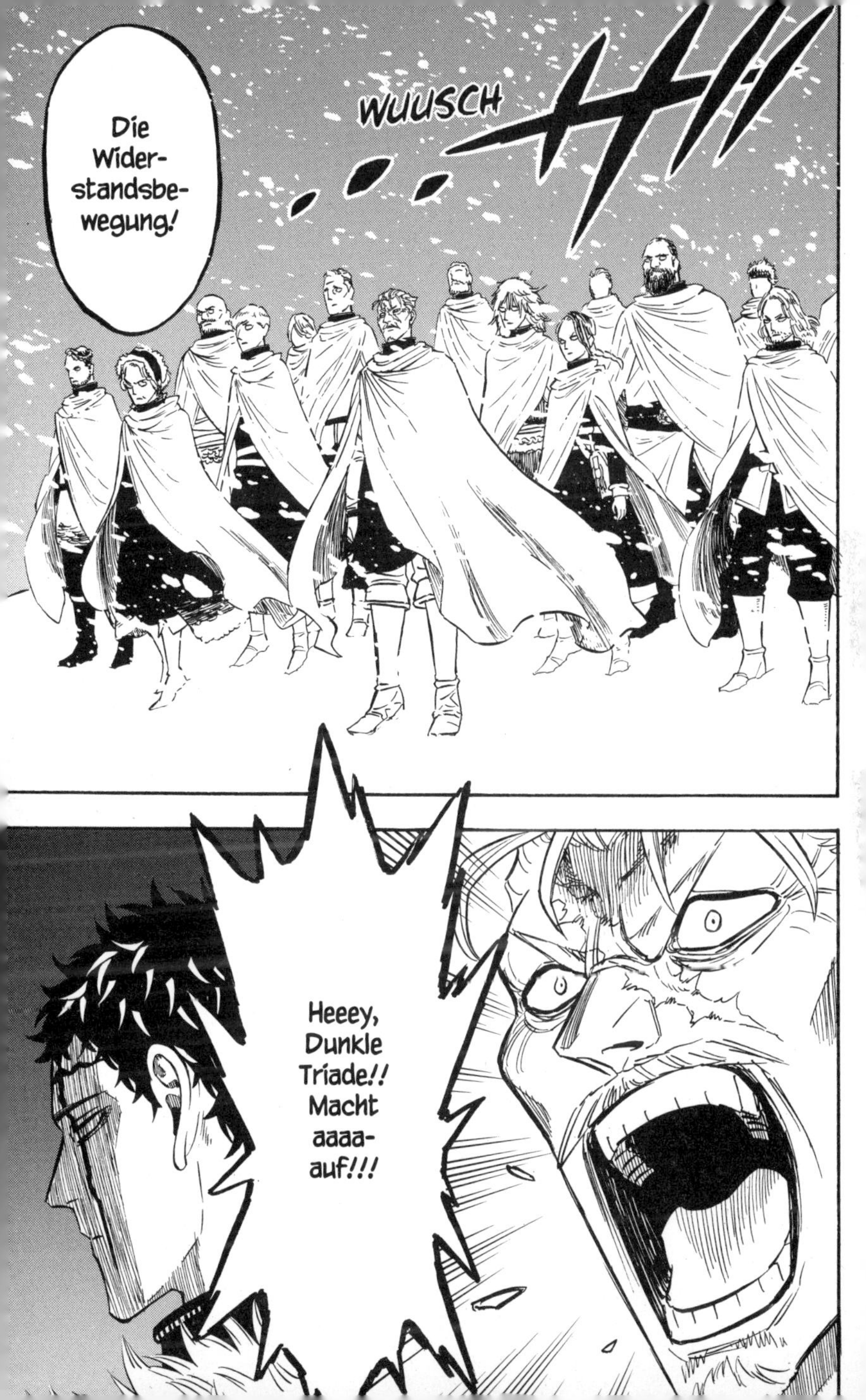
Die Widerstandsbewegung!
WUUSCH
Heeey, Dunkle Triade!! Macht aaaa-auf!!!

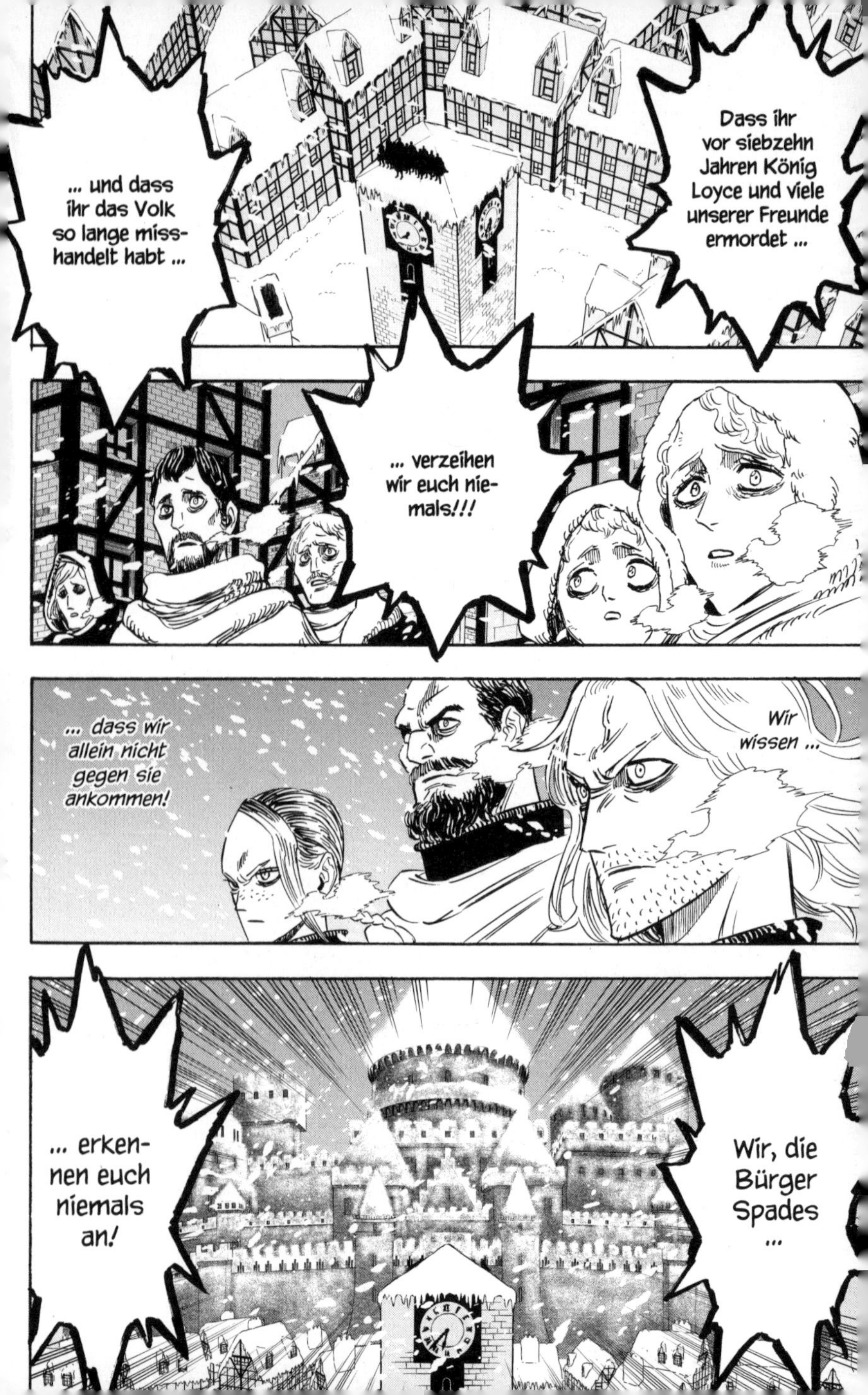
Dass ihr vor siebzehn Jahren König Loyce und viele unserer Freunde ermordet ...
... und dass ihr das Volk so lange miss-handelt habt ...
... verzeihen wir euch nie-mals!!!
Wir wissen ...
... dass wir allein nicht gegen sie ankommen!
Wir, die Bürger Spades ...
... erken-nen euch niemals an!

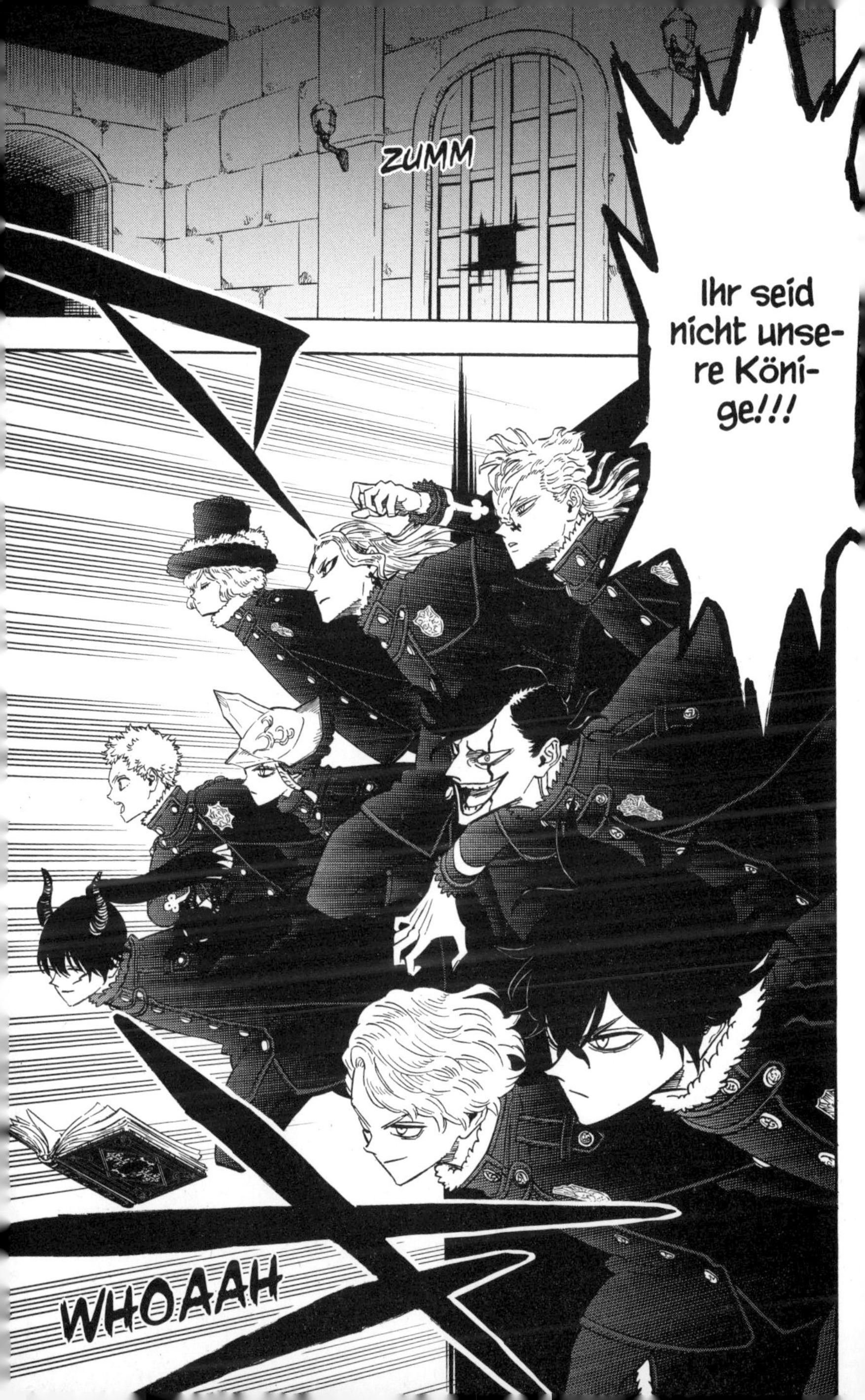
Ihr seid nicht unsere Könige!!!
ZUMM
WHOAAH

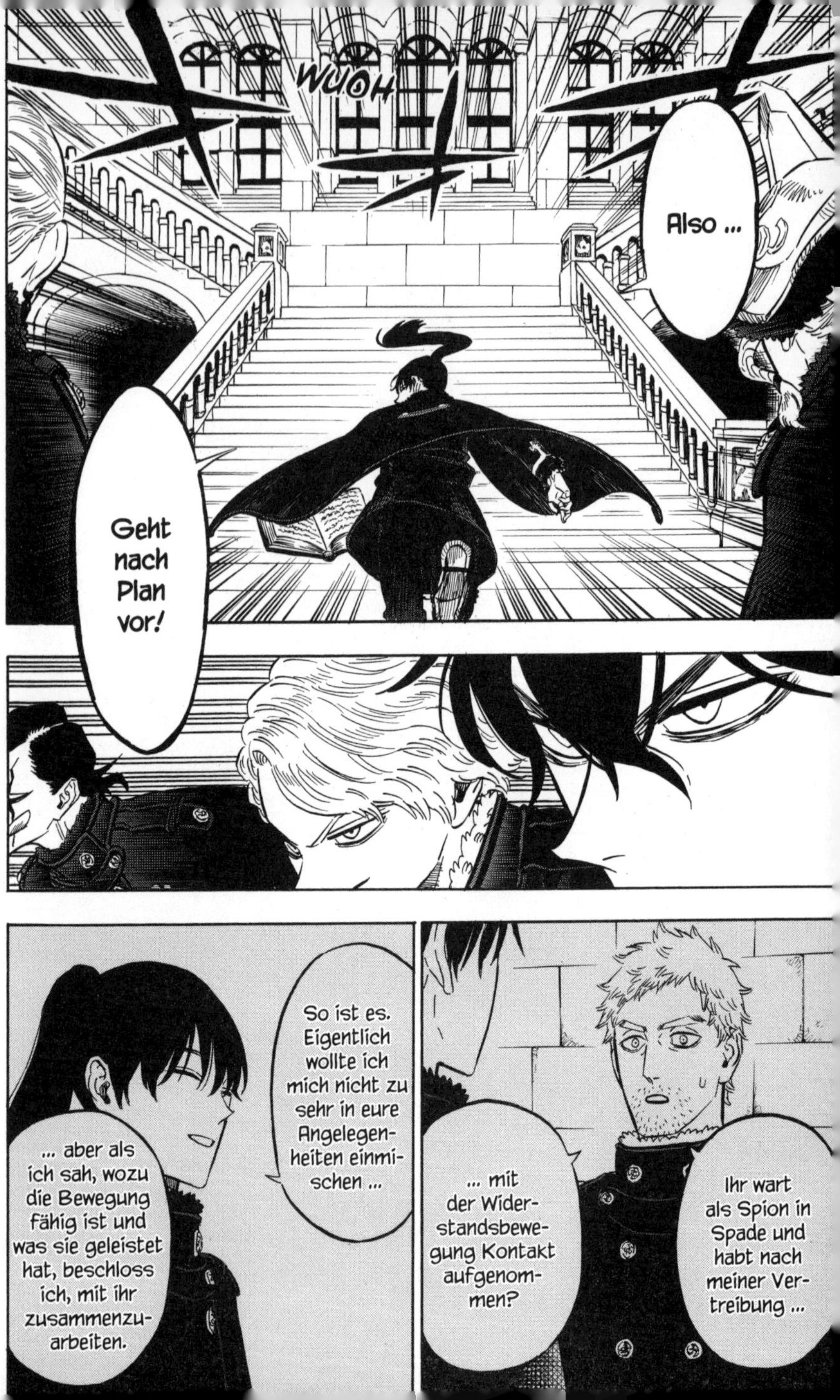
WUOH
Also ...
Geht nach Plan vor!
Ihr wart als Spion in Spade und habt nach meiner Vertreibung ...
... mit der Widerstandsbewegung Kontakt aufgenommen?
So ist es. Eigentlich wollte ich mich nicht zu sehr in eure Angelegenheiten einmischen ...
... aber als ich sah, wozu die Bewegung fähig ist und was sie geleistet hat, beschloss ich, mit ihr zusammenzuarbeiten.

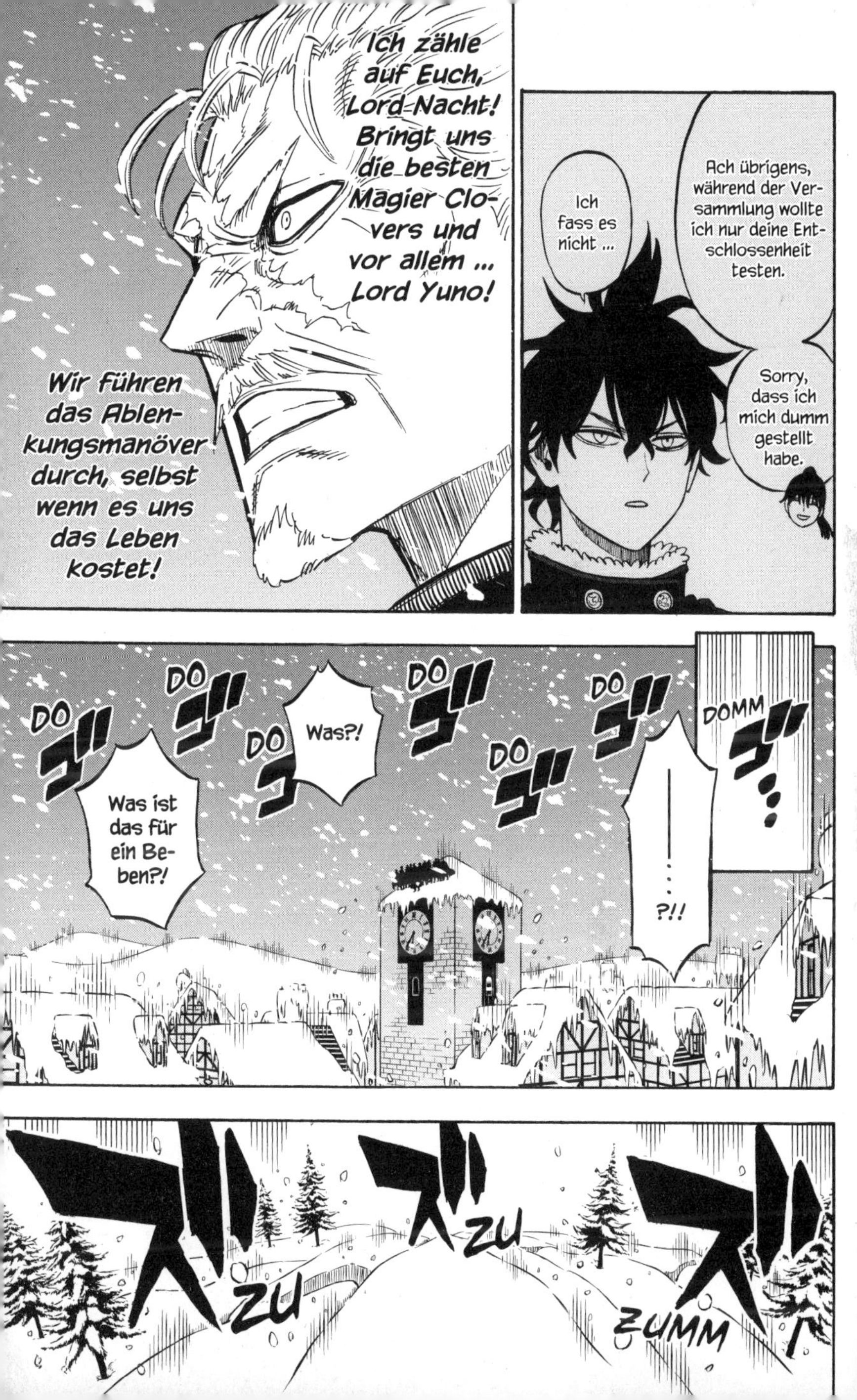
Ach übrigens, während der Versammlung wollte ich nur deine Entschlossenheit testen.
Sorry, dass ich mich dumm gestellt habe.
Ich fass es nicht ...
Ich zähle auf Euch, Lord Nacht! Bringt uns die besten Magier Clovers und vor allem ... Lord Yuno!
Wir führen das Ablenkungsmanöver durch, selbst wenn es uns das Leben kostet!
DOMM
DO
DO
…!?!!
DO
Was?!
DO
DO
Was ist das für ein Beben?!
DO
ZUMM
ZU
ZU

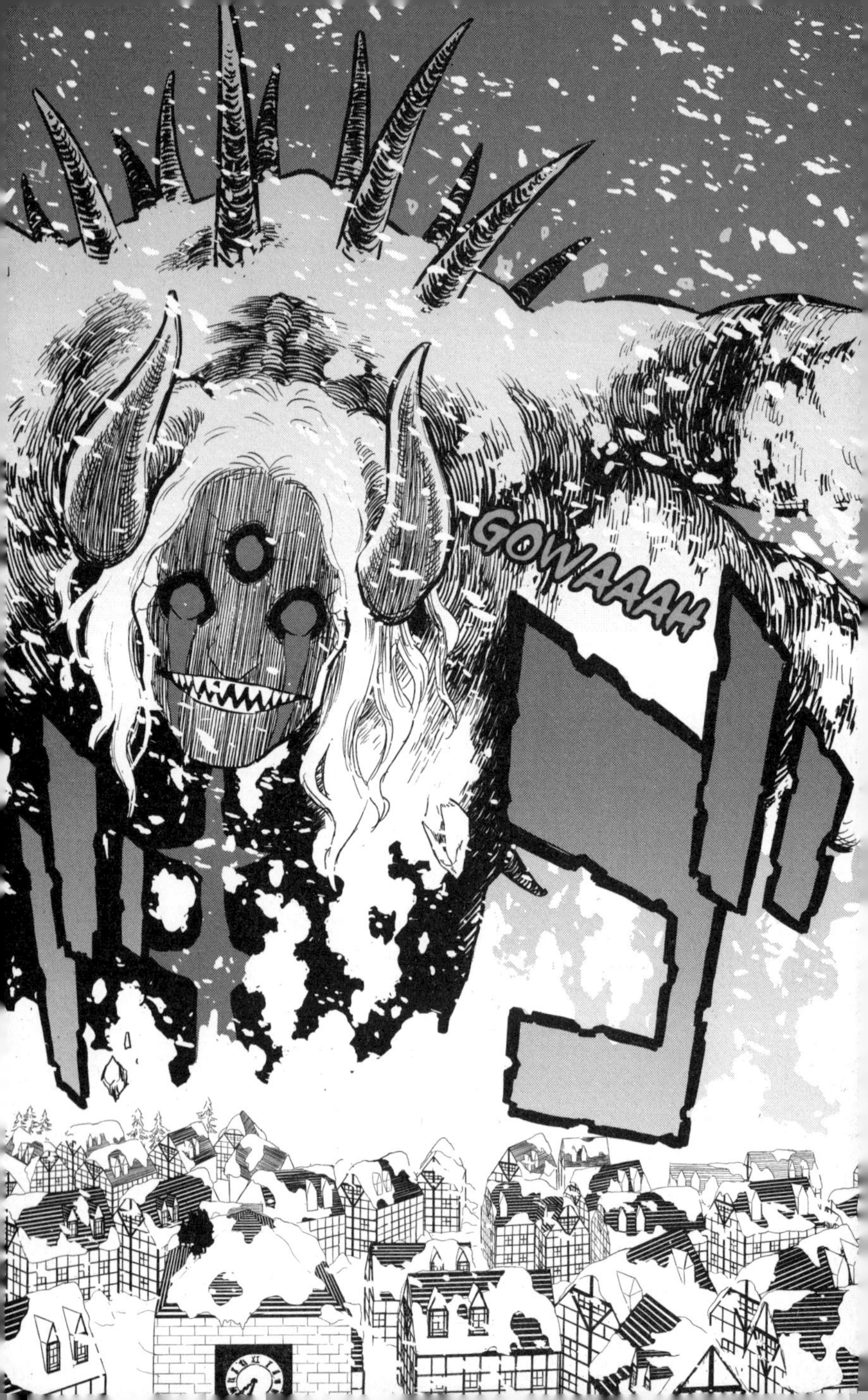
GOWAAAH

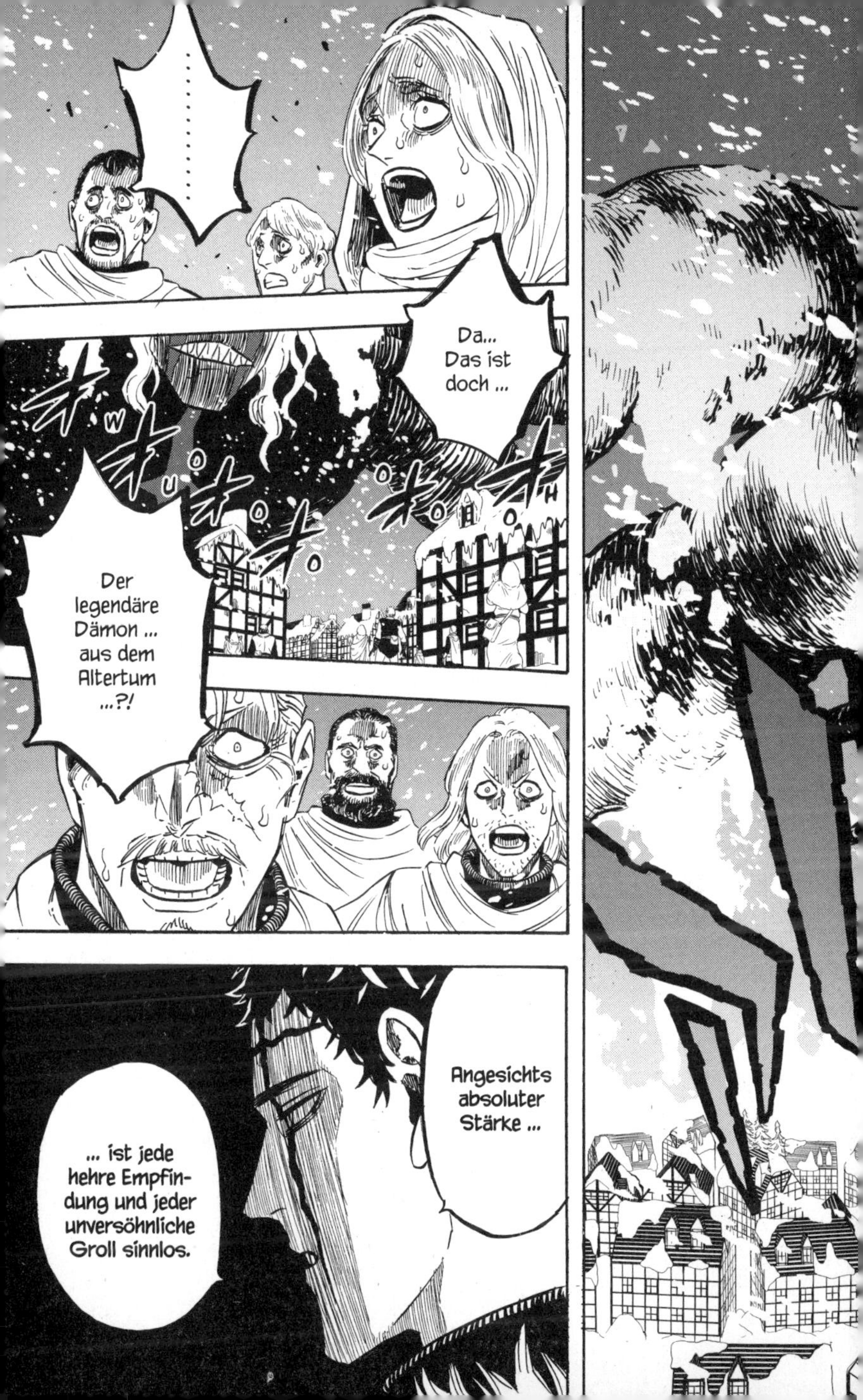
...!
Da...
Das ist
doch ...
WUOOOOOOOH
Der
legendäre
Dämon ...
aus dem
Altertum
...?!
Angesichts
absoluter
Stärke ...
... ist jede
hehre Empfin-
dung und jeder
unversöhnliche
Groll sinnlos.

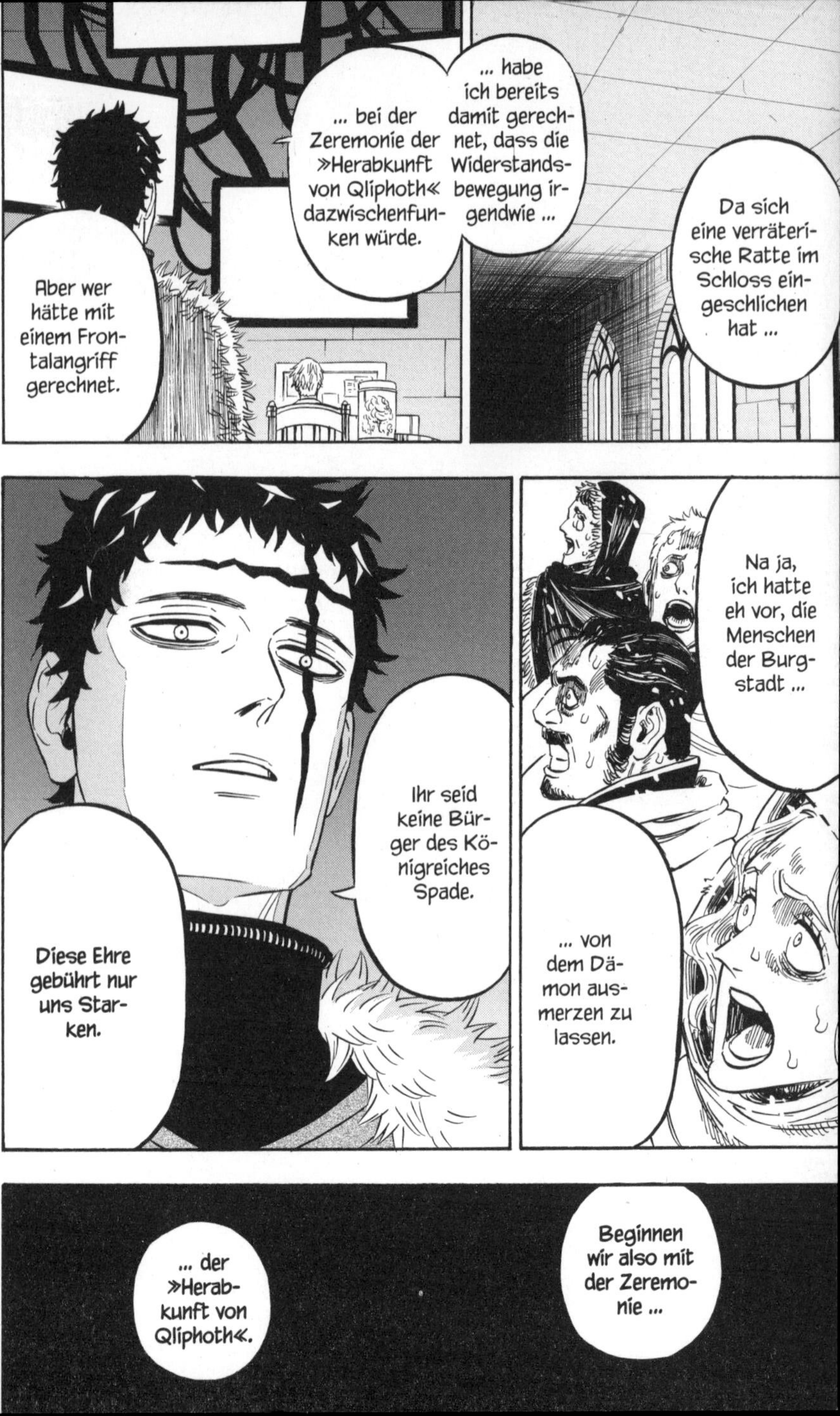
Da sich eine verräterische Ratte im Schloss eingeschlichen hat ...
... habe ich bereits damit gerechnet, dass die Widerstandsbewegung irgendwie ...
... bei der Zeremonie der »Herabkunft von Qliphoth« dazwischenfunken würde.
Aber wer hätte mit einem Frontalangriff gerechnet.
Na ja, ich hatte eh vor, die Menschen der Burgstadt ...
... von dem Dämon ausmerzen zu lassen.
Ihr seid keine Bürger des Königreiches Spade.
Diese Ehre gebührt nur uns Starken.
Beginnen wir also mit der Zeremonie ...
... der »Herabkunft von Qliphoth«.

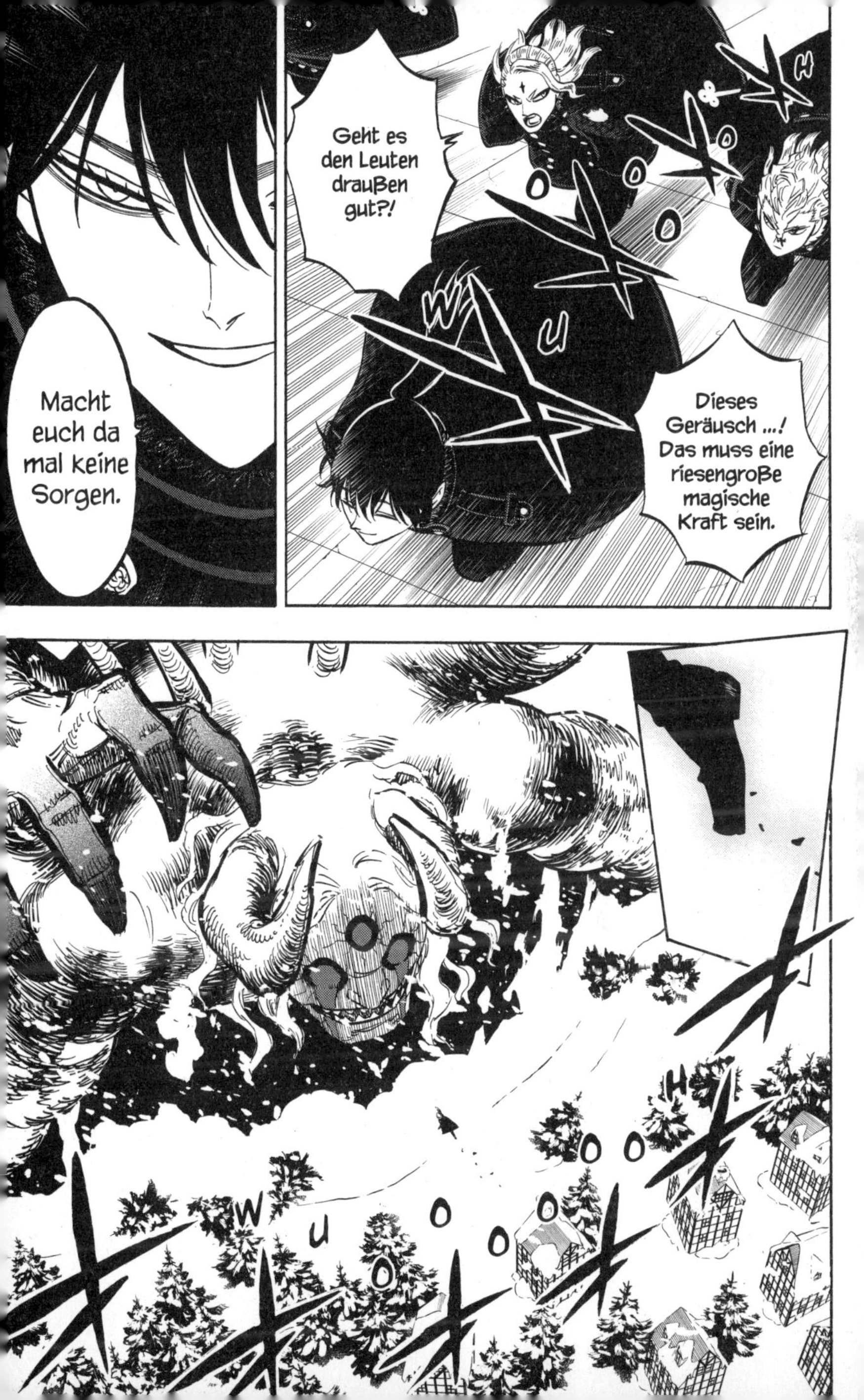
WUOOOOH
Dieses Geräusch ...! Das muss eine riesengroße magische Kraft sein.
Geht es den Leuten draußen gut?!
Macht euch da mal keine Sorgen.
WUOOOOOOH

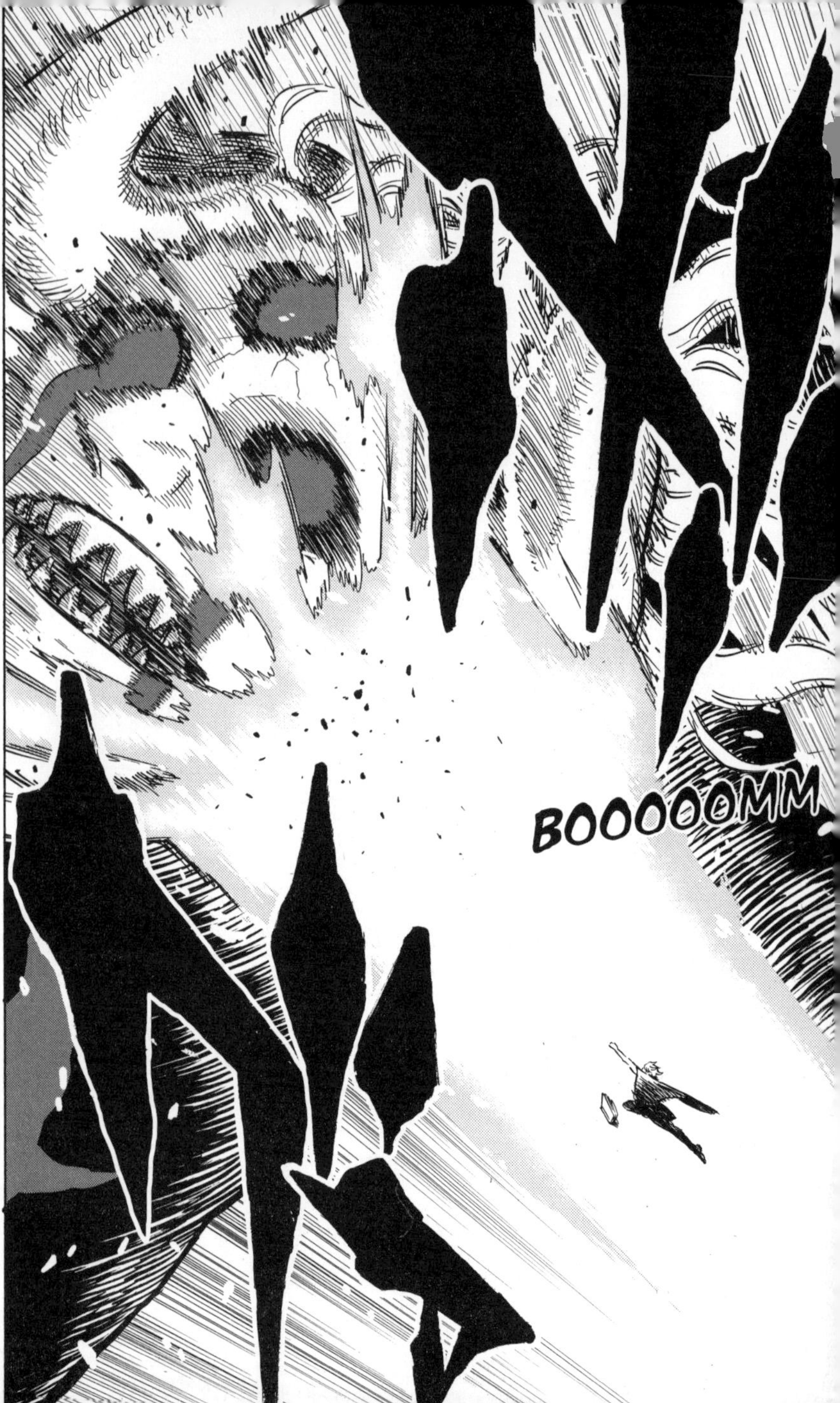
BOOOOOOMM

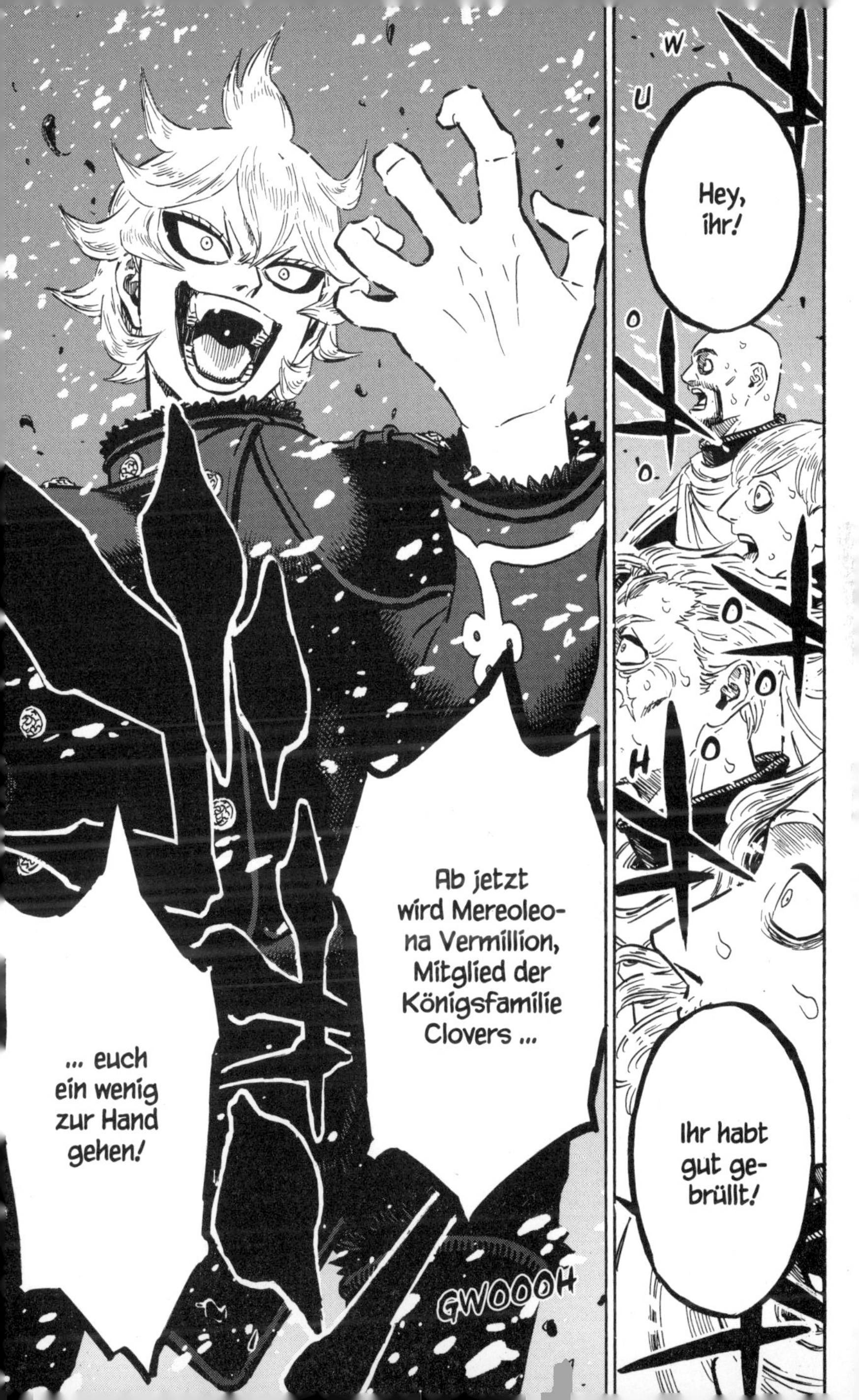
Hey, ihr!
Ihr habt gut gebrüllt!
Ab jetzt wird Mereoleona Vermillion, Mitglied der Königsfamilie Clovers ...
... euch ein wenig zur Hand gehen!
GWOOOH

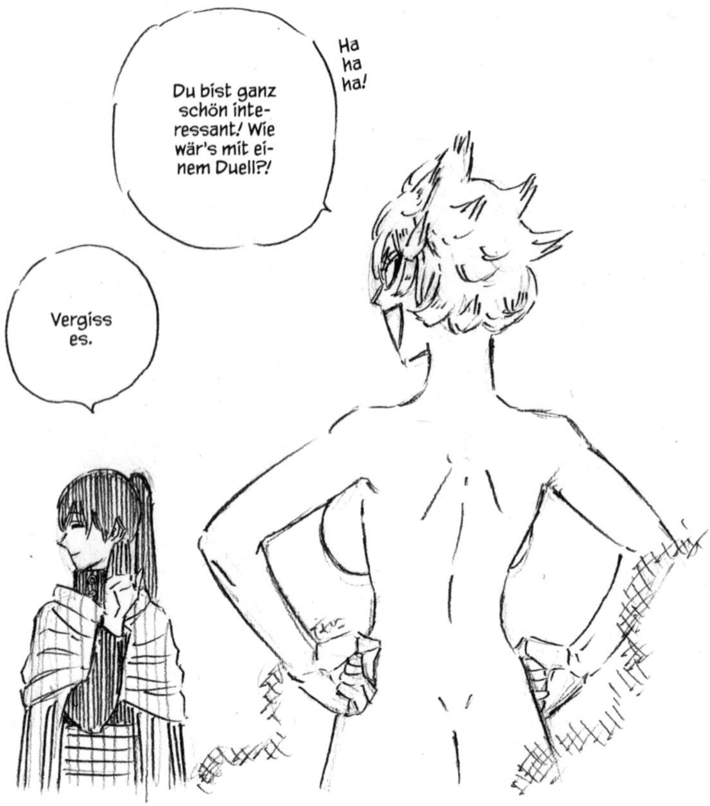
Ha ha ha!
Du bist ganz schön interessant! Wie wär's mit einem Duell?!
Vergiss es.

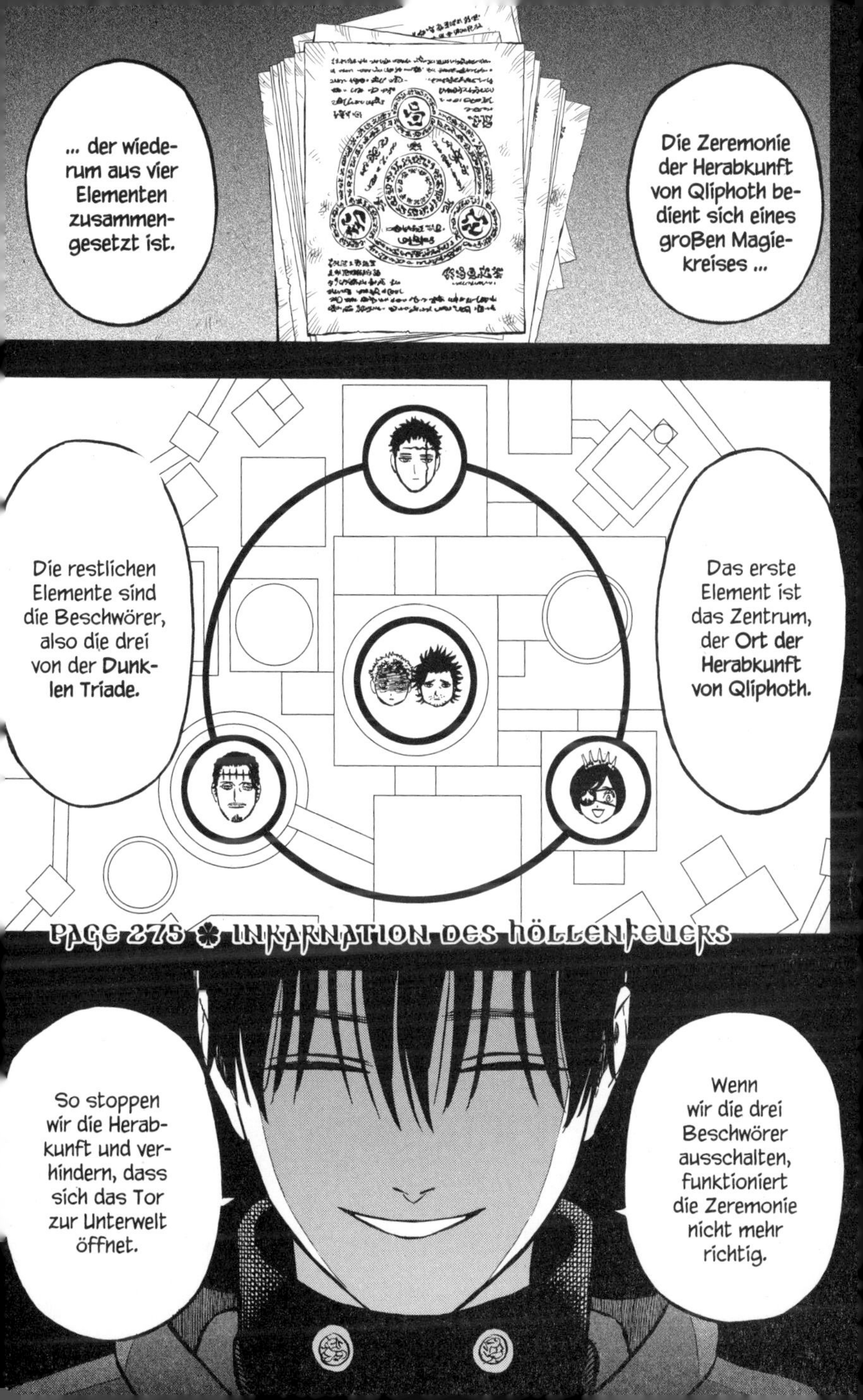

Die Zeremonie der Herabkunft von Qliphoth bedient sich eines großen Magiekreises ...
... der wiederum aus vier Elementen zusammengesetzt ist.
Das erste Element ist das Zentrum, der Ort der Herabkunft von Qliphoth.
Die restlichen Elemente sind die Beschwörer, also die drei von der Dunklen Triade.
PAGE 275 ✿ INKARNATION DES HÖLLENFEUERS
Wenn wir die drei Beschwörer ausschalten, funktioniert die Zeremonie nicht mehr richtig.
So stoppen wir die Herabkunft und verhindern, dass sich das Tor zur Unterwelt öffnet.

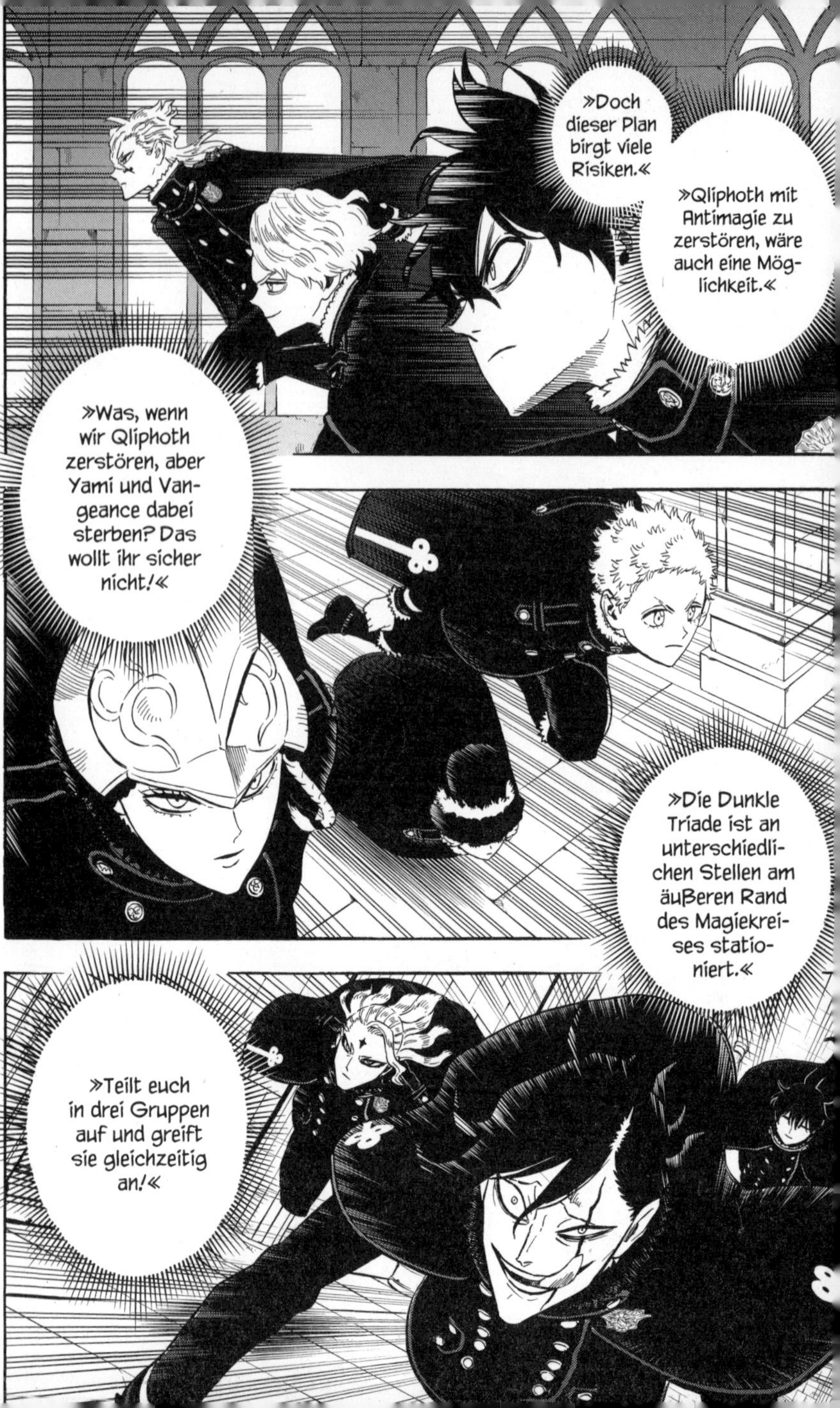
»Doch dieser Plan birgt viele Risiken.«
»Qliphoth mit Antimagie zu zerstören, wäre auch eine Möglichkeit.«
»Was, wenn wir Qliphoth zerstören, aber Yami und Vangeance dabei sterben? Das wollt ihr sicher nicht!«
»Die Dunkle Triade ist an unterschiedlichen Stellen am äußeren Rand des Magiekreises stationiert.«
»Teilt euch in drei Gruppen auf und greift sie gleichzeitig an!«

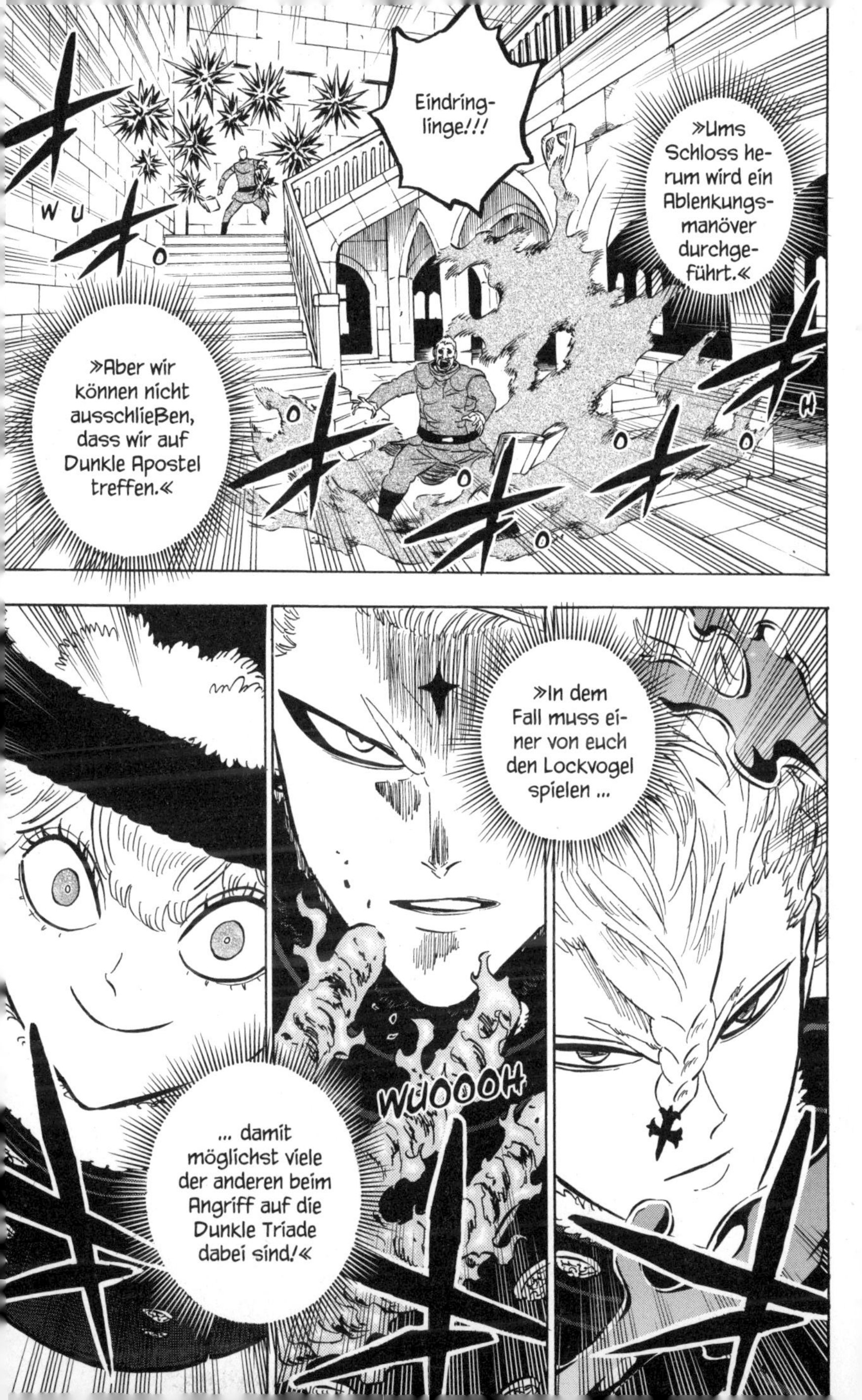
Eindringlinge!!!
»Ums Schloss herum wird ein Ablenkungsmanöver durchgeführt.«
»Aber wir können nicht ausschließen, dass wir auf Dunkle Apostel treffen.«
»In dem Fall muss einer von euch den Lockvogel spielen ...
WUOOOH
... damit möglichst viele der anderen beim Angriff auf die Dunkle Triade dabei sind!«

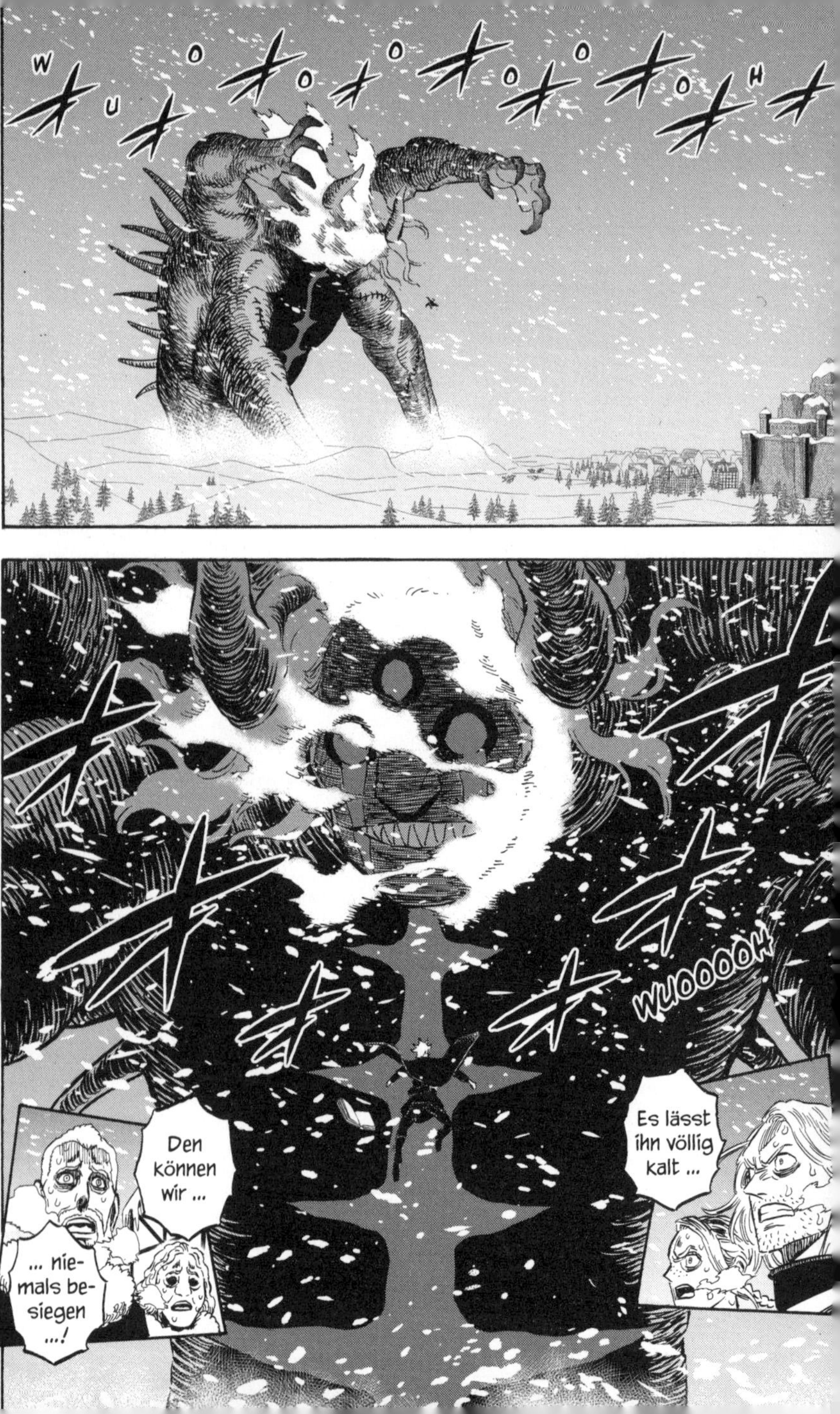
WUOOOOOH
WUOOOOOH
Es lässt ihn völlig kalt ...
Den können wir ...
... niemals besiegen ...!

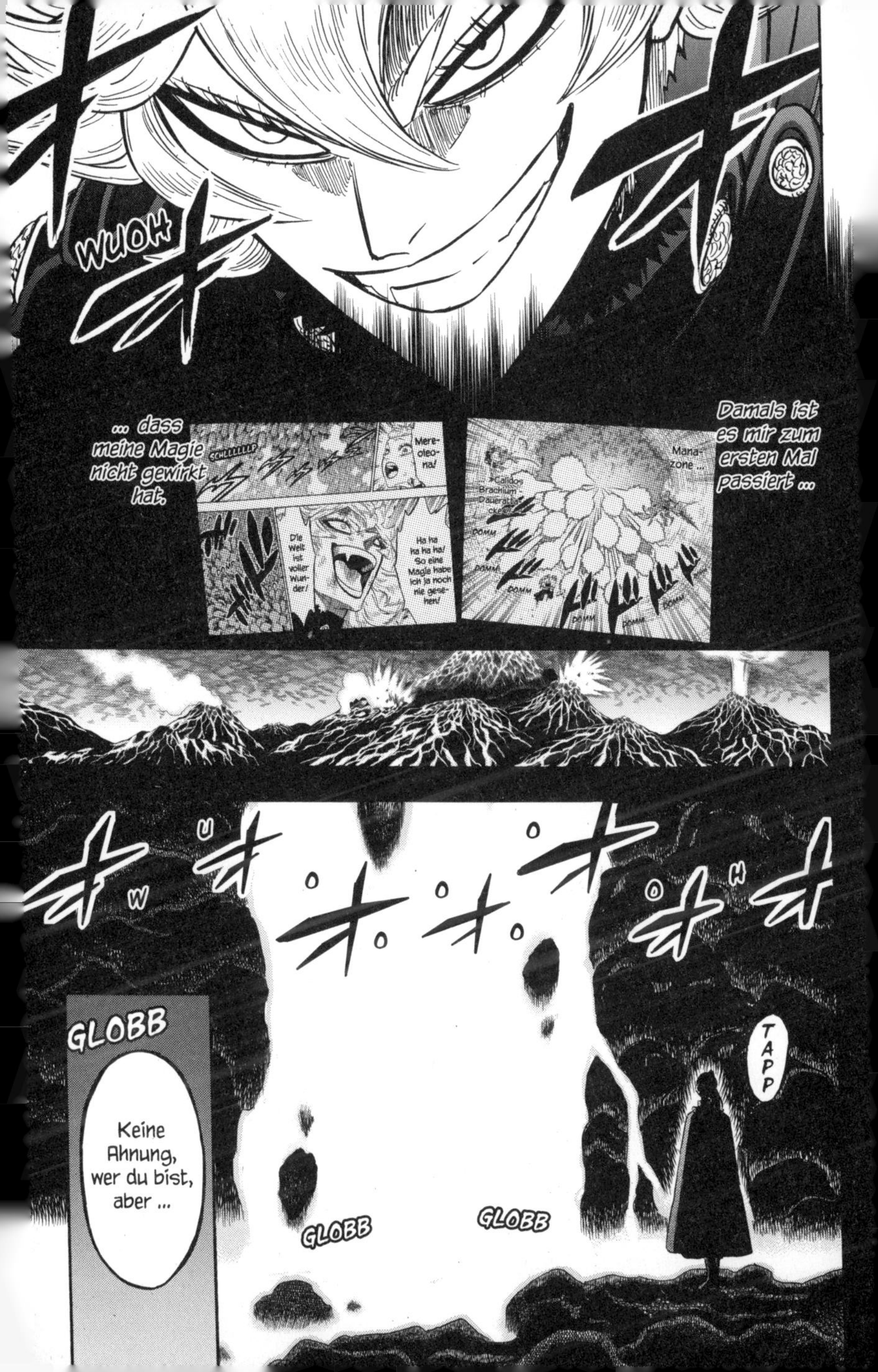
WUOH
Damals ist es mir zum ersten Mal passiert ...
Mana-zone ...
... »Calidos Brachium – Daueratta-cke«!!
DOMM
DOMM
DOMM
DOMM
DOMM
DOMM
Mere-oleo-na!
SCHLLLLLLP
Ha ha ha ha ha! So eine Magie habe ich ja noch nie gese-hen!
Die Welt ist voller Wun-der!
... dass meine Magie nicht gewirkt hat.
W U O O O O O O H
TAPP
GLOBB
GLOBB
GLOBB
Keine Ahnung, wer du bist, aber ...

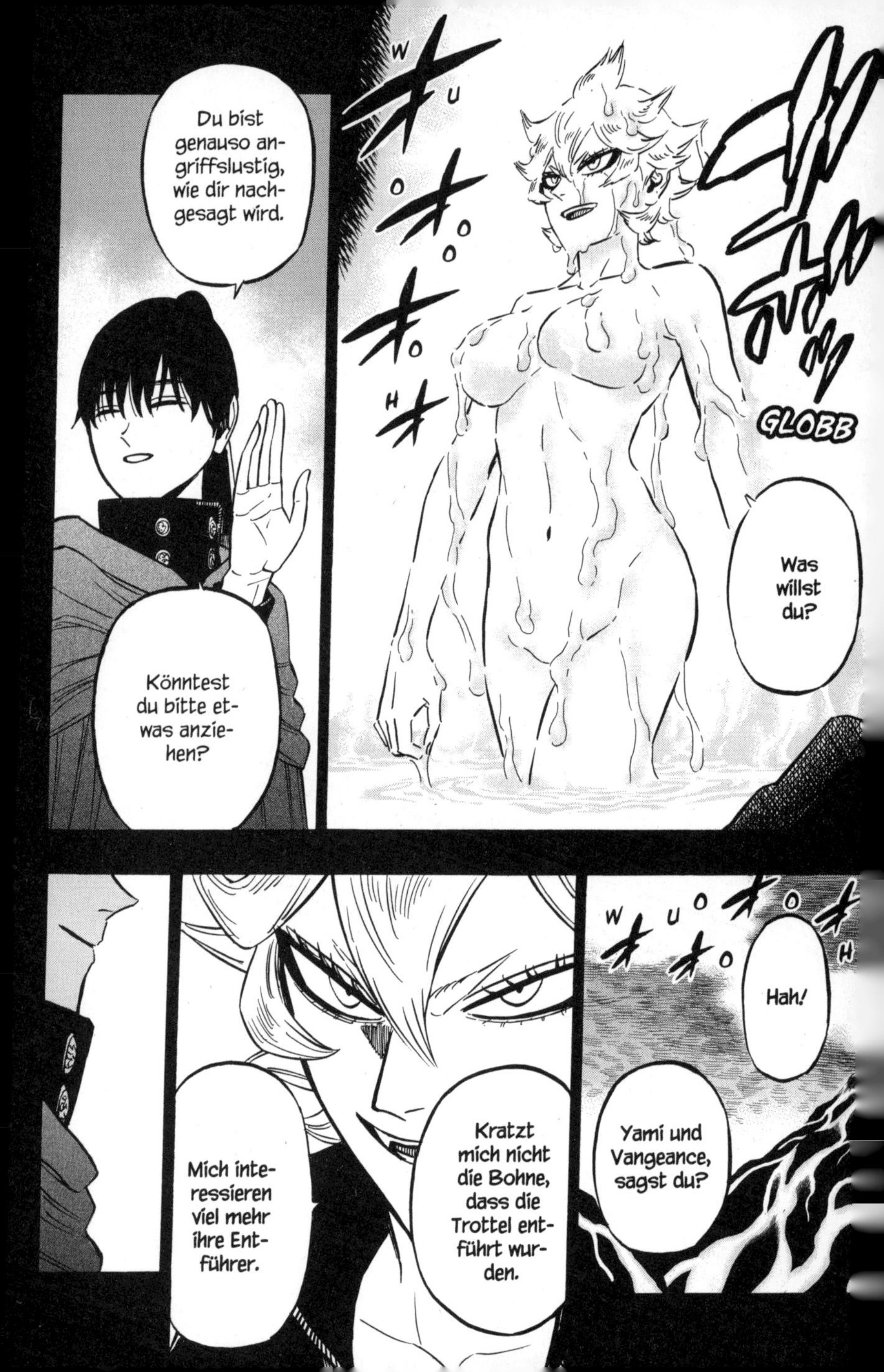
WUOOOH
GLOBB
Was willst du?
Du bist genauso angriffslustig, wie dir nachgesagt wird.
Könntest du bitte etwas anziehen?
WUOOOH
Hah!
Yami und Vangeance, sagst du?
Kratzt mich nicht die Bohne, dass die Trottel entführt wurden.
Mich interessieren viel mehr ihre Entführer.

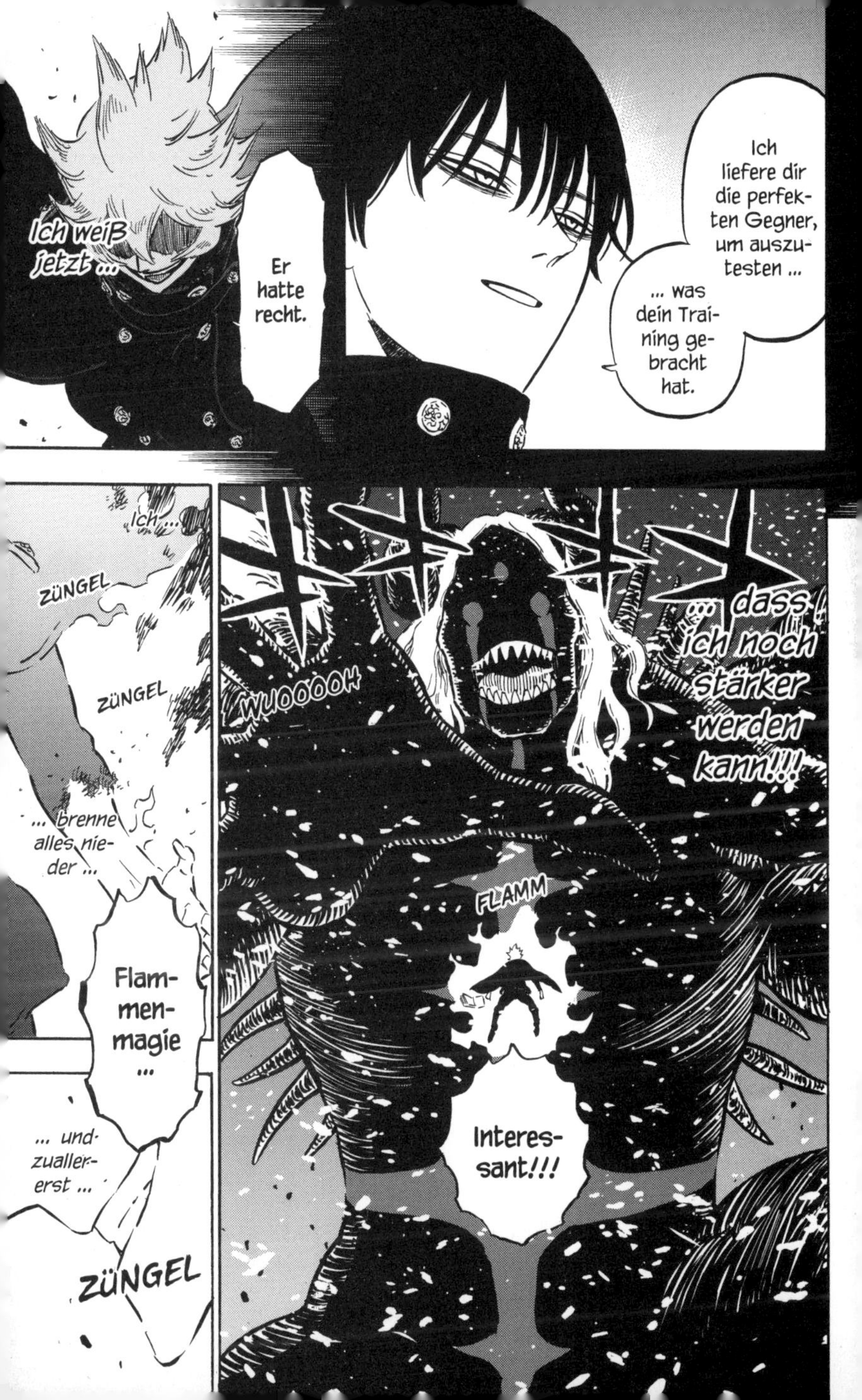
Ich liefere dir die perfekten Gegner, um auszutesten ...
... was dein Training gebracht hat.
Er hatte recht.
Ich weiß jetzt ...
... dass ich noch stärker werden kann!!!
WUOOOOH
FLAMM
Interessant!!!
Ich ...
ZÜNGEL
ZÜNGEL
... brenne alles nieder ...
Flammenmagie ...
... und zuallererst ...
ZÜNGEL

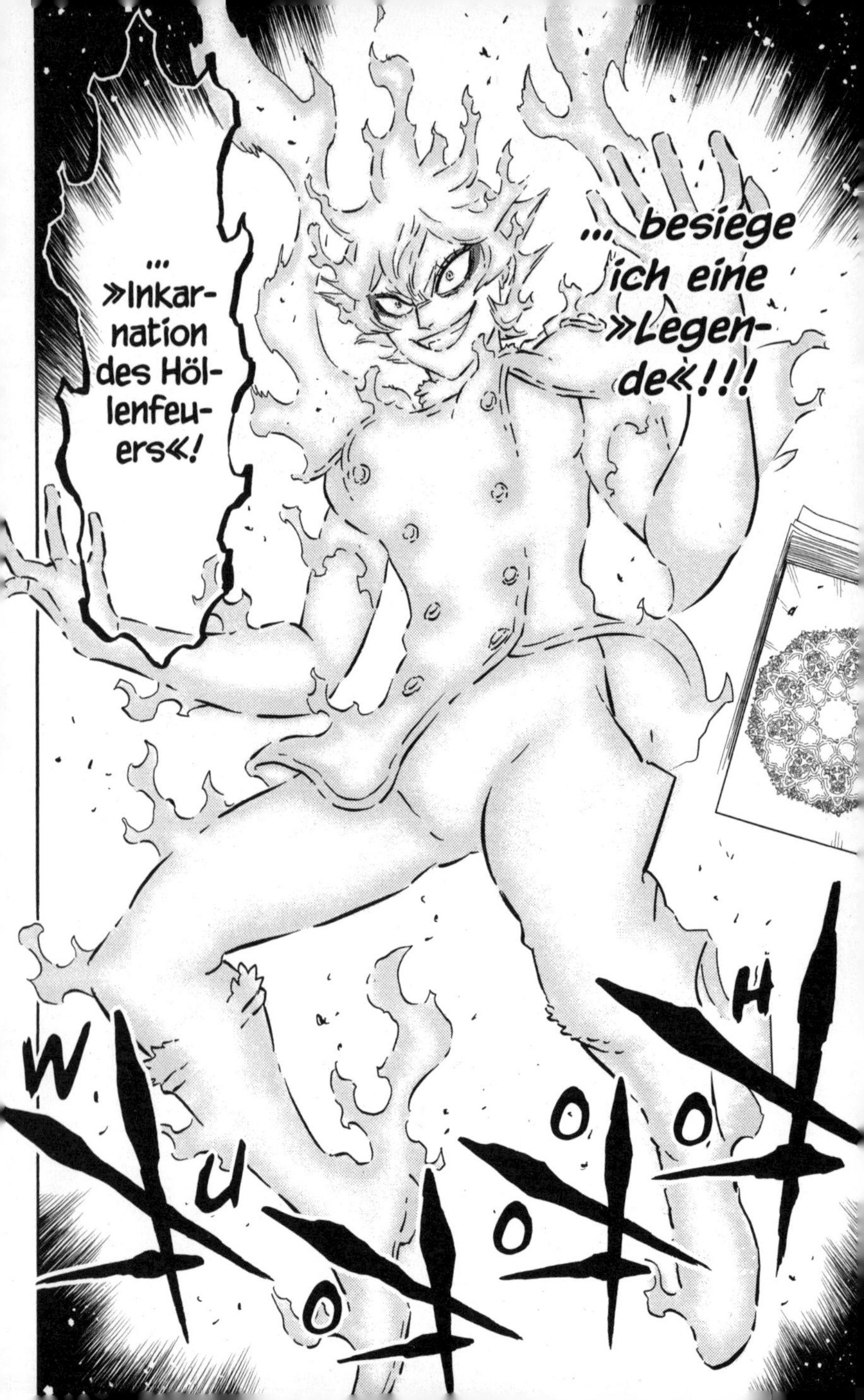
... besiege ich eine »Legen-de«!!!
... »Inkar-nation des Höl-lenfeu-ers«!
WUOOOOH

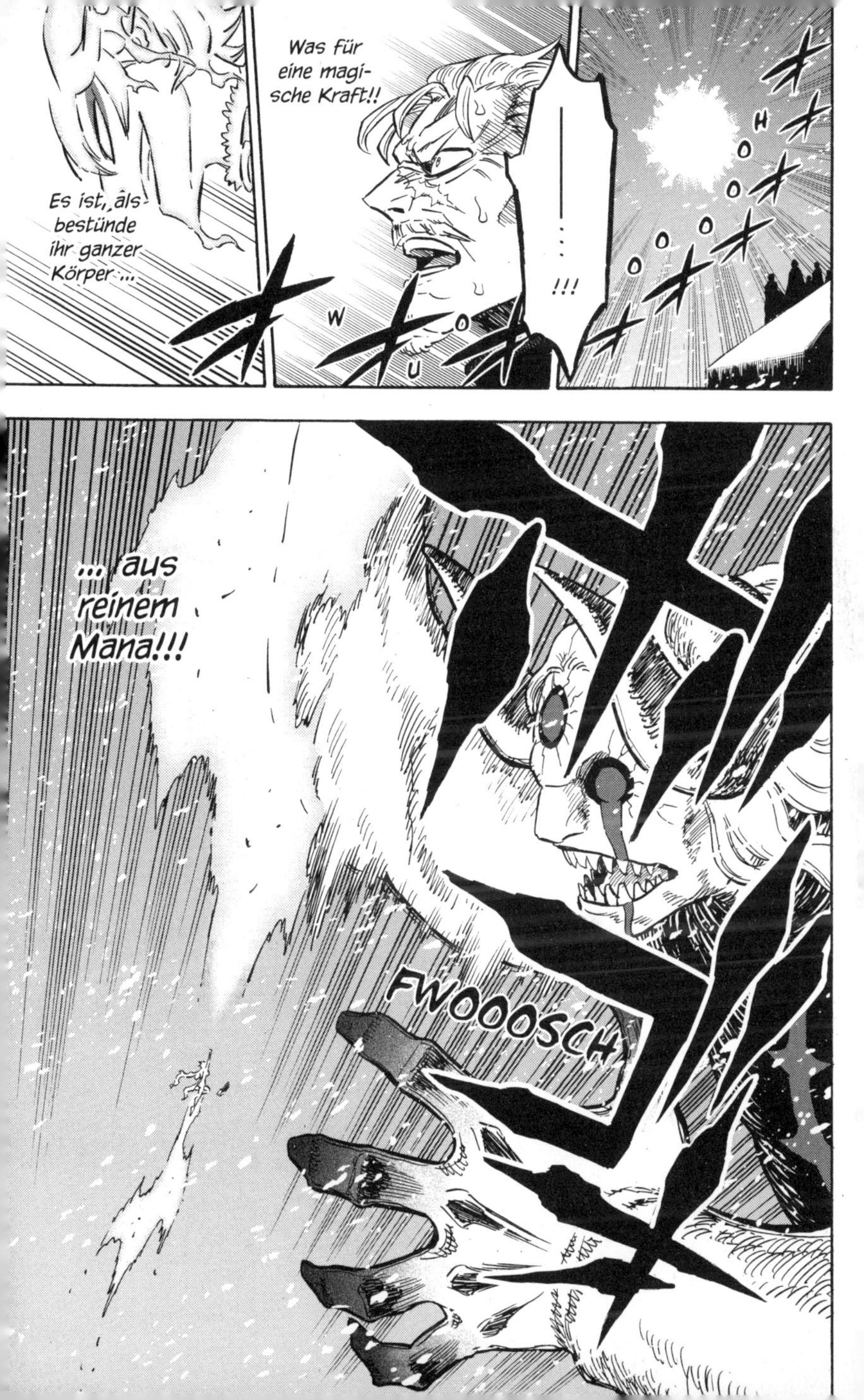
HOOOOOO
……!!!
Was für eine magische Kraft!!
WUO
Es ist, als bestünde ihr ganzer Körper …
… aus reinem Mana!!!
FWOOOSCH

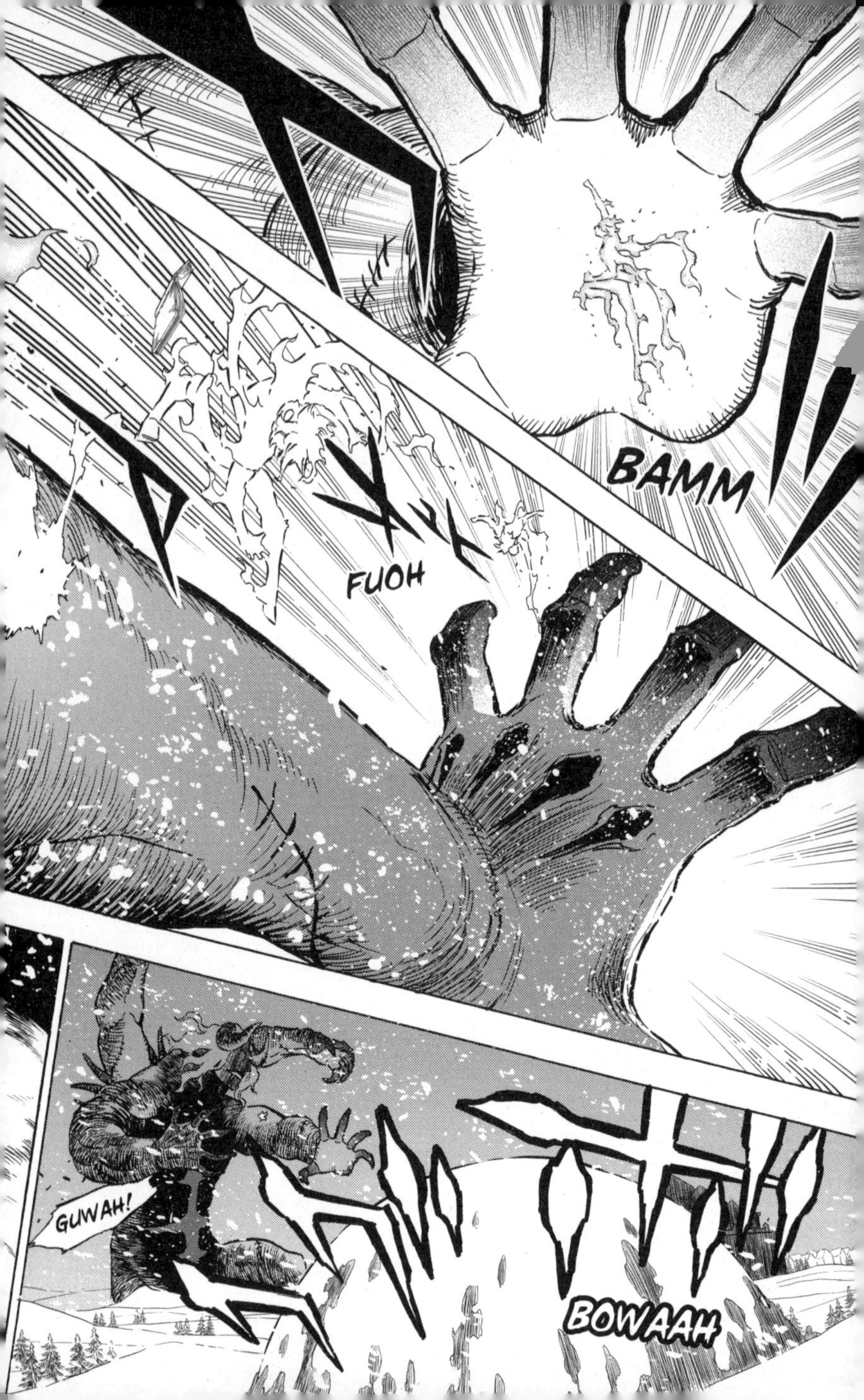
BAMM
FUOH
GUWAH!
BOWAAH

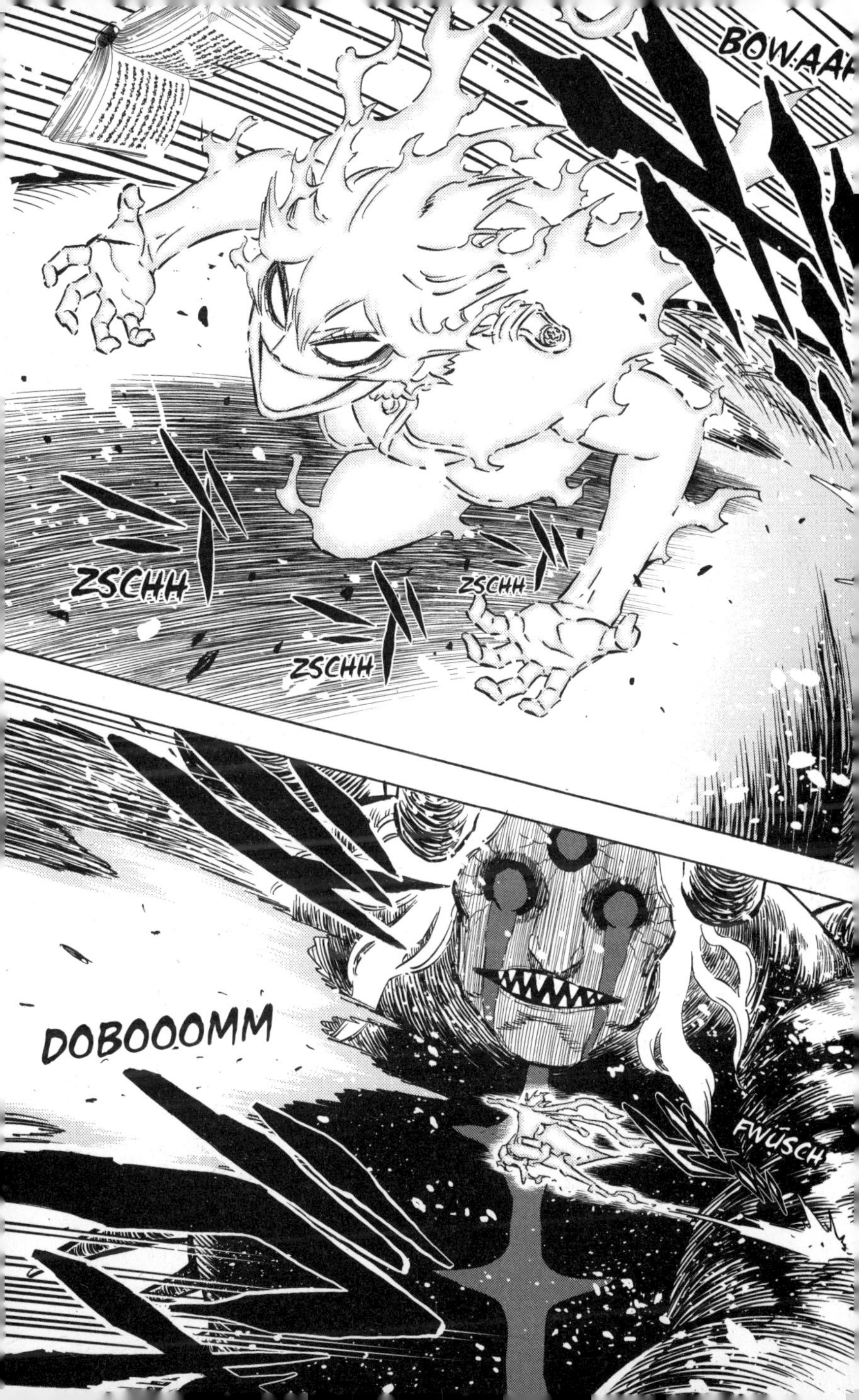
BOWAAH
ZSCHH
ZSCHH
ZSCHH
DOBOOOMM
FWUSCH

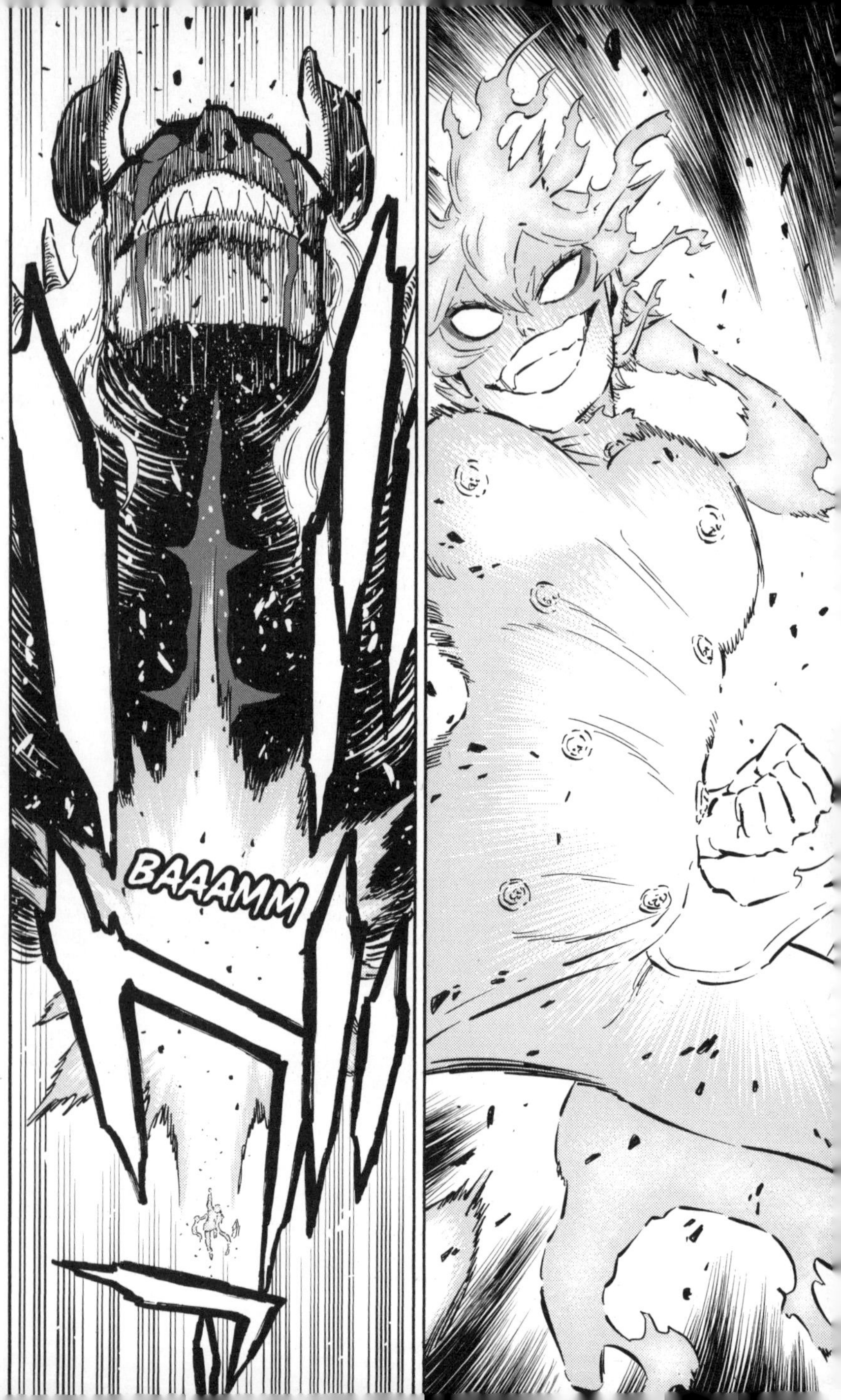
BAAAMM

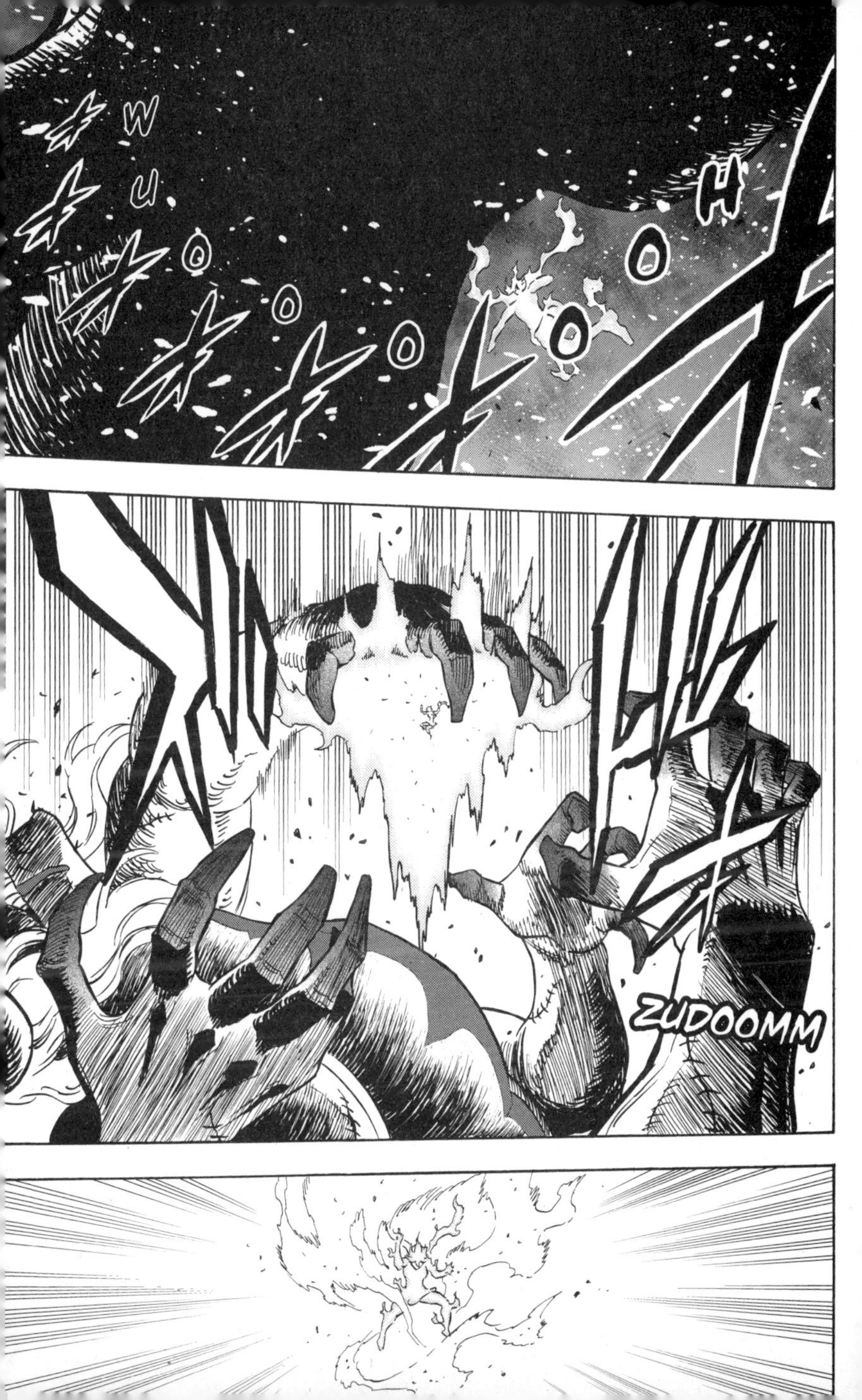
WUOOOOOH
ZUDOOMM

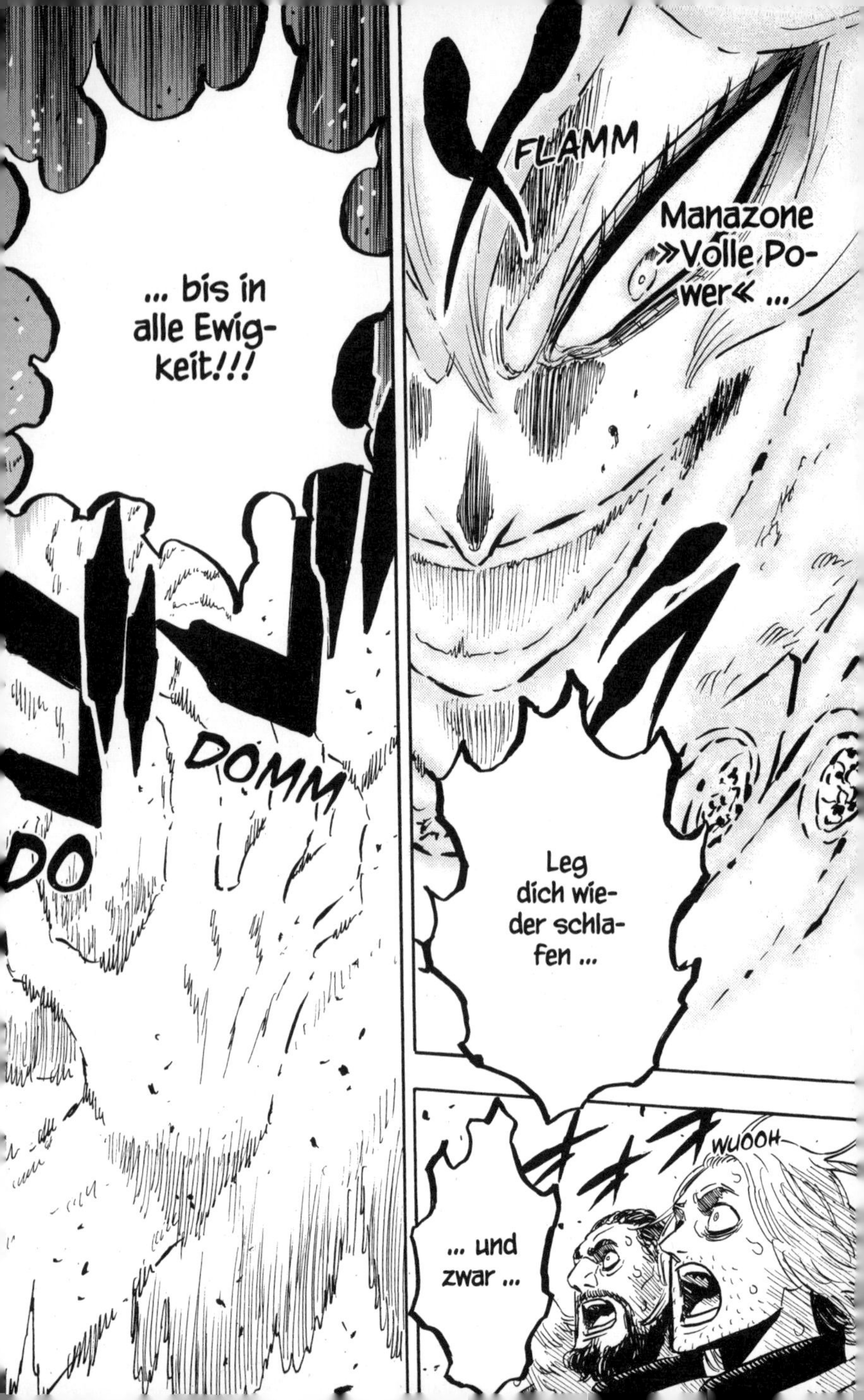
FLAMM
Manazone »Volle Power« ...
Leg dich wieder schlafen ...
WUOOH
... und zwar ...
... bis in alle Ewigkeit!!!
DOMM
DO

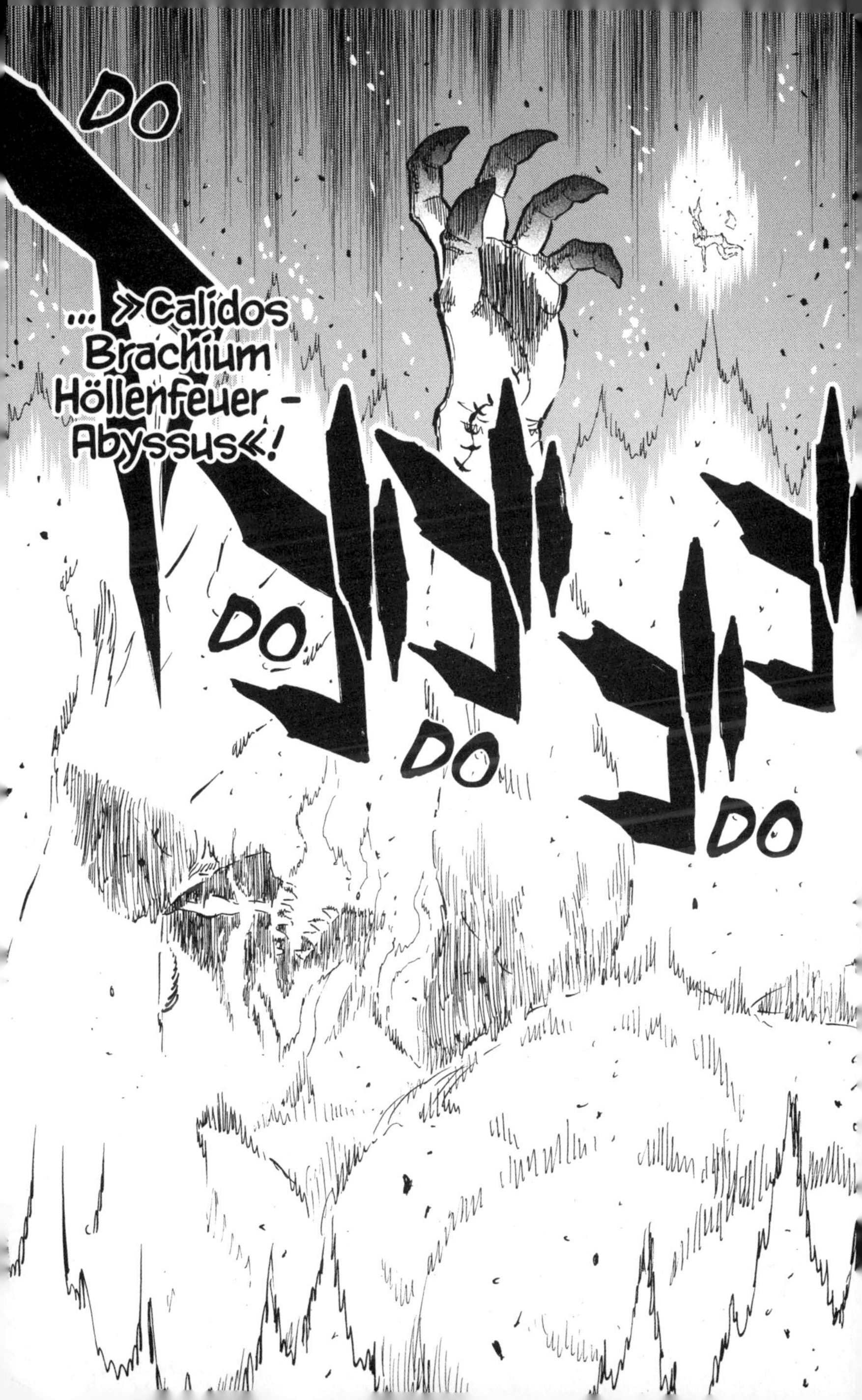

DO
... »Calidos Brachium Höllenfeuer - Abyssus«!
DO
DO
DO

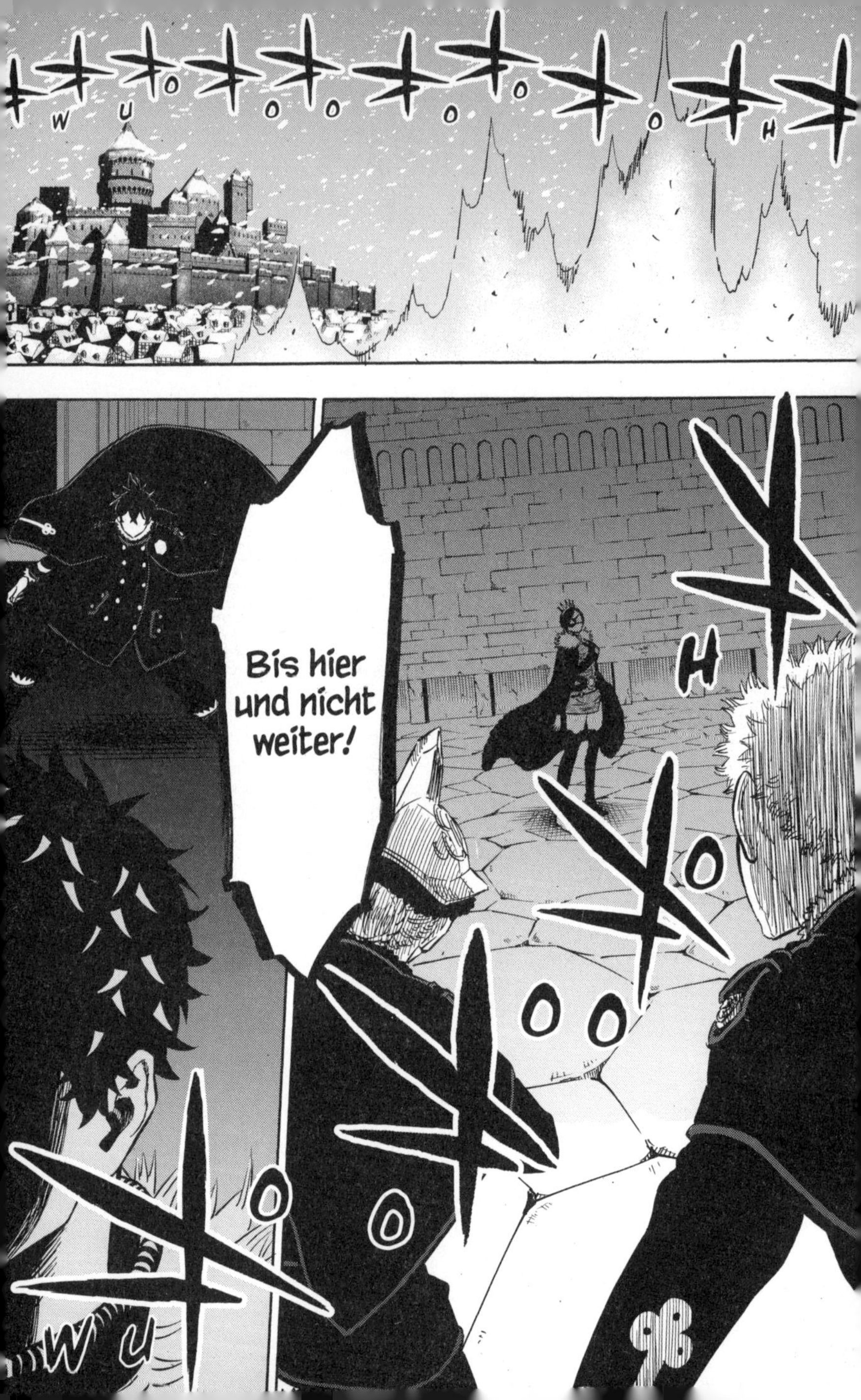
WUOOOOOOH
Bis hier und nicht weiter!
WUOOOOOH

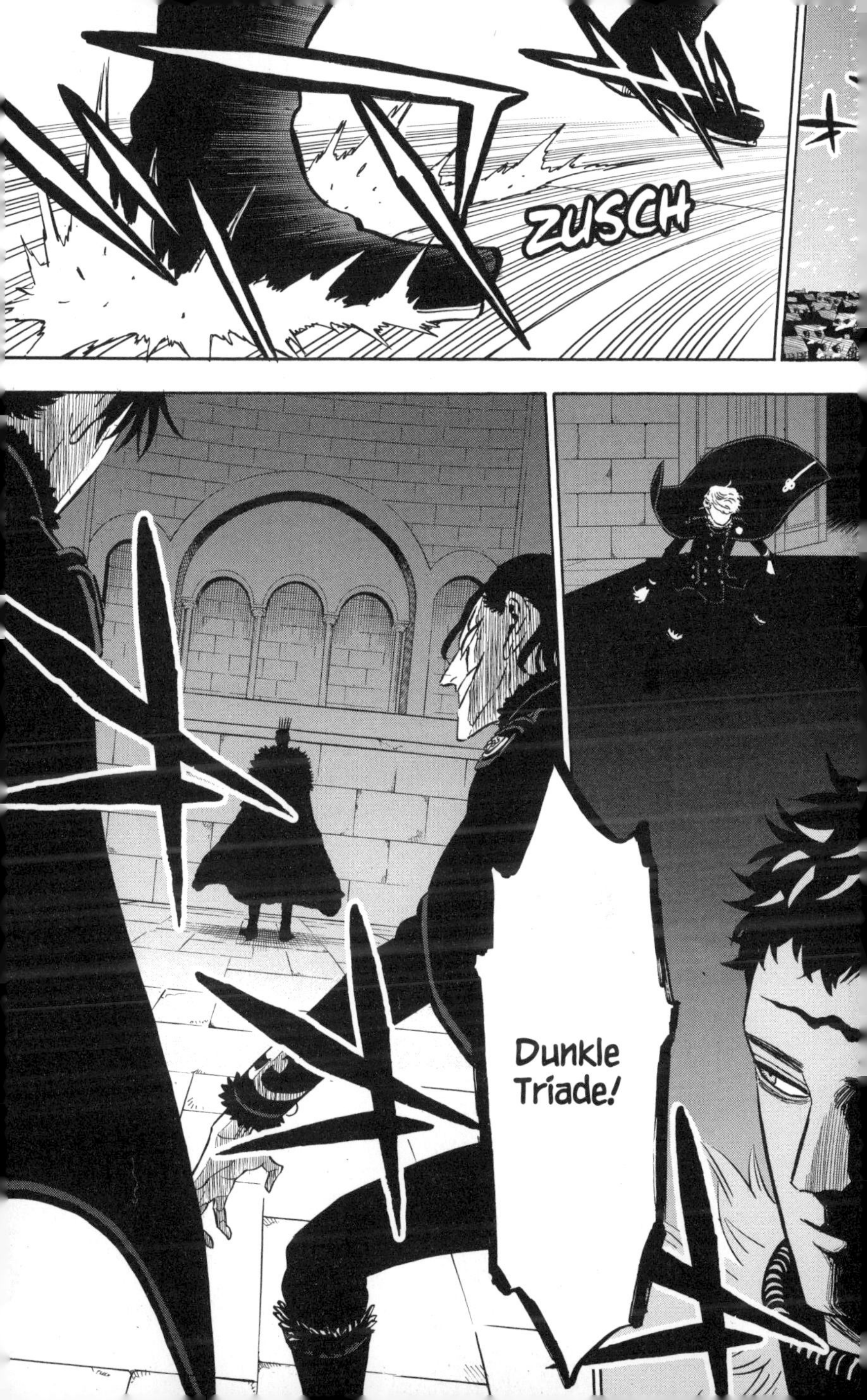
ZUSCH
Dunkle Triade!

*»Verlangen«

DER FRAGEORDEN

Liebe Leser, guten Tag! Guten Abend! Guten Morgen! Hier ist wieder die Rubrik, in der ich auf eure ausgefallenen Fragen antworte!

Frage: Wir haben letztens in der Schule das Märchen *Der glückliche Prinz* gelesen. Der Prinz und die Schwalbe, die darin vorkommen, sind Lemiel und Secre unheimlich ähnlich. Kann es sein, dass die zwei von der Geschichte inspiriert wurden?
(von Astrauza)

Antwort: Ganz genau!
Die Geschichte von dem glücklichen Prinzen mag ich schon seit meiner Kindheit. Also wollte ich in meinem Manga unbedingt Figuren auftreten lassen, die davon inspiriert sind. Eigentlich wollte ich die beiden noch stärker an ihre Vorbilder aus dem Märchen anlehnen, aber es drängte mal wieder die Zeit, sodass sie letztendlich so geworden sind, wie ihr sie jetzt kennt.

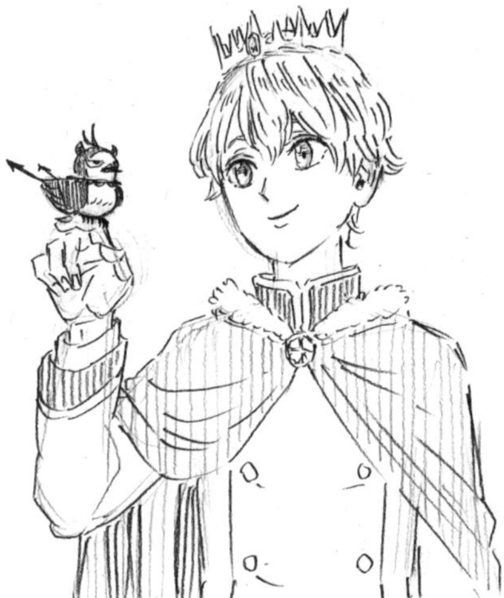

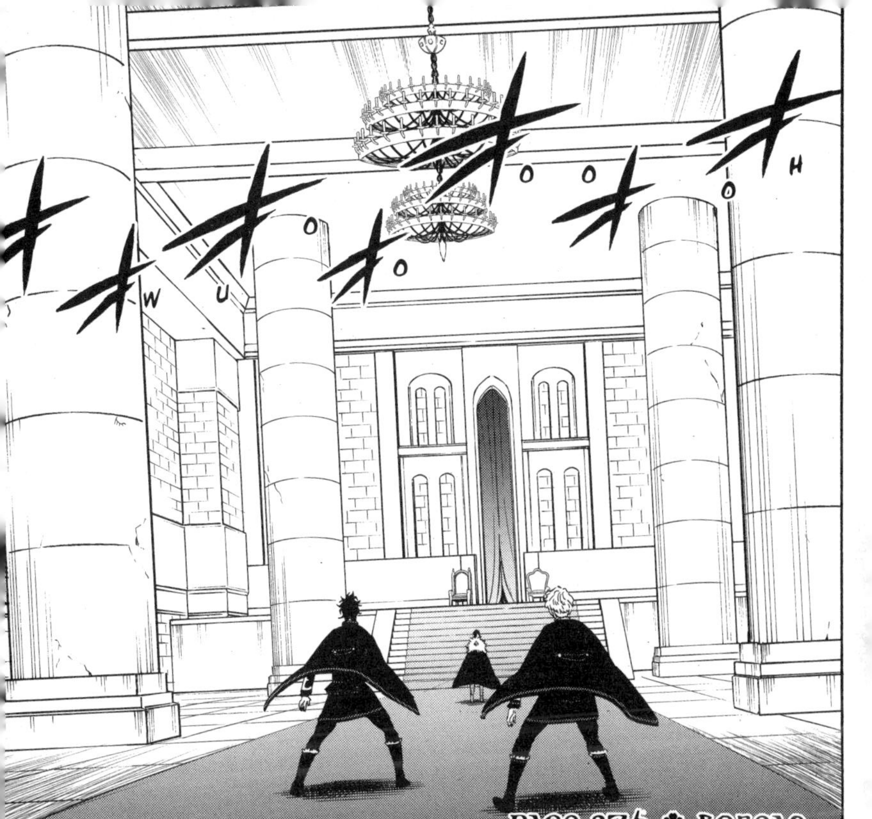

PAGE 276 ✤ BOREAS

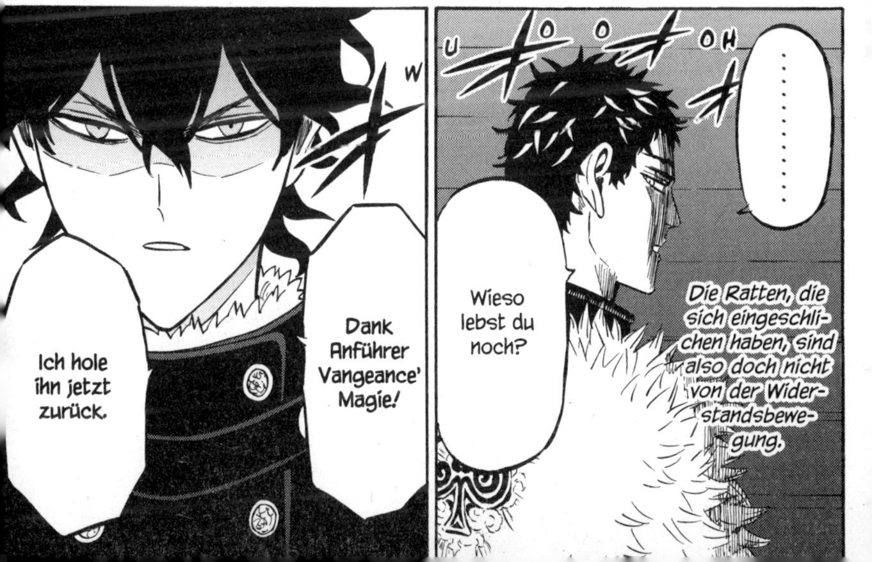

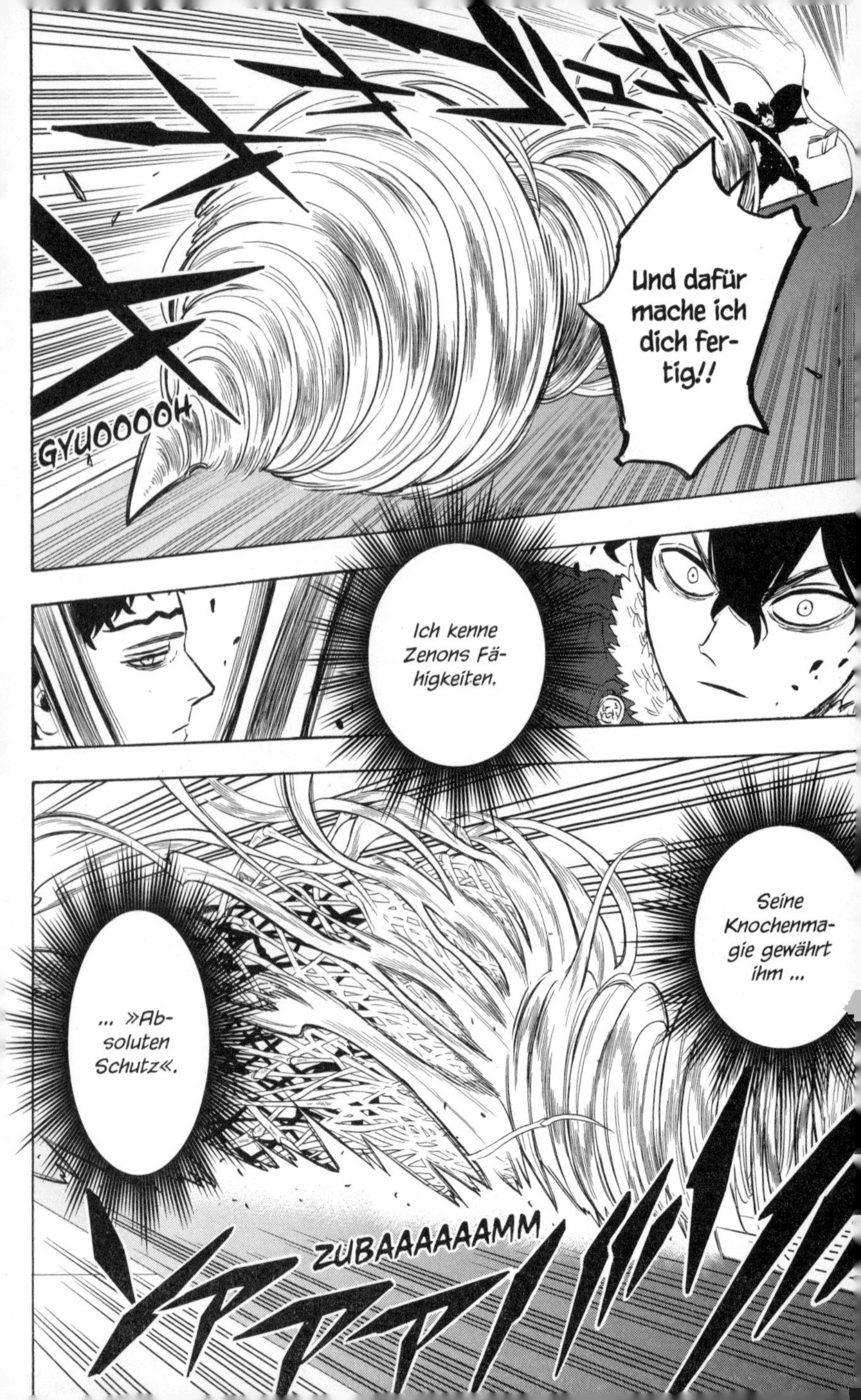
Und dafür mache ich dich fer-tig!!
GYUOOOOH
Ich kenne Zenons Fä-higkeiten.
Seine Knochenma-gie gewährt ihm ...
... »Ab-soluten Schutz«.
ZUBAAAAAAMM

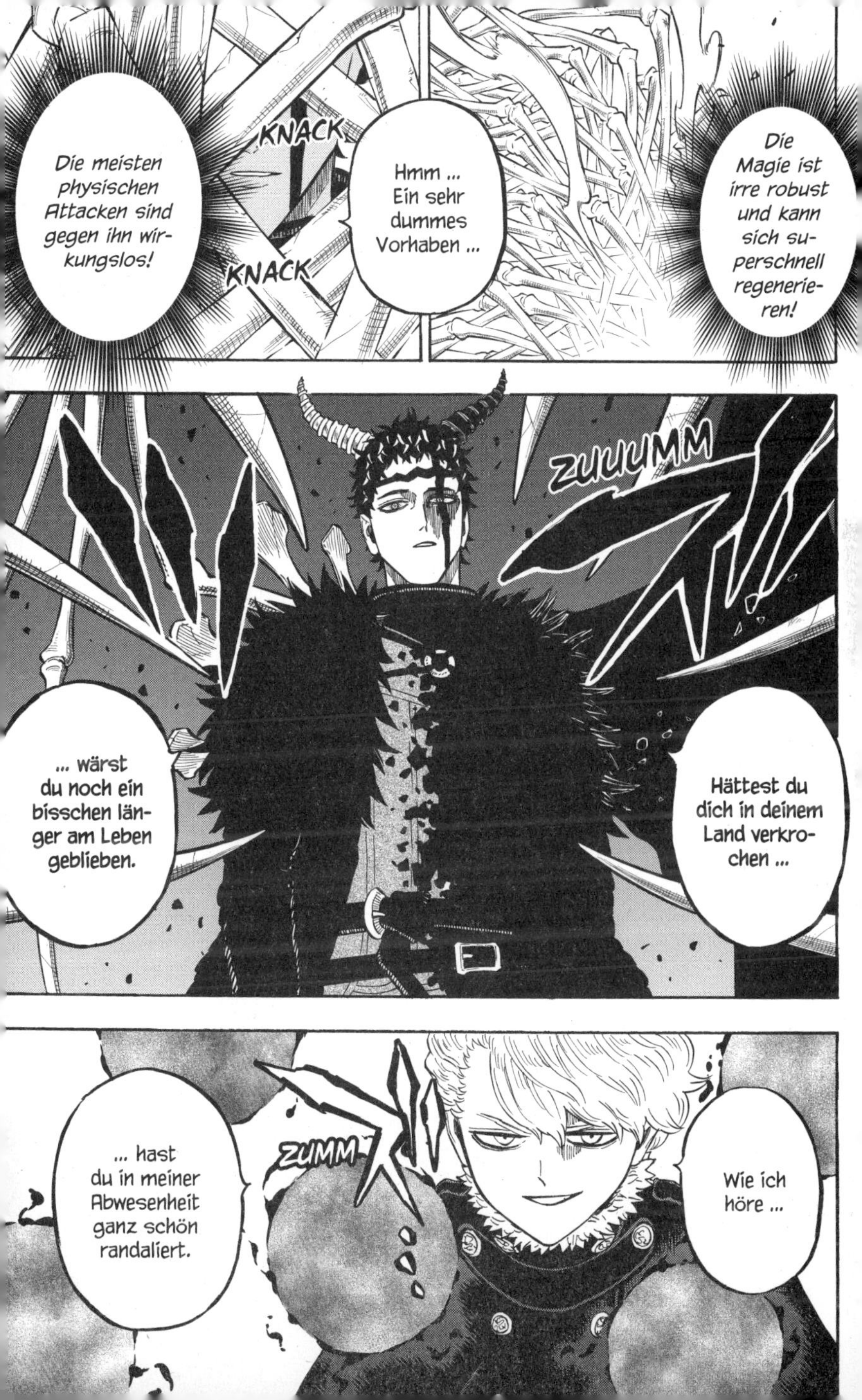
Die Magie ist irre robust und kann sich superschnell regenerieren!
Hmm ... Ein sehr dummes Vorhaben ...
KNACK
KNACK
Die meisten physischen Attacken sind gegen ihn wirkungslos!
ZUUUMM
Hättest du dich in deinem Land verkrochen ...
... wärst du noch ein bisschen länger am Leben geblieben.
Wie ich höre ...
ZUMM
... hast du in meiner Abwesenheit ganz schön randaliert.

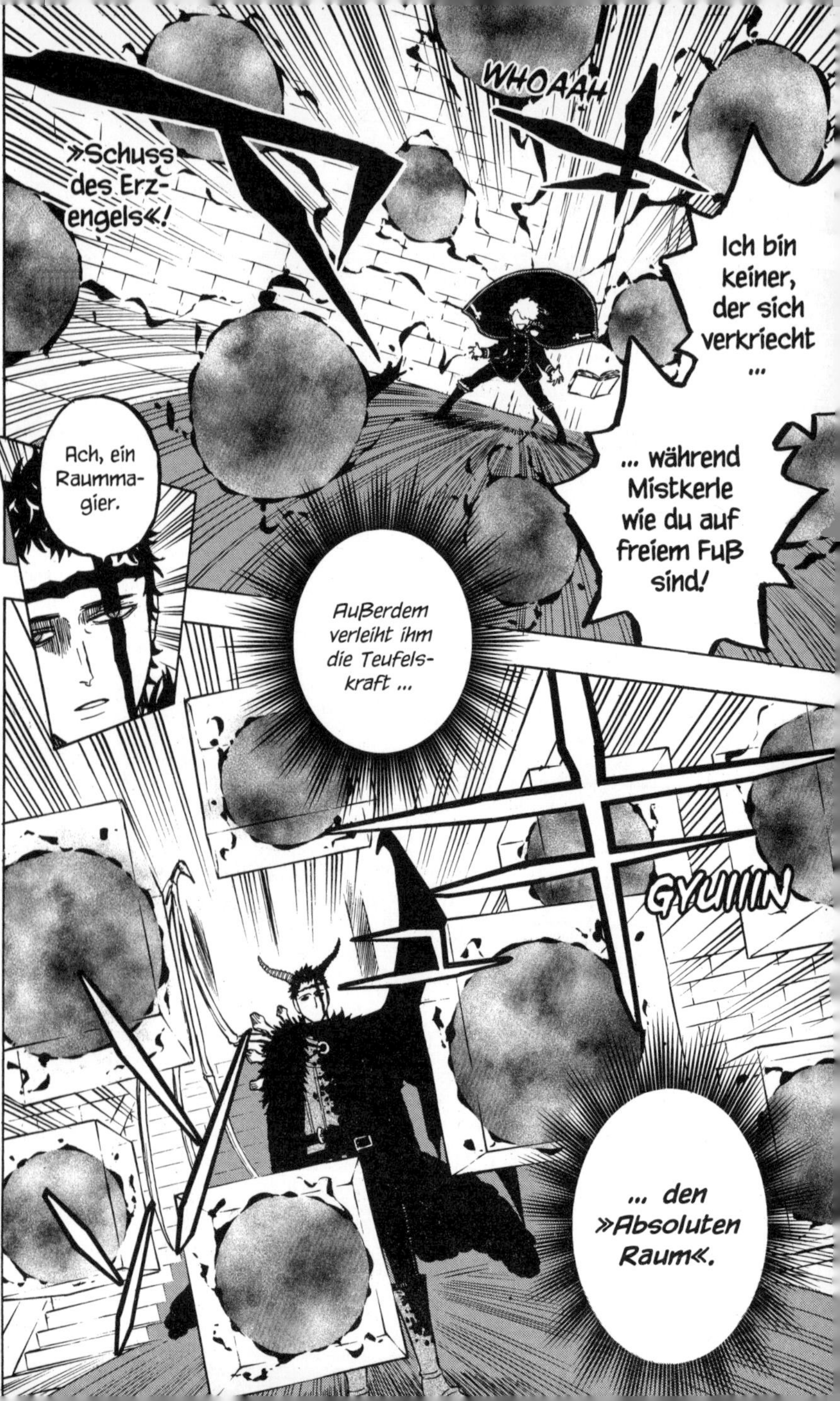
WHOAAH
»Schuss des Erzengels«!
Ich bin keiner, der sich verkriecht ...
... während Mistkerle wie du auf freiem Fuß sind!
Ach, ein Raummagier.
Außerdem verleiht ihm die Teufelskraft ...
GYUIIIN
... den »Absoluten Raum«.

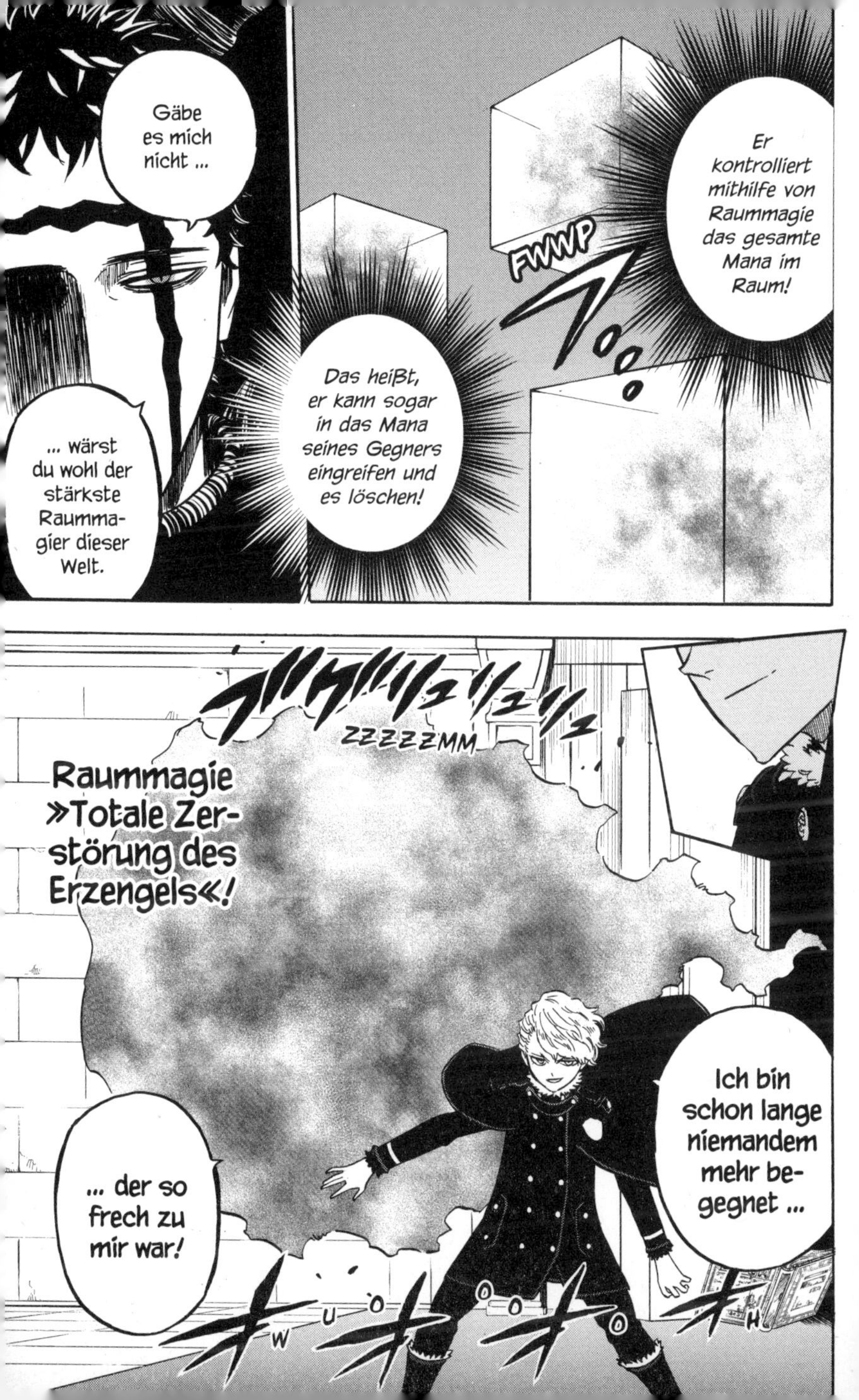
Er kontrolliert mithilfe von Raummagie das gesamte Mana im Raum!
FWWP
Das heißt, er kann sogar in das Mana seines Gegners eingreifen und es löschen!
Gäbe es mich nicht ...
... wärst du wohl der stärkste Raummagier dieser Welt.
ZZZZZMM
Raummagie »Totale Zerstörung des Erzengels«!
Ich bin schon lange niemandem mehr begegnet ...
... der so frech zu mir war!
WUOOOH

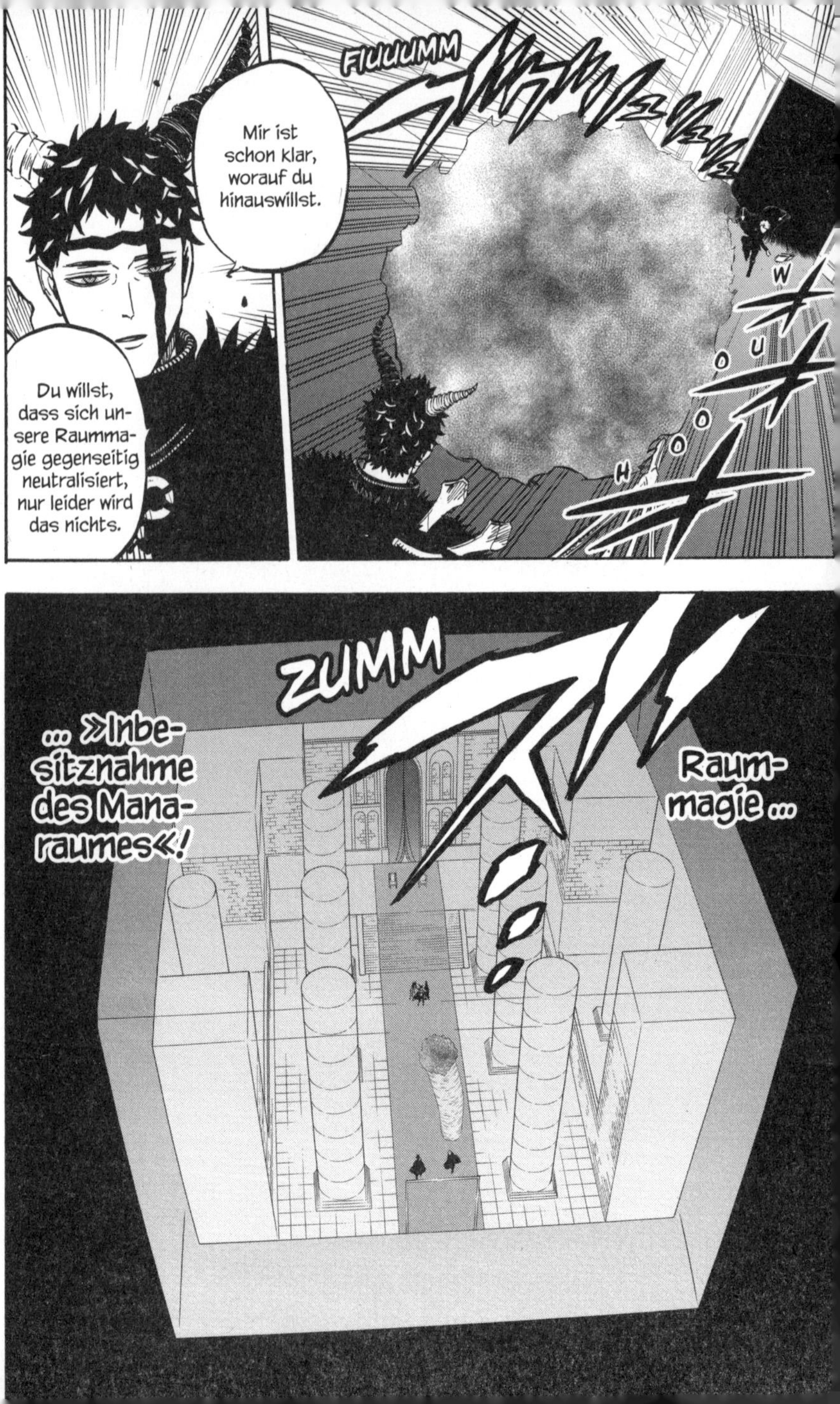
FIUUUMM
Mir ist schon klar, worauf du hinauswillst.
WUOOOH
Du willst, dass sich unsere Raummagie gegenseitig neutralisiert, nur leider wird das nichts.
ZUMM
Raummagie ...
... »Inbesitznahme des Manaraumes«!

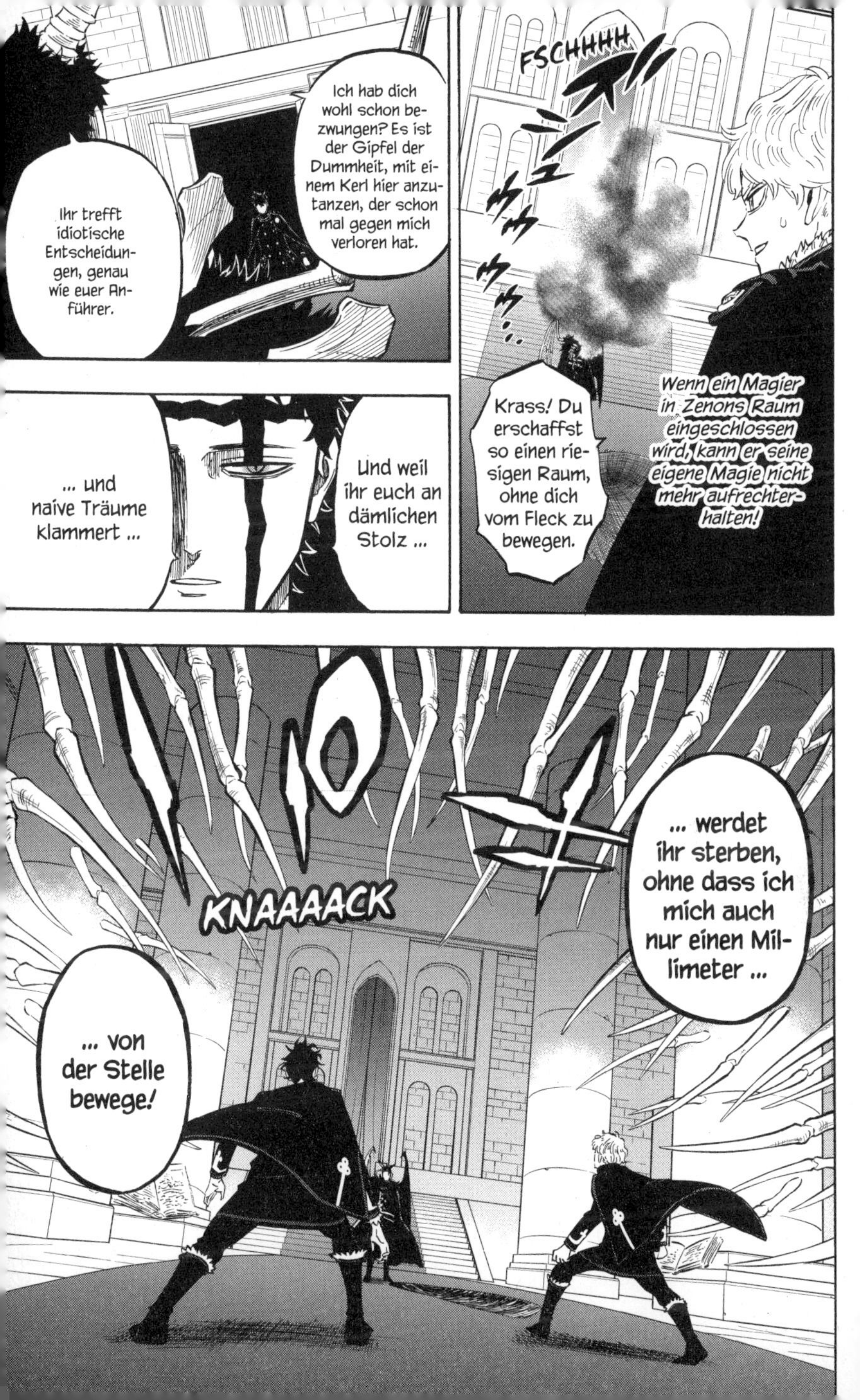
FSCHHHH
Wenn ein Magier in Zenons Raum eingeschlossen wird, kann er seine eigene Magie nicht mehr aufrechterhalten!
Krass! Du erschaffst so einen riesigen Raum, ohne dich vom Fleck zu bewegen.
Ich hab dich wohl schon bezwungen? Es ist der Gipfel der Dummheit, mit einem Kerl hier anzutanzen, der schon mal gegen mich verloren hat.
Ihr trefft idiotische Entscheidungen, genau wie euer Anführer.
Und weil ihr euch an dämlichen Stolz ...
... und naive Träume klammert ...
KNAAAACK
... werdet ihr sterben, ohne dass ich mich auch nur einen Millimeter ...
... von der Stelle bewege!

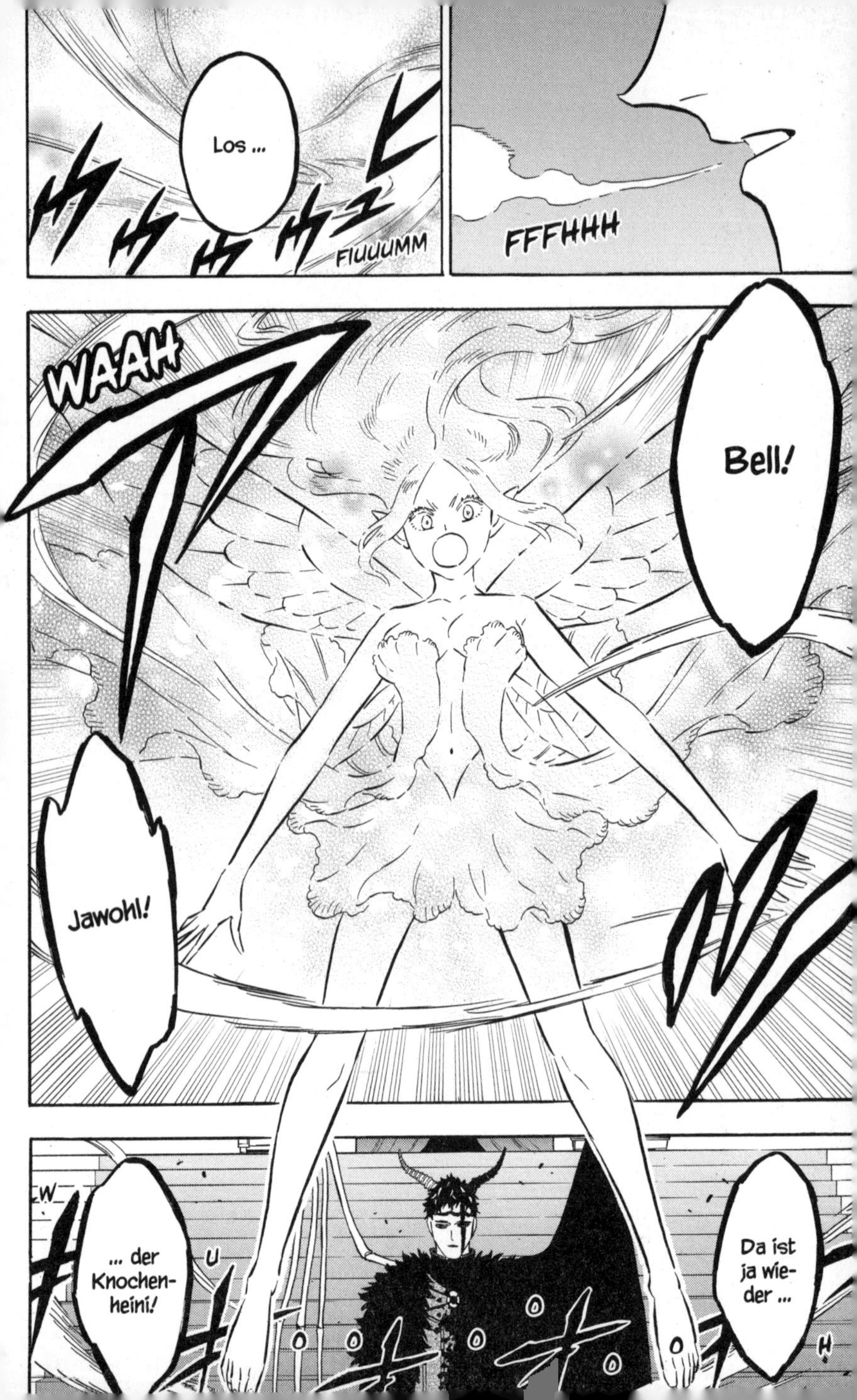
FFFHHH
Los ...
FIUUUMM
Bell!
WAAH
Jawohl!
Da ist ja wieder ...
... der Knochen-heini!

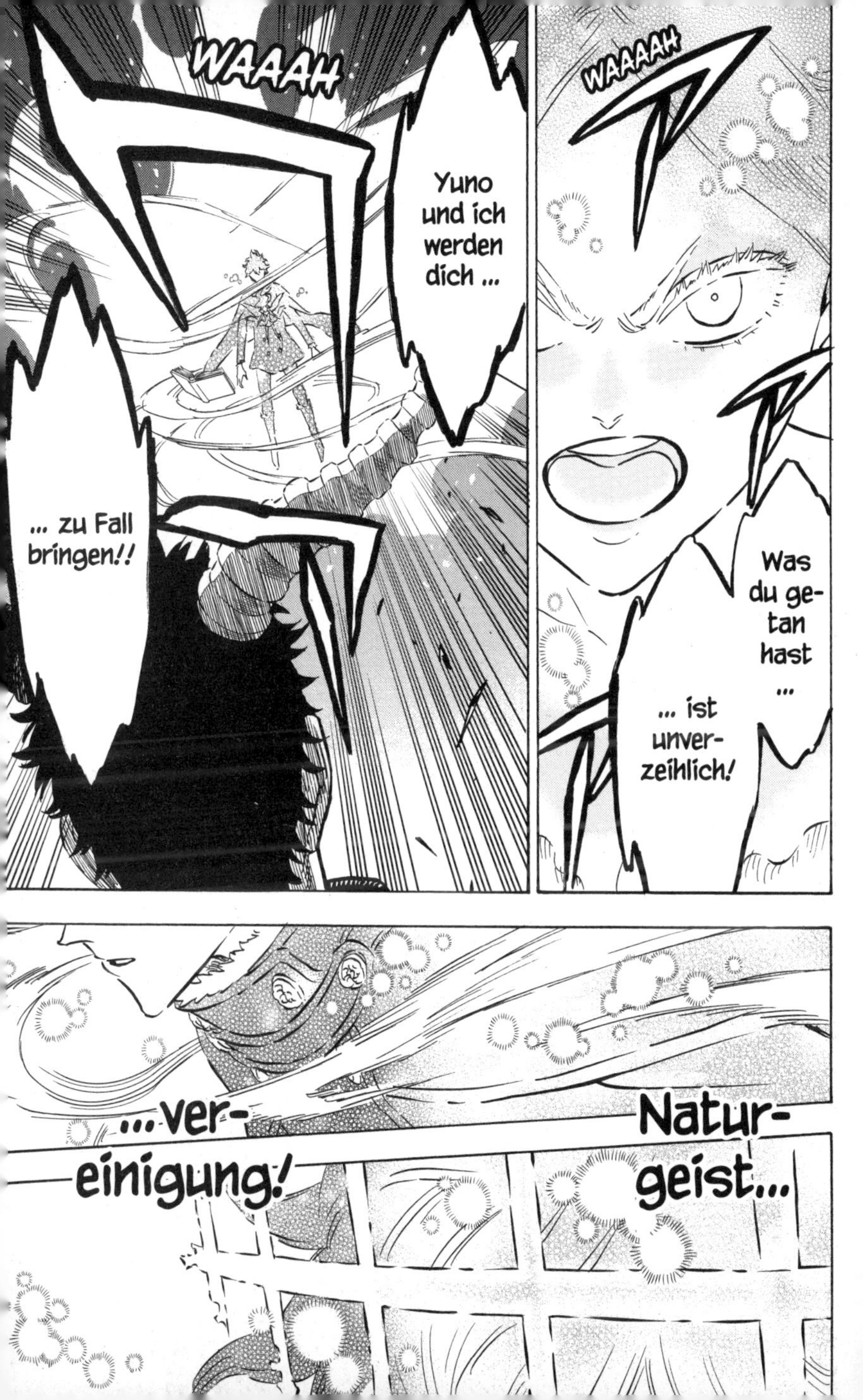
WAAAAH
Was du getan hast ...
... ist unverzeihlich!
WAAAH
Yuno und ich werden dich ...
... zu Fall bringen!!
Natur-geist...
...ver-einigung!

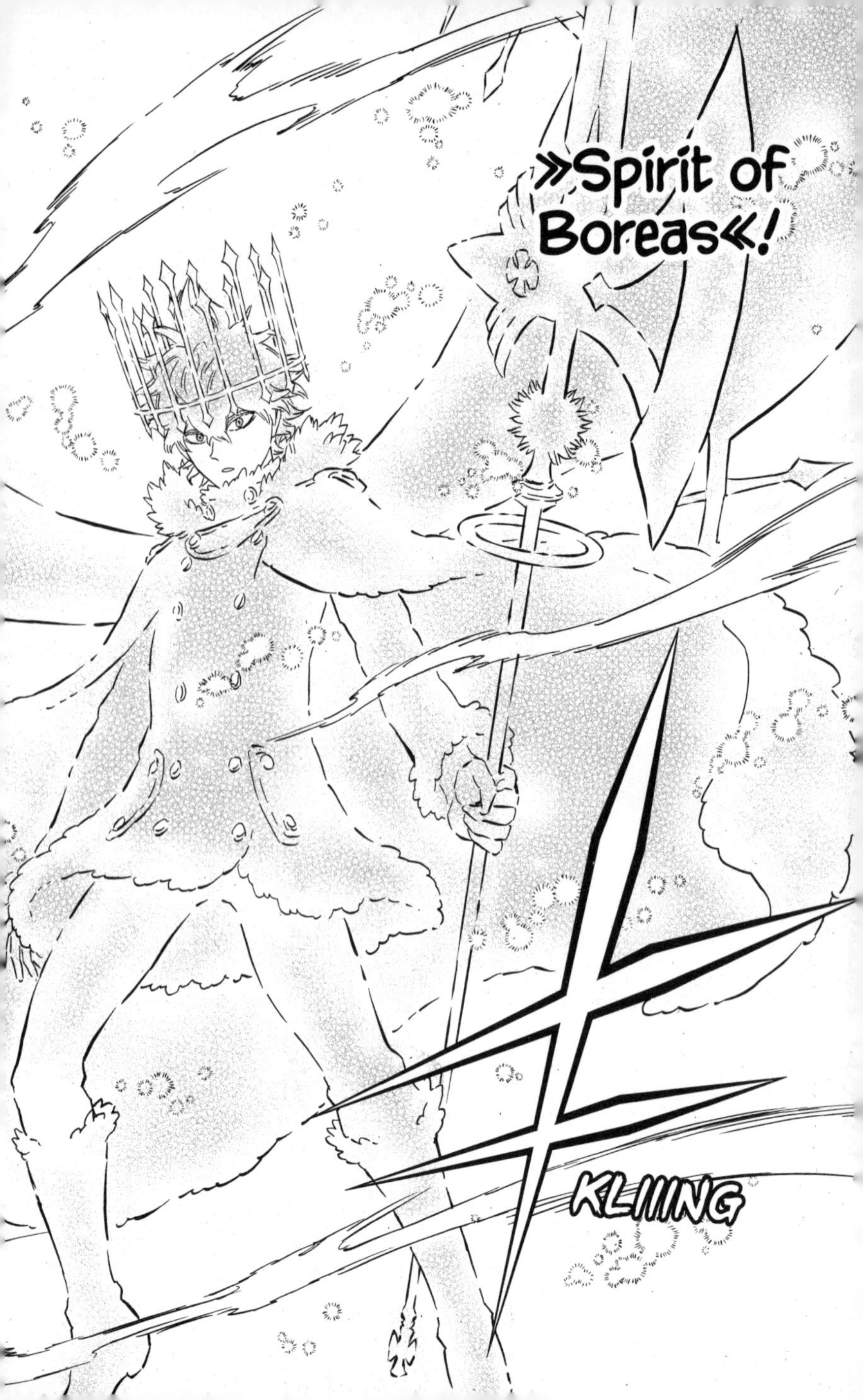
»Spirit of Boreas«!
KLIIING

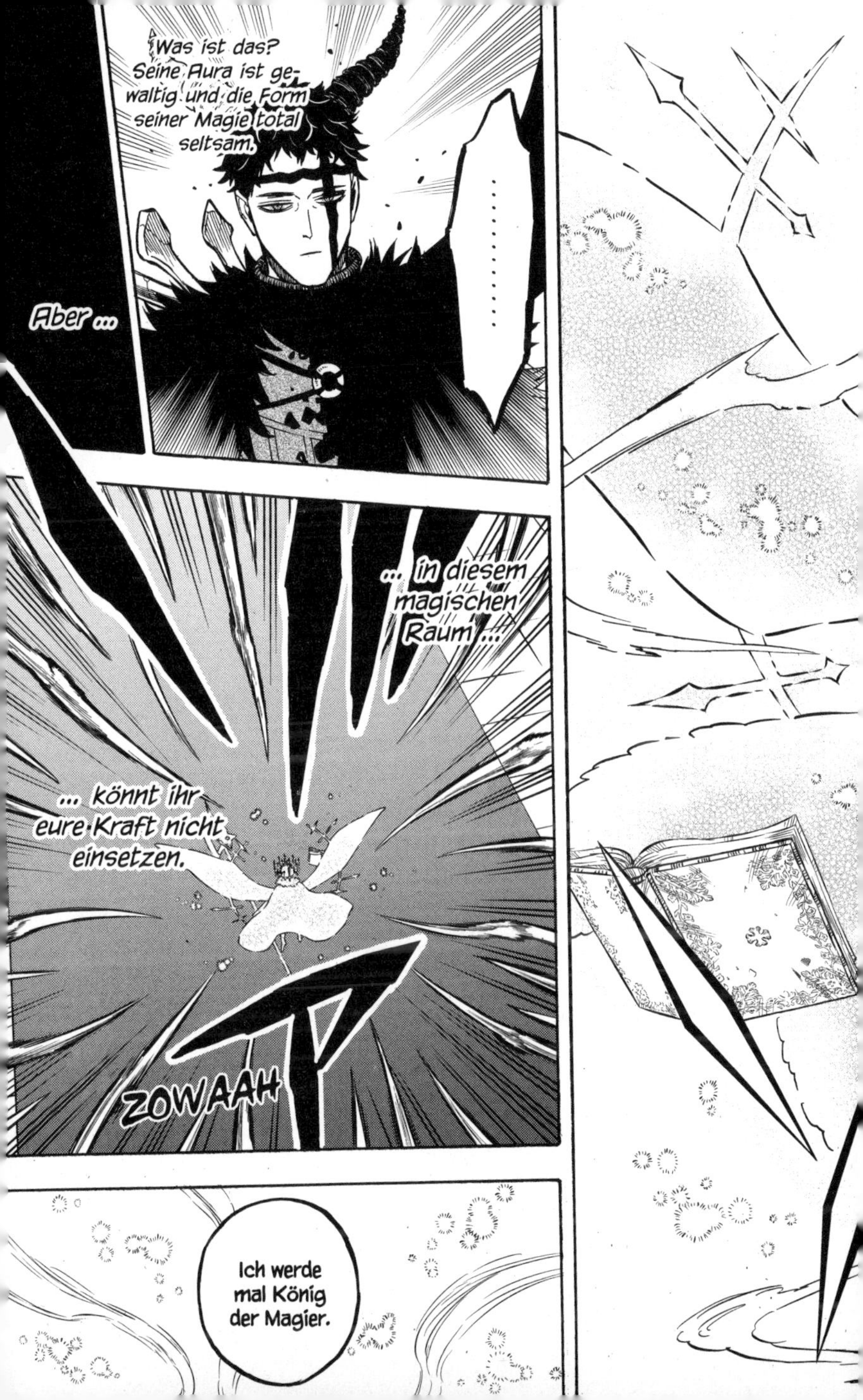
Was ist das? Seine Aura ist gewaltig und die Form seiner Magie total seltsam.
Aber ...
... in diesem magischen Raum ...
... könnt ihr eure Kraft nicht einsetzen.
ZOWAAH
Ich werde mal König der Magier.

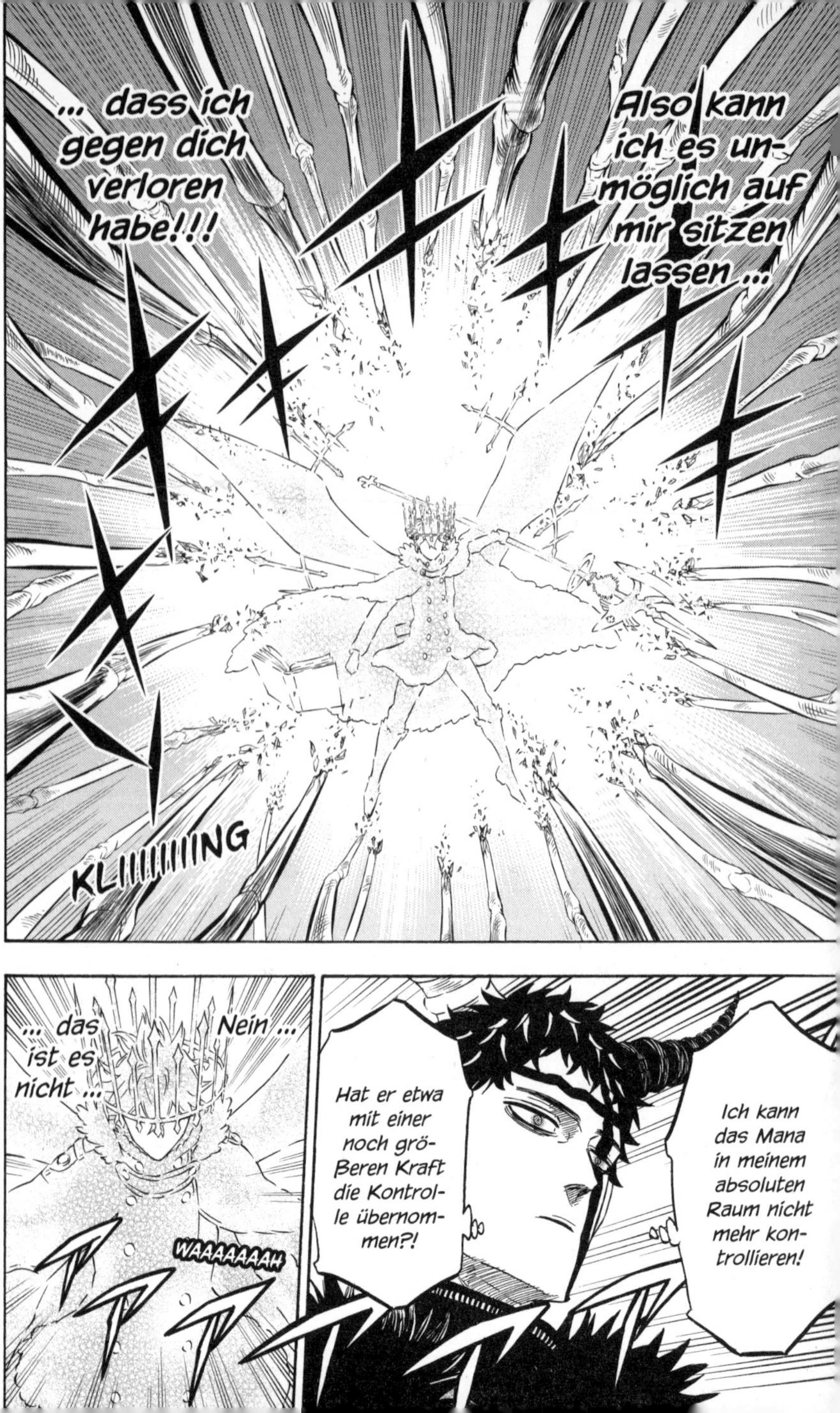
Also kann ich es unmöglich auf mir sitzen lassen ...
... dass ich gegen dich verloren habe!!!
KLIIIIIIIING
Ich kann das Mana in meinem absoluten Raum nicht mehr kontrollieren!
Hat er etwa mit einer noch größeren Kraft die Kontrolle übernommen?!
Nein ...
... das ist es nicht ...
WAAAAAAAH

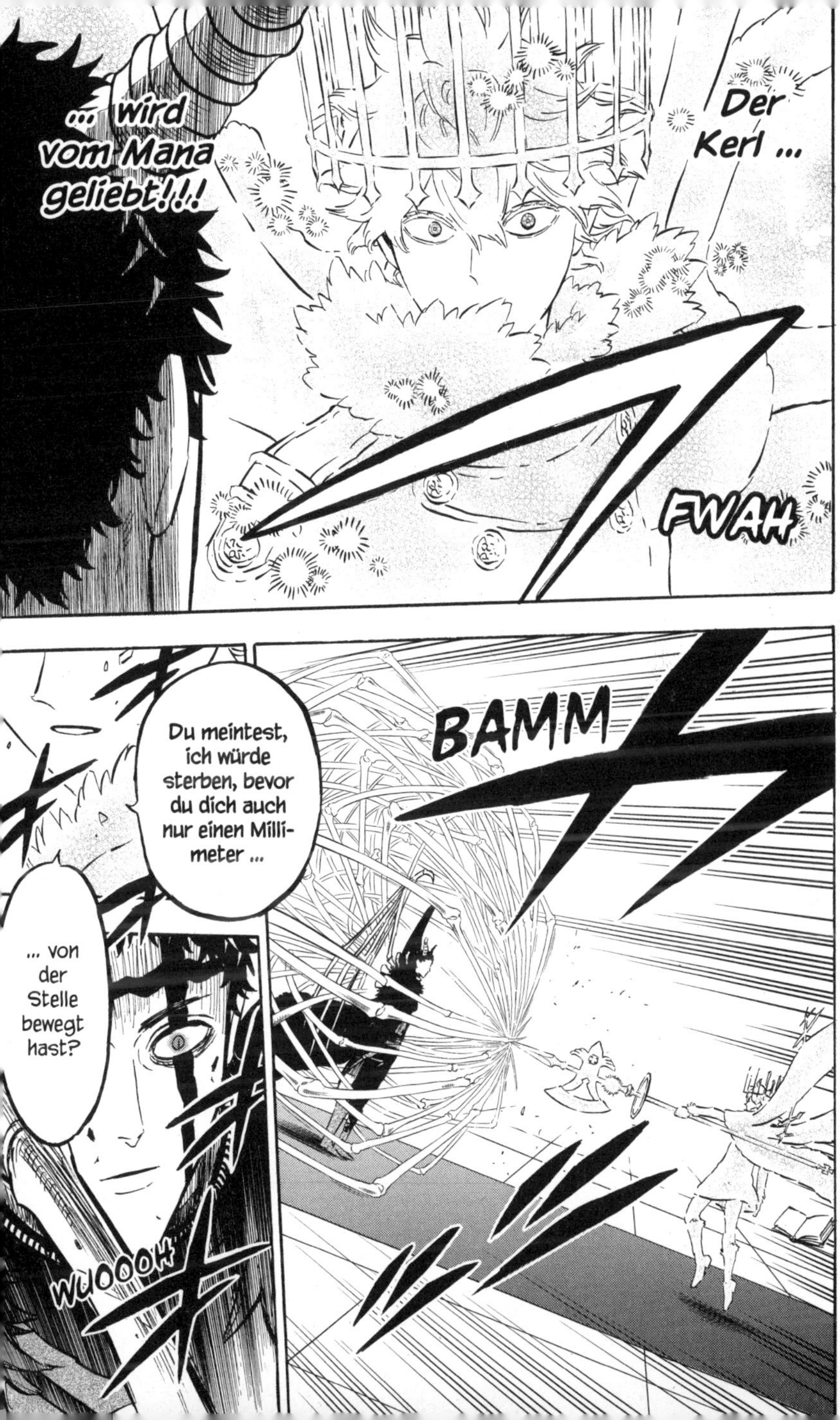

Der Kerl ...
... wird vom Mana geliebt!!!
FWAH
BAMM
Du meintest, ich würde sterben, bevor du dich auch nur einen Milli-meter ...
... von der Stelle bewegt hast?
WUOOOH

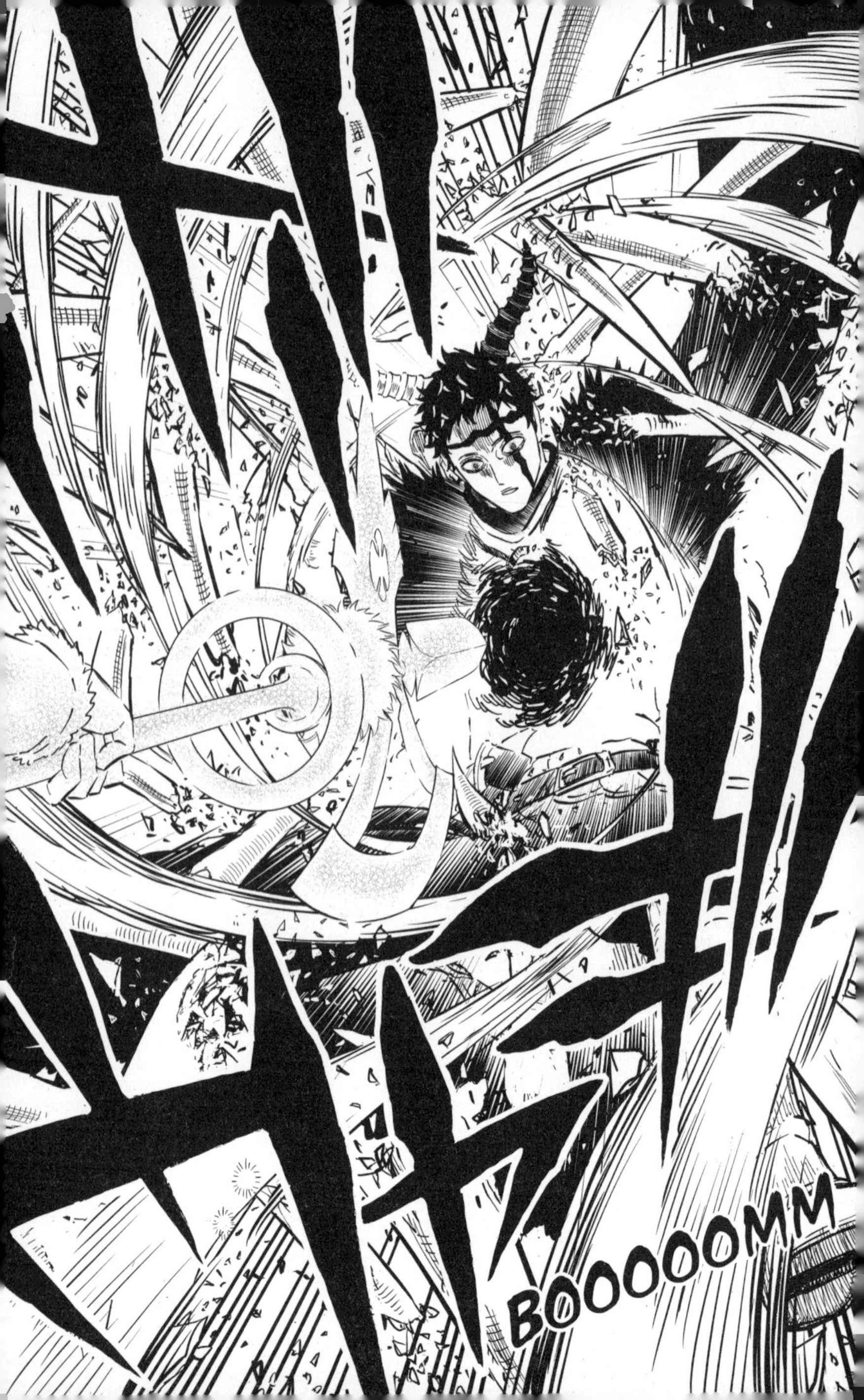
BOOOOOOMM

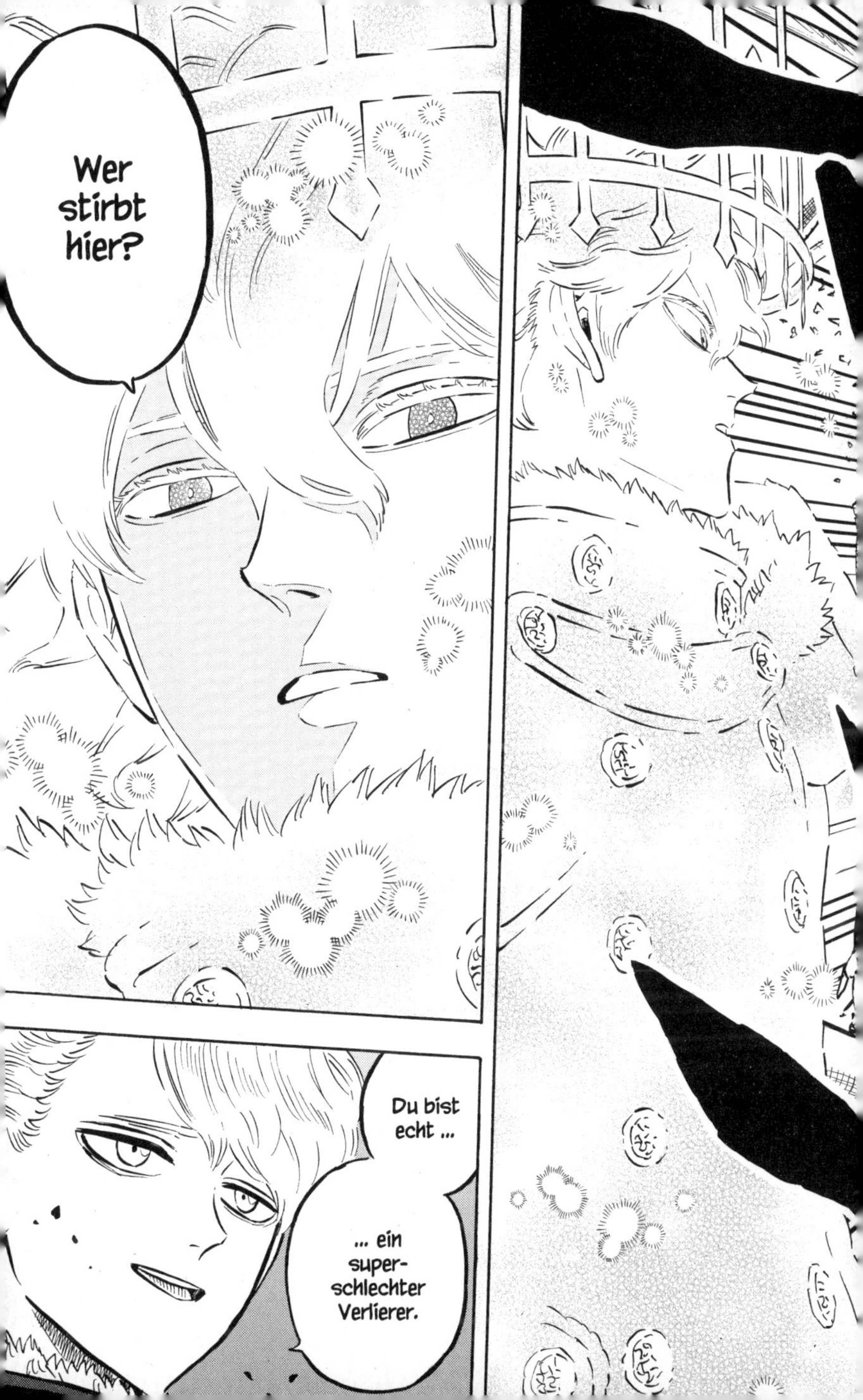
Wer stirbt hier?
Du bist echt ...
... ein super-schlechter Verlierer.

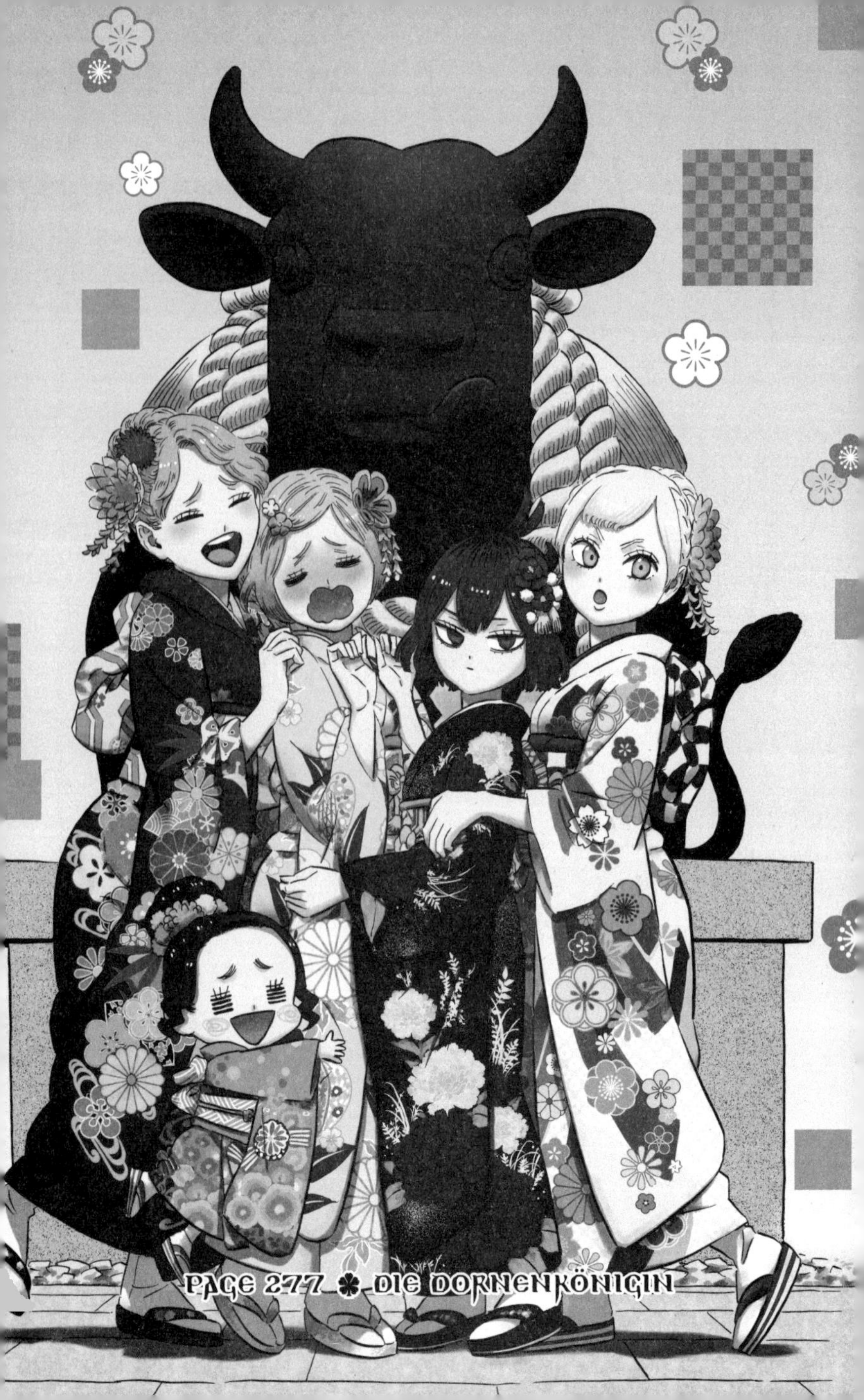
PAGE 277 ✿ DIE DORNENKÖNIGIN

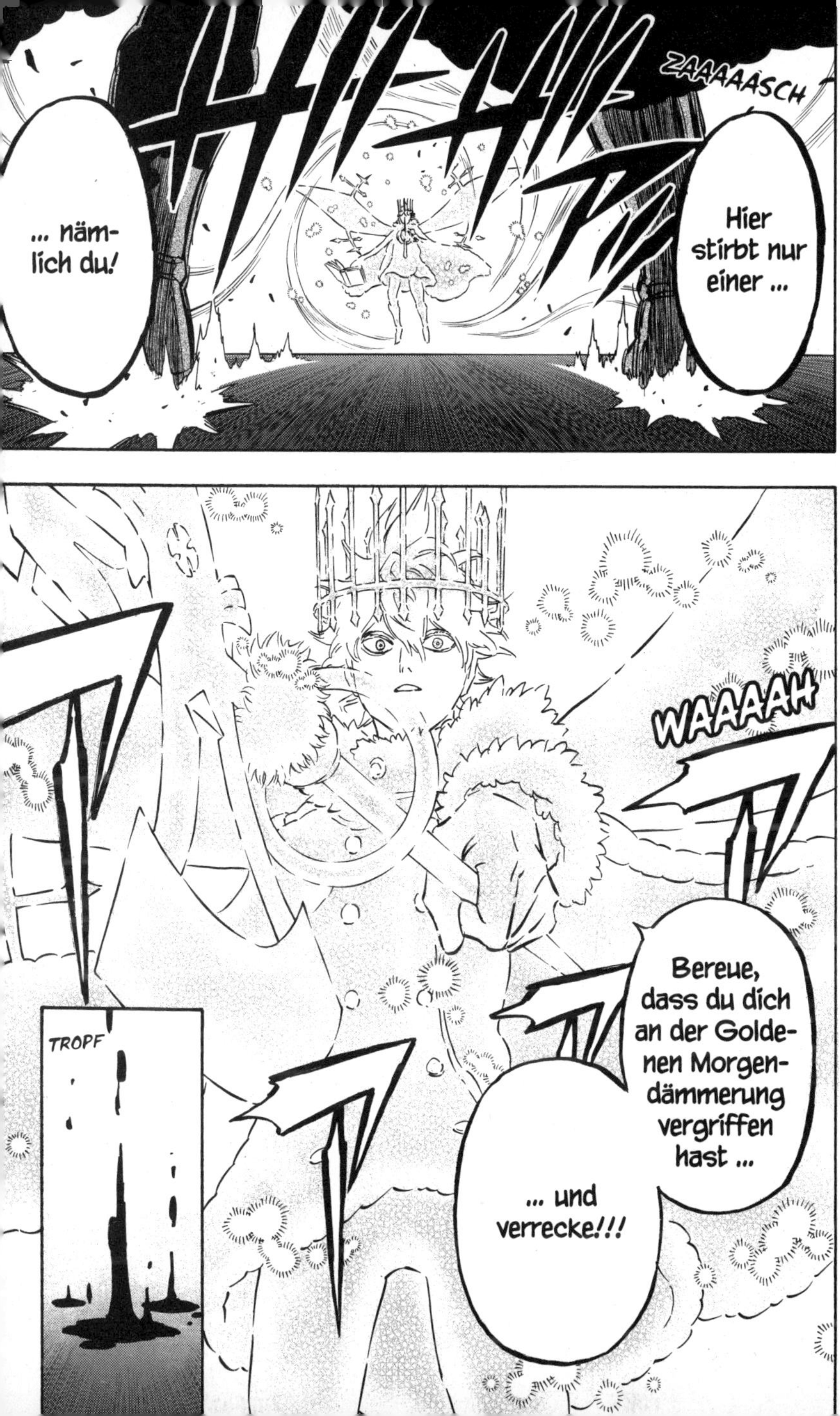
ZAAAAASCH
Hier stirbt nur einer ...
... nämlich du!
WAAAAAH
Bereue, dass du dich an der Golde-nen Morgen-dämmerung vergriffen hast ...
... und verrecke!!!
TROPF

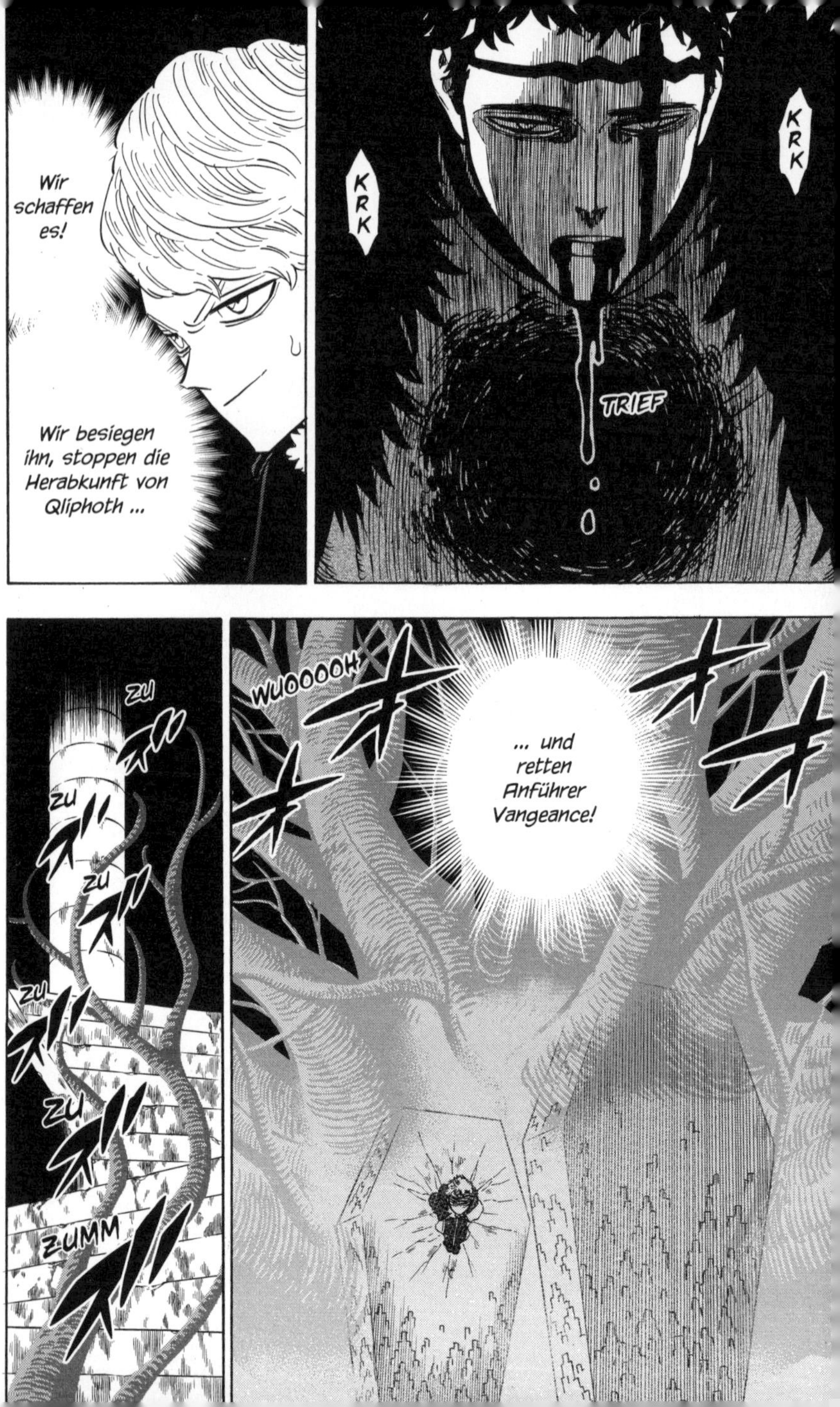
KRK
KRK
TRIEF
Wir schaffen es!
Wir besiegen ihn, stoppen die Herabkunft von Qliphoth ...
WUOOOOH
... und retten Anführer Vangeance!
ZU
ZU
ZU
ZU
ZU
ZUMM

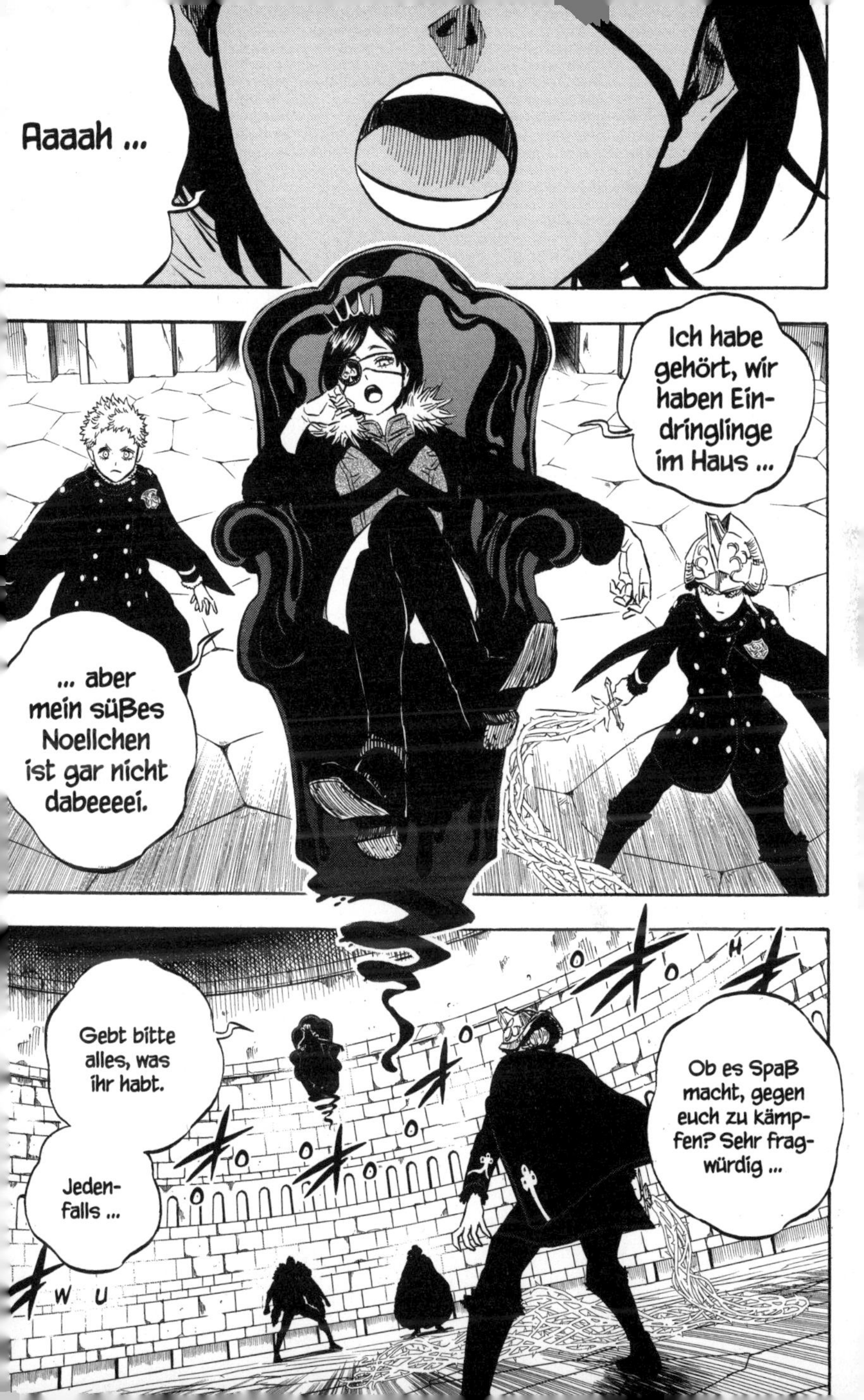
Aaaah ...
Ich habe gehört, wir haben Eindringlinge im Haus ...
... aber mein süßes Noellchen ist gar nicht dabeeeei.
Ob es Spaß macht, gegen euch zu kämpfen? Sehr fragwürdig ...
Gebt bitte alles, was ihr habt.
Jedenfalls ...

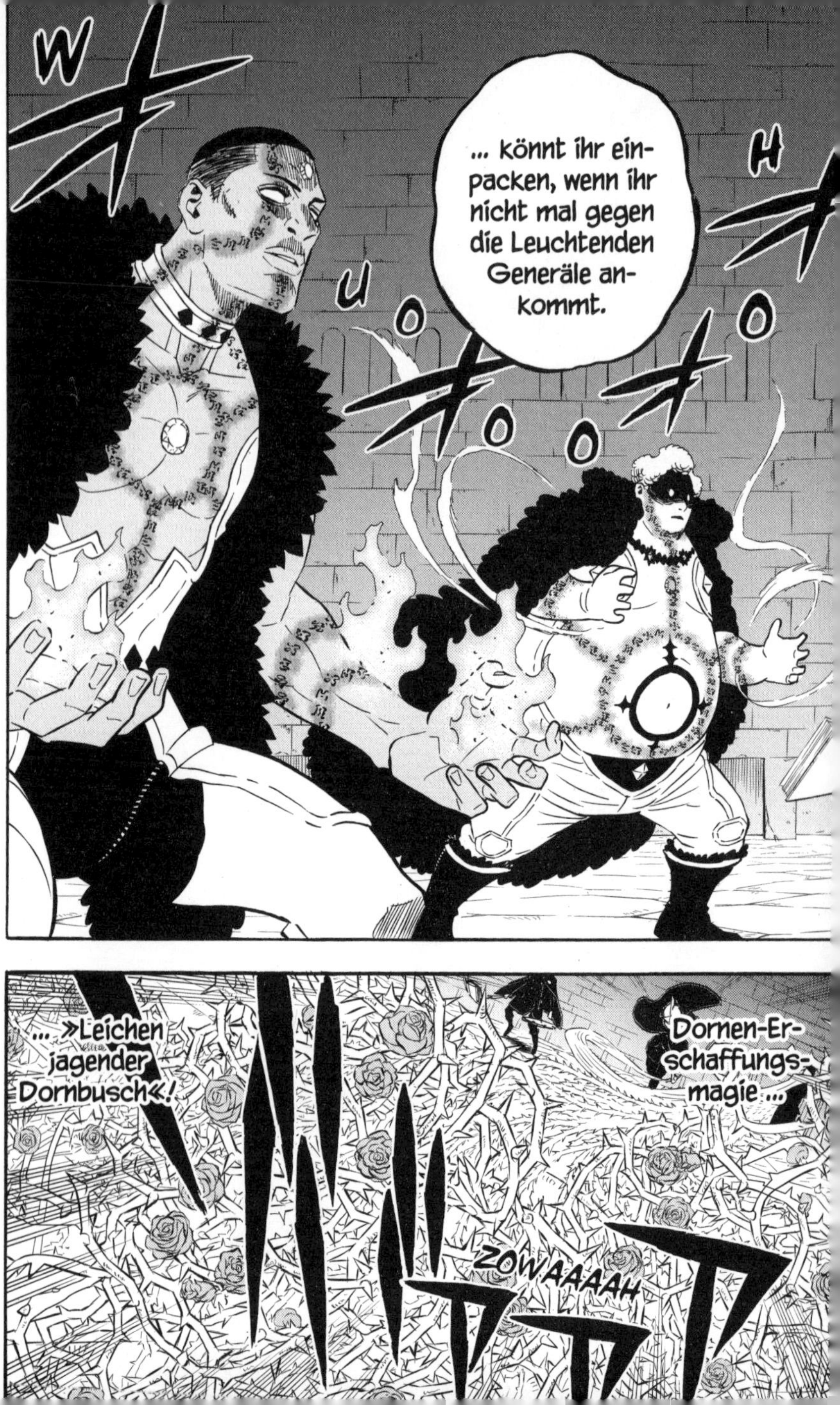
... könnt ihr einpacken, wenn ihr nicht mal gegen die Leuchtenden Generäle ankommt.
Dornen-Erschaffungsmagie ...
... »Leichen jagender Dornbusch«!
ZOWAAAAH

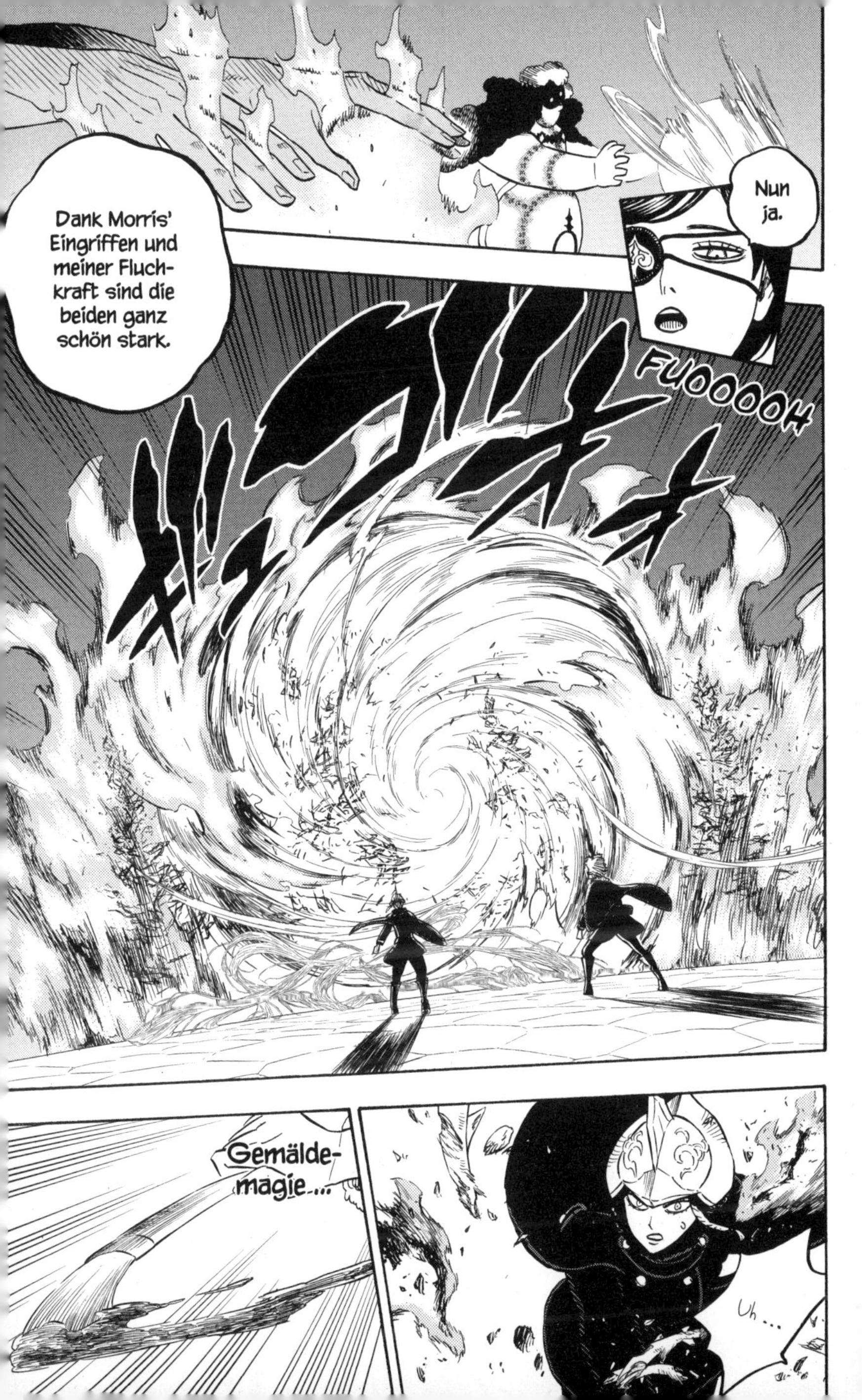
Nun ja.
Dank Morris' Eingriffen und meiner Fluchkraft sind die beiden ganz schön stark.
FUOOOOOH
Gemälde-magie ...
Uh ...

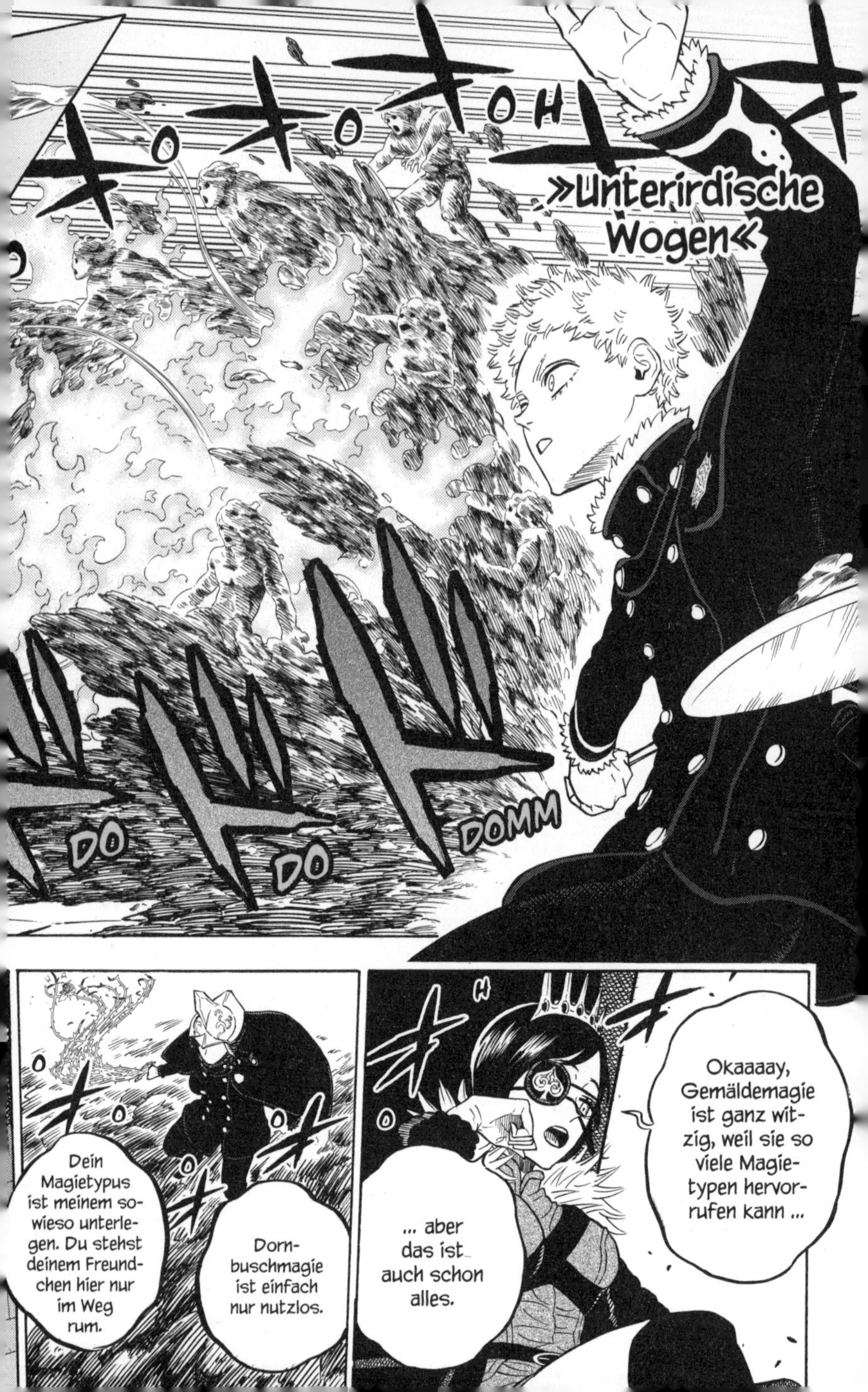
OHHH
»Unterirdische Wogen«
DO
DO
DOMM
Okaaaay, Gemäldemagie ist ganz witzig, weil sie so viele Magietypen hervorrufen kann ...
... aber das ist auch schon alles.
Dornbuschmagie ist einfach nur nutzlos.
Dein Magietypus ist meinem sowieso unterlegen. Du stehst deinem Freundchen hier nur im Weg rum.

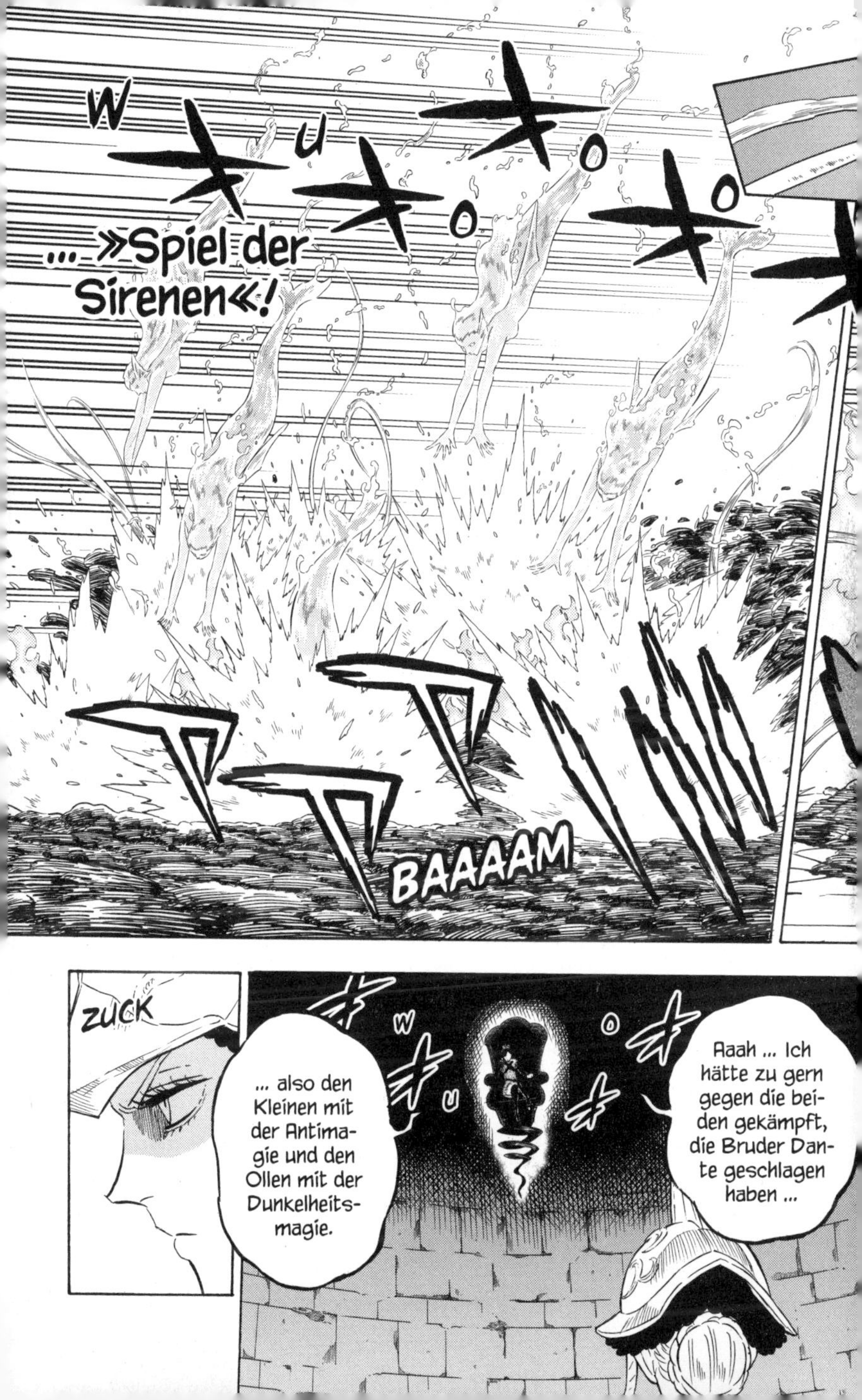
...»Spiel der Sirenen«!
BAAAAM
Aaah ... Ich hätte zu gern gegen die beiden gekämpft, die Bruder Dante geschlagen haben ...
... also den Kleinen mit der Antimagie und den Ollen mit der Dunkelheitsmagie.
ZUCK

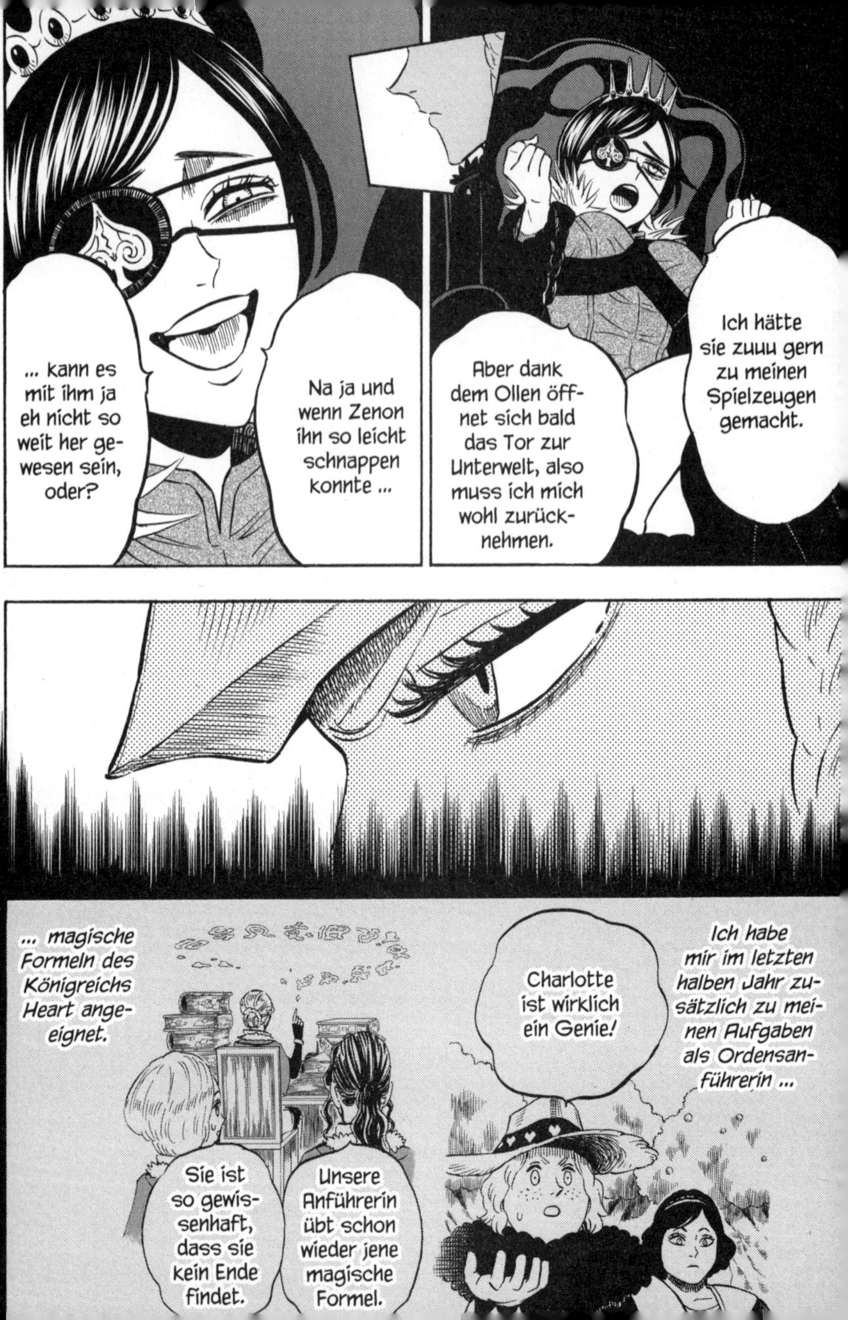
Ich hätte sie zuuu gern zu meinen Spielzeugen gemacht.
Aber dank dem Ollen öff-net sich bald das Tor zur Unterwelt, also muss ich mich wohl zurück-nehmen.
Na ja und wenn Zenon ihn so leicht schnappen konnte …
… kann es mit ihm ja eh nicht so weit her ge-wesen sein, oder?
Ich habe mir im letzten halben Jahr zu-sätzlich zu mei-nen Aufgaben als Ordensan-führerin …
Charlotte ist wirklich ein Genie!
… magische Formeln des Königreichs Heart ange-eignet.
Unsere Anführerin übt schon wieder jene magische Formel.
Sie ist so gewis-senhaft, dass sie kein Ende findet.

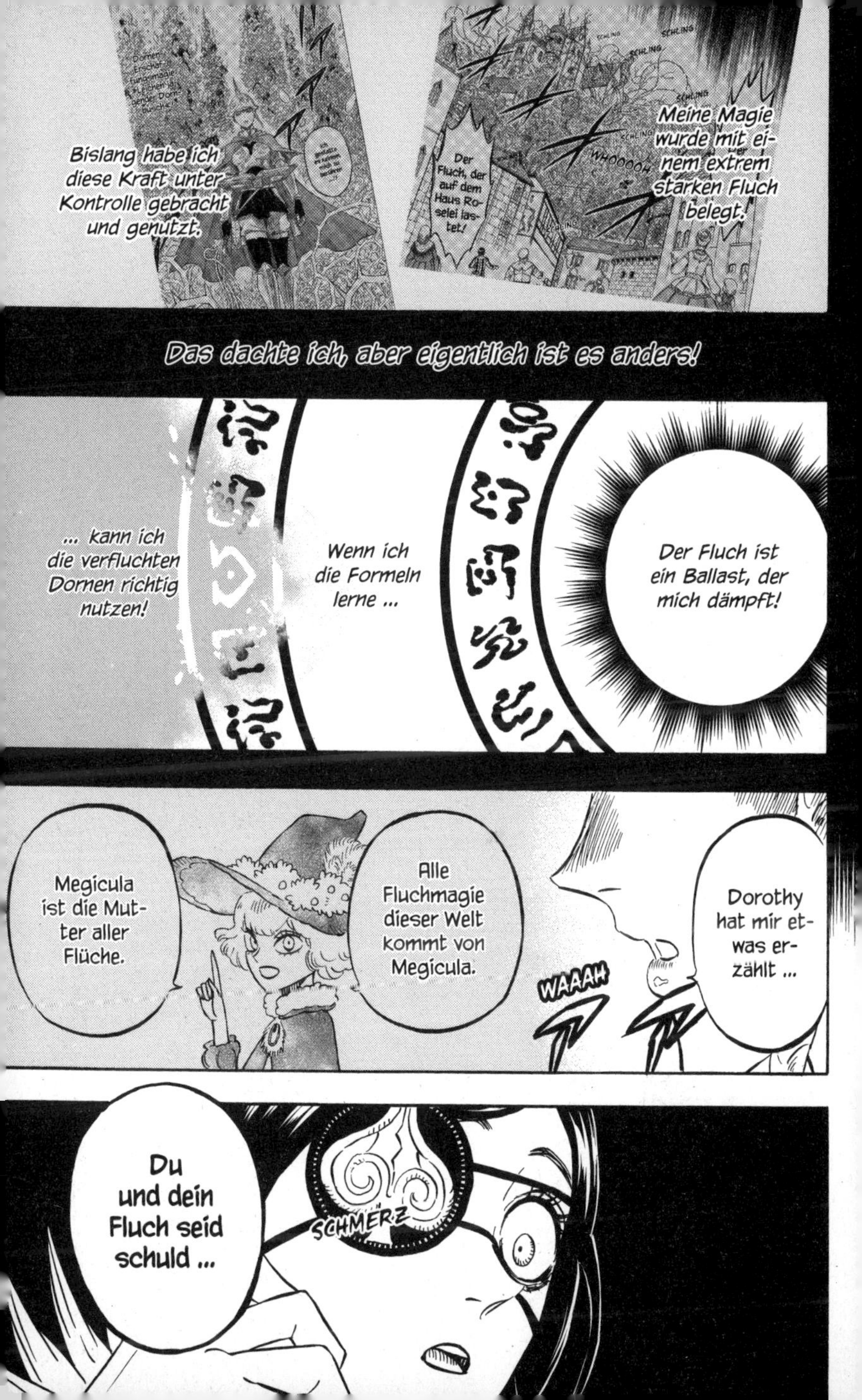

Meine Magie wurde mit einem extrem starken Fluch belegt.
SCHLING
SCHLING
SCHLING
SCHLING
WHOOOOH
Der Fluch, der auf dem Haus Roselei lastet!
Dornen-Erschaffungsmagie »Leichen jagender Dornbusch«
Bislang habe ich diese Kraft unter Kontrolle gebracht und genutzt.
Das dachte ich, aber eigentlich ist es anders!
Der Fluch ist ein Ballast, der mich dämpft!
Wenn ich die Formeln lerne ...
... kann ich die verfluchten Dornen richtig nutzen!
Dorothy hat mir etwas erzählt ...
WAAAH
Alle Fluchmagie dieser Welt kommt von Megicula.
Megicula ist die Mutter aller Flüche.
Du und dein Fluch seid schuld ...
SCHMERZ

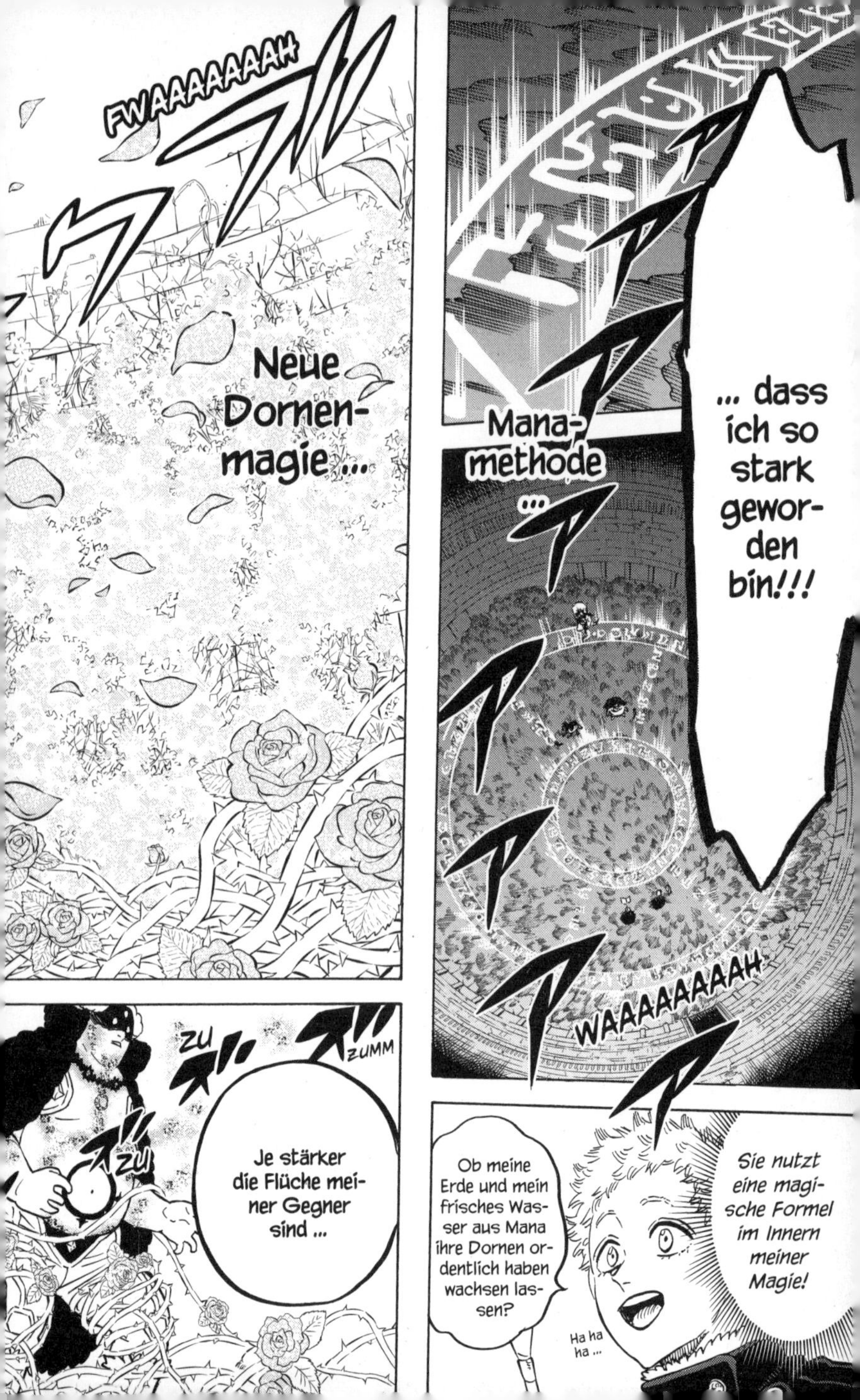
... dass ich so stark geworden bin!!!
Mana-methode ...
WAAAAAAAH
FWAAAAAAAH
Neue Dornenmagie ...
Sie nutzt eine magische Formel im Innern meiner Magie!
Ob meine Erde und mein frisches Wasser aus Mana ihre Dornen ordentlich haben wachsen lassen?
Ha ha ha ...
ZU
ZUMM
ZU
Je stärker die Flüche meiner Gegner sind ...

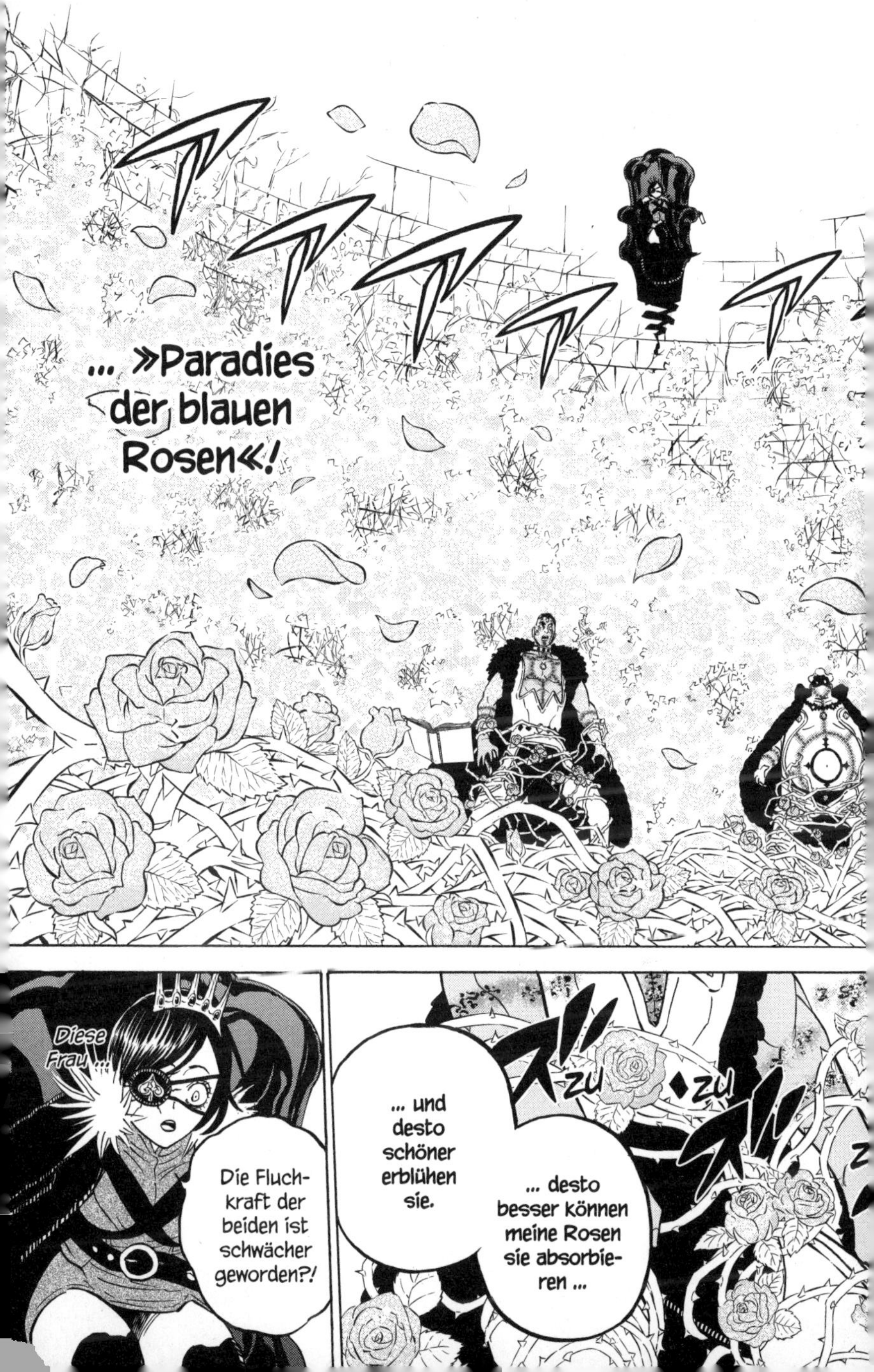
... »Paradies der blauen Rosen«!
Diese Frau ...
Die Fluchkraft der beiden ist schwächer geworden?!
ZU
ZU
... und desto schöner erblühen sie.
... desto besser können meine Rosen sie absorbieren ...

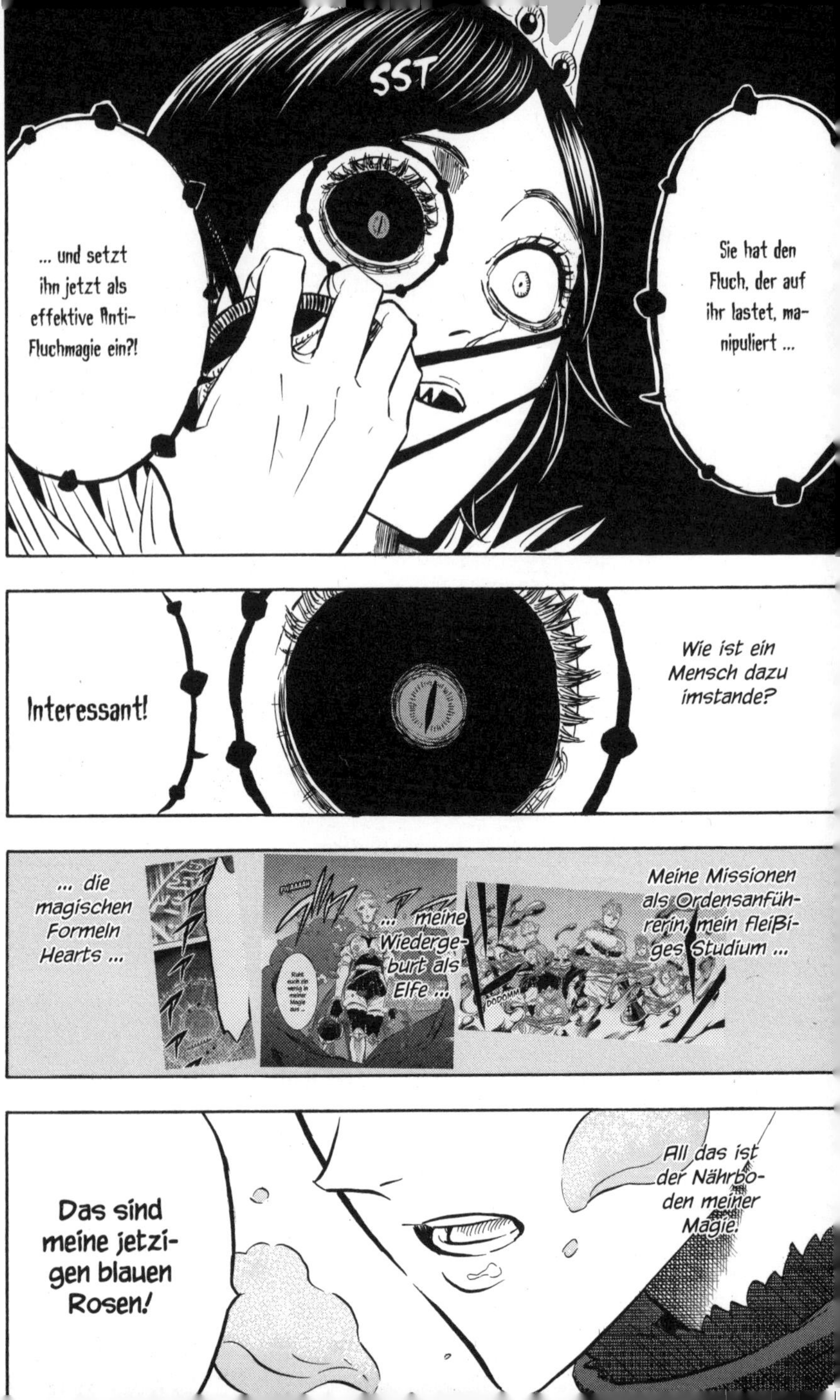
SST
Sie hat den Fluch, der auf ihr lastet, manipuliert ...
... und setzt ihn jetzt als effektive Anti-Fluchmagie ein?!
Wie ist ein Mensch dazu imstande?
Interessant!
Meine Missionen als Ordensanführerin, mein fleißiges Studium ...
... meine Wiedergeburt als Elfe ...
... die magischen Formeln Hearts ...
All das ist der Nährboden meiner Magie!
Das sind meine jetzigen blauen Rosen!

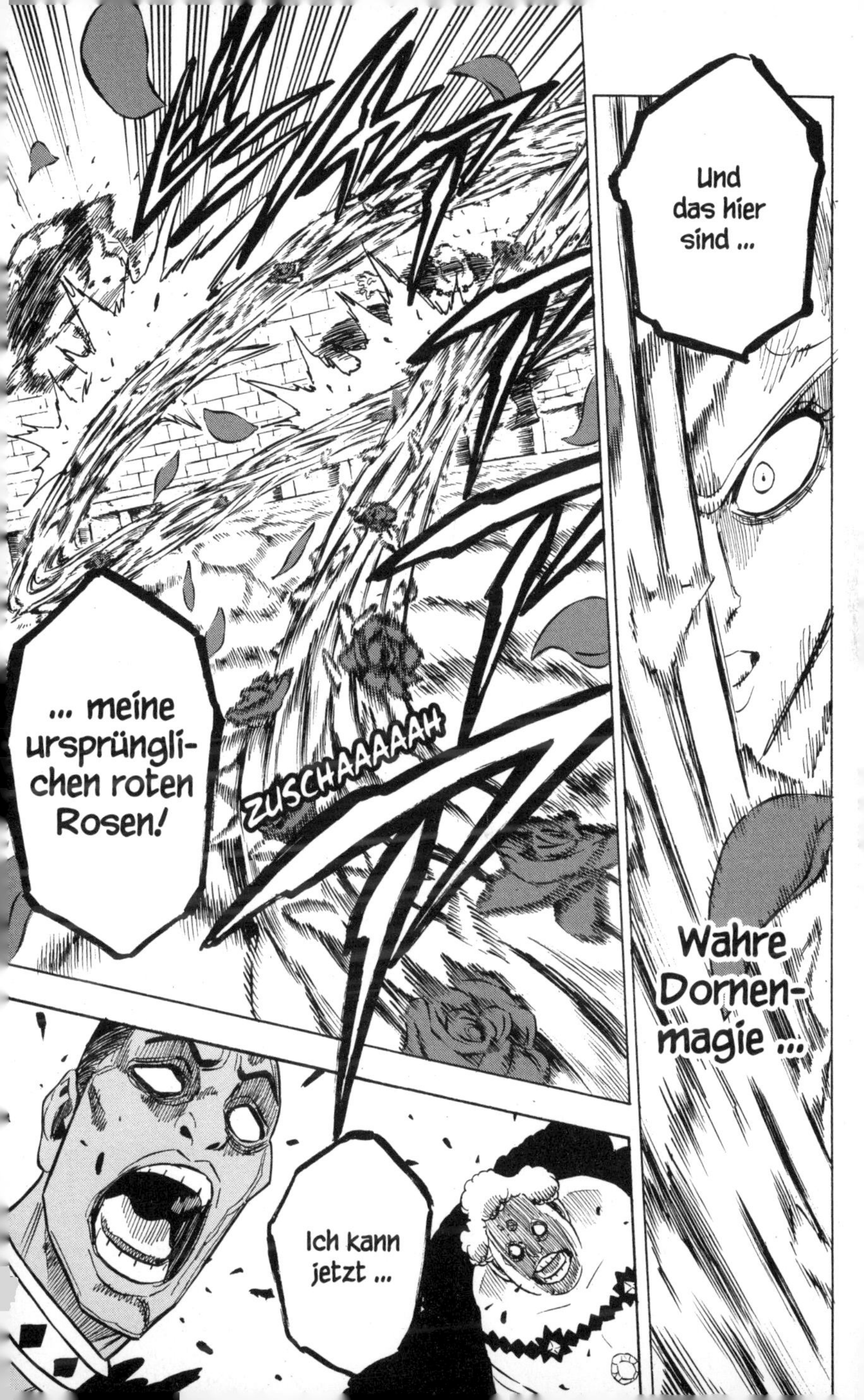

Und das hier sind ...
Wahre Dornen-magie ...
... meine ursprüngli-chen roten Rosen!
ZUSCHAAAAAAH
Ich kann jetzt ...

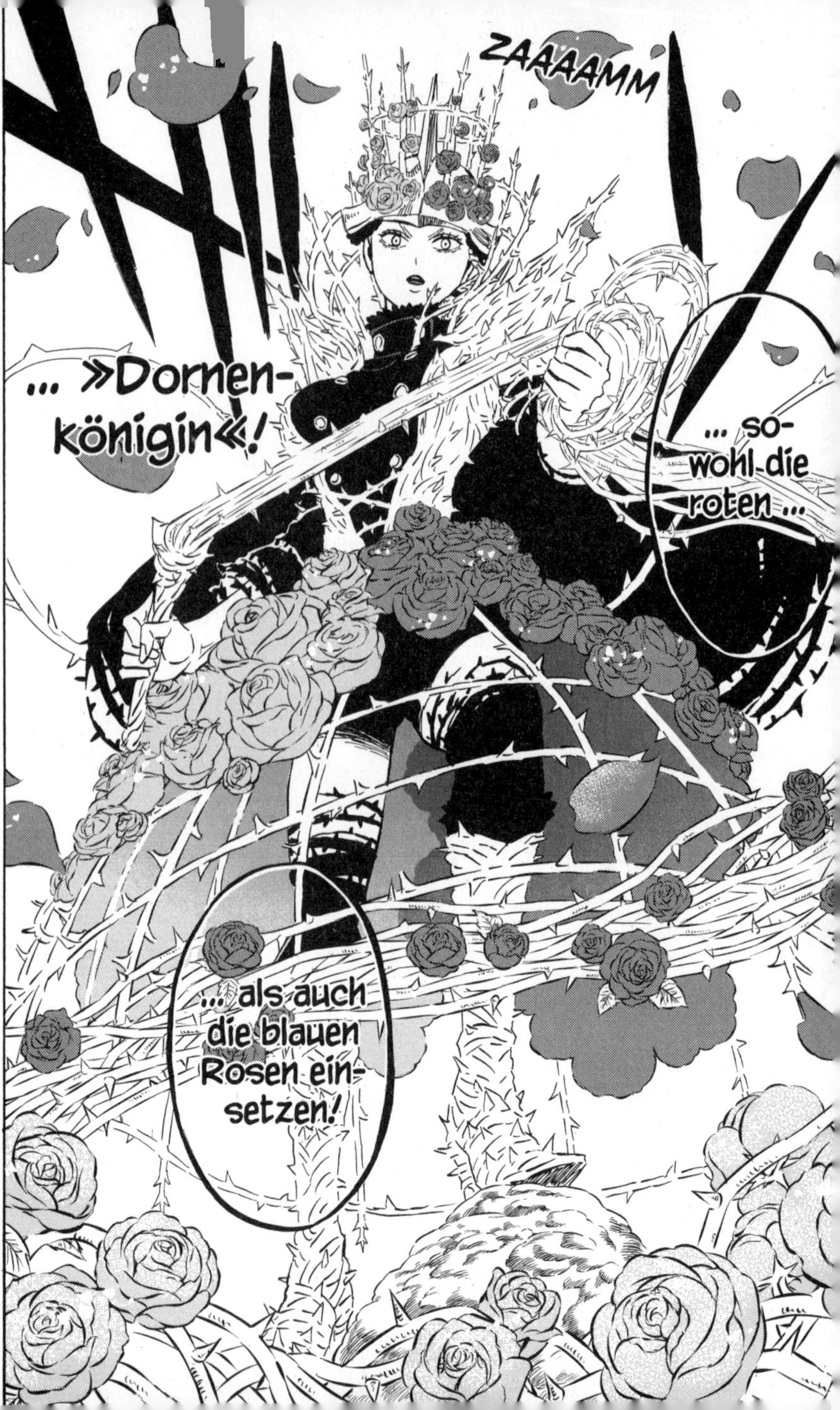
ZAAAAMM
... »Dornen-
königin«!
... so-
wohl die
roten ...
... als auch
die blauen
Rosen ein-
setzen!

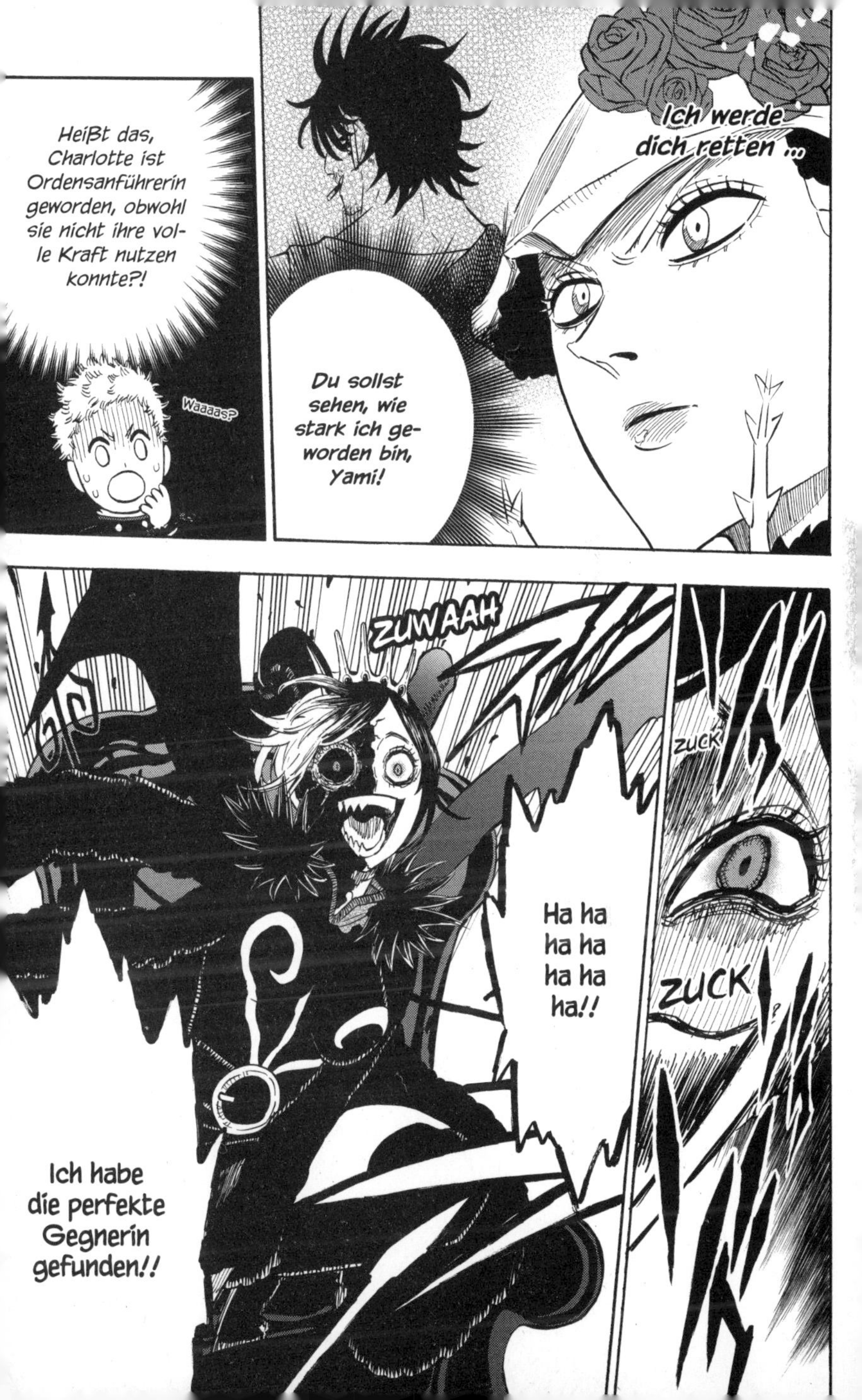

Ich werde dich retten ...
Du sollst sehen, wie stark ich geworden bin, Yami!
Heißt das, Charlotte ist Ordensanführerin geworden, obwohl sie nicht ihre volle Kraft nutzen konnte?!
Waaaas?
ZUCK
ZUCK
ZUWAAH
Ha ha ha ha ha ha ha!!
Ich habe die perfekte Gegnerin gefunden!!

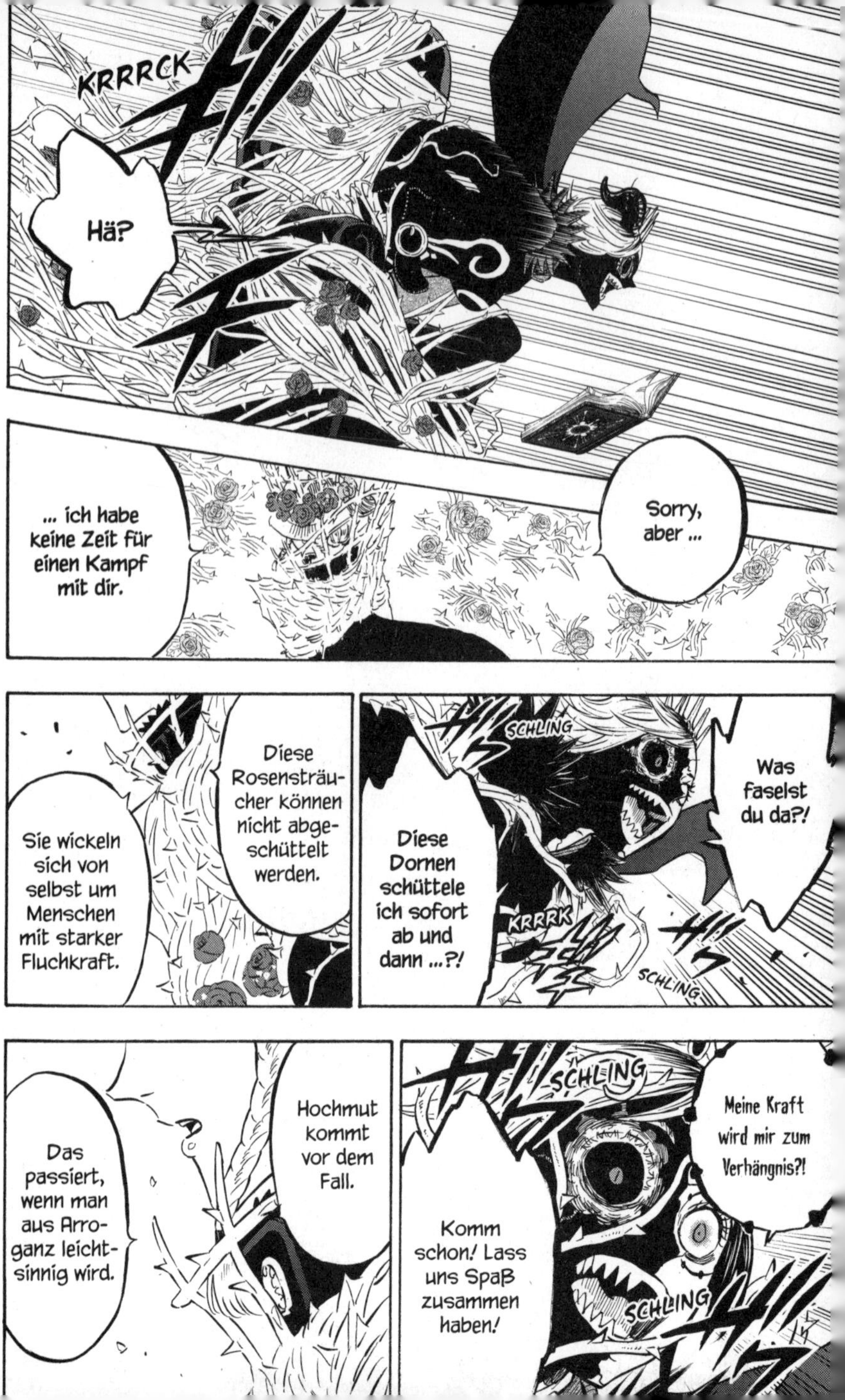
KRRRCK
Hä?
Sorry, aber ...
... ich habe keine Zeit für einen Kampf mit dir.
Was faselst du da?!
SCHLING
Diese Dornen schüttele ich sofort ab und dann ...?!
KRRRK
SCHLING
Diese Rosensträucher können nicht abgeschüttelt werden.
Sie wickeln sich von selbst um Menschen mit starker Fluchkraft.
SCHLING
Meine Kraft wird mir zum Verhängnis?!
Komm schon! Lass uns Spaß zusammen haben!
SCHLING
Hochmut kommt vor dem Fall.
Das passiert, wenn man aus Arroganz leichtsinnig wird.

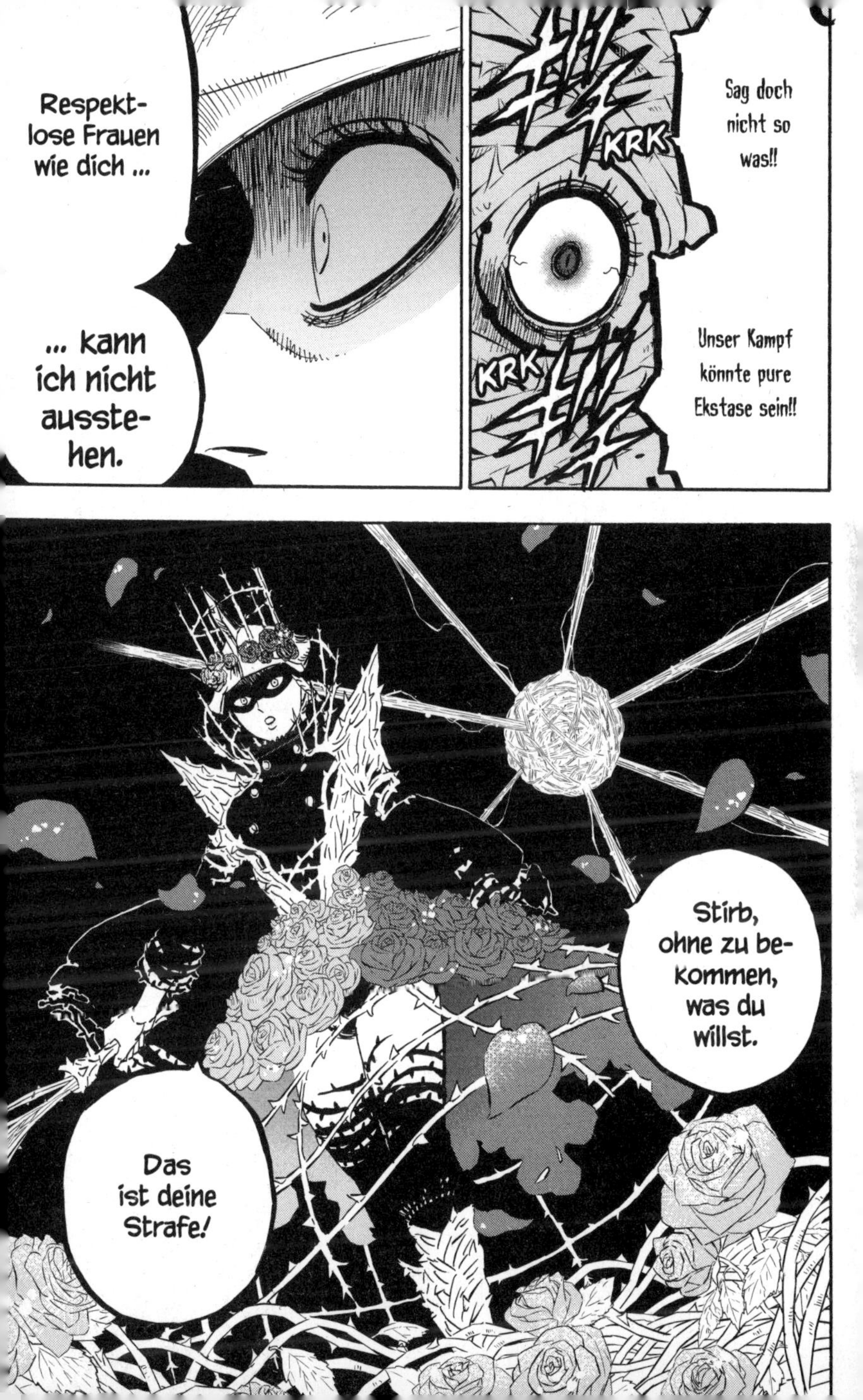
Sag doch nicht so was!!
KRK
KRK
Unser Kampf könnte pure Ekstase sein!!
Respekt-lose Frauen wie dich ...
... kann ich nicht ausste-hen.
Stirb, ohne zu be-kommen, was du willst.
Das ist deine Strafe!

PAGE 278 ✿ DIE AXT DER GOTTESANBETERIN

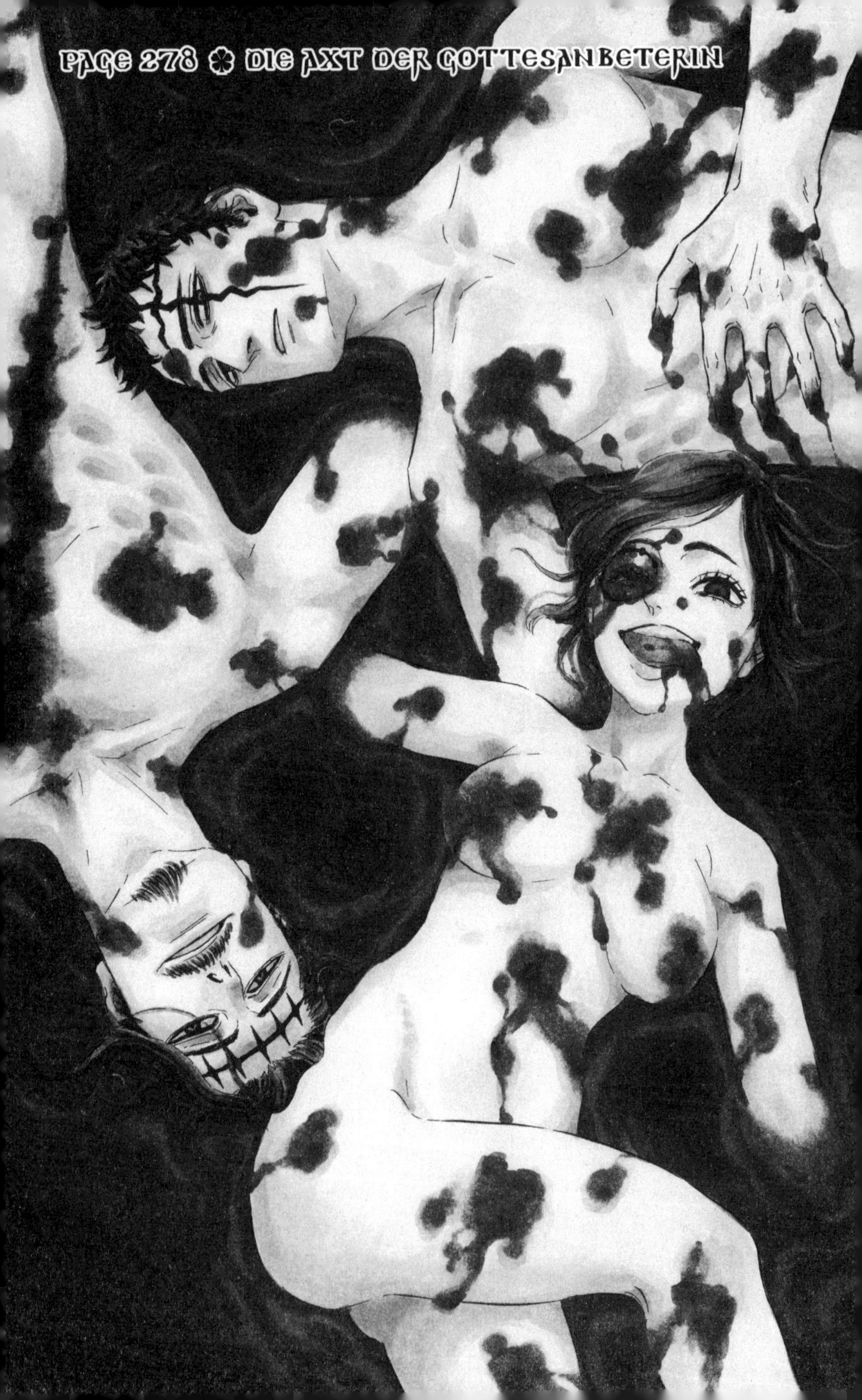

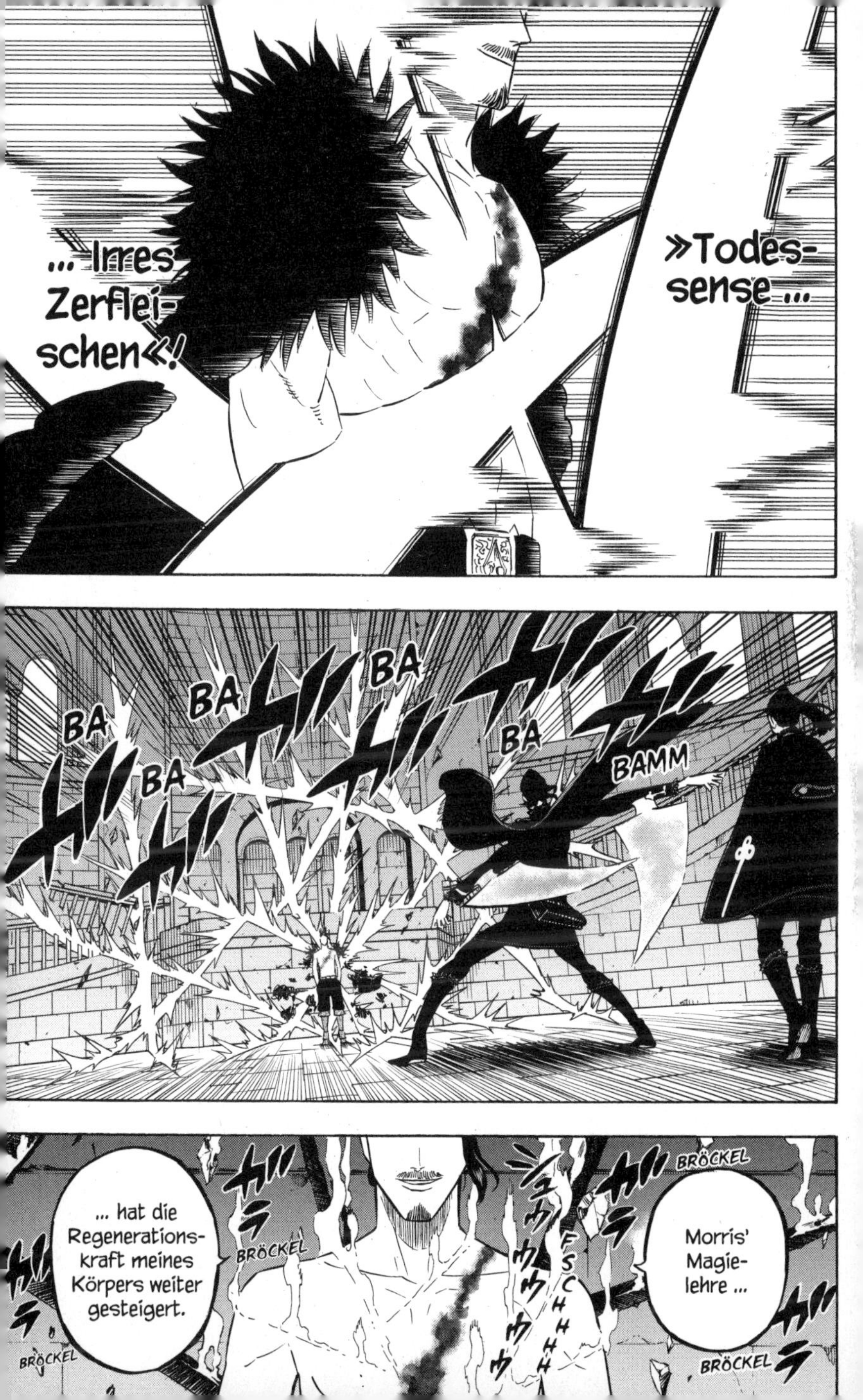
»Todes-
sense ...
... Irres
Zerflei-
schen«!
BAMM
BA
BA
BA
BA
BA
BRÖCKEL
Morris'
Magie-
lehre ...
FSCHHHHH
BRÖCKEL
... hat die
Regenerations-
kraft meines
Körpers weiter
gesteigert.
BRÖCKEL
BRÖCKEL

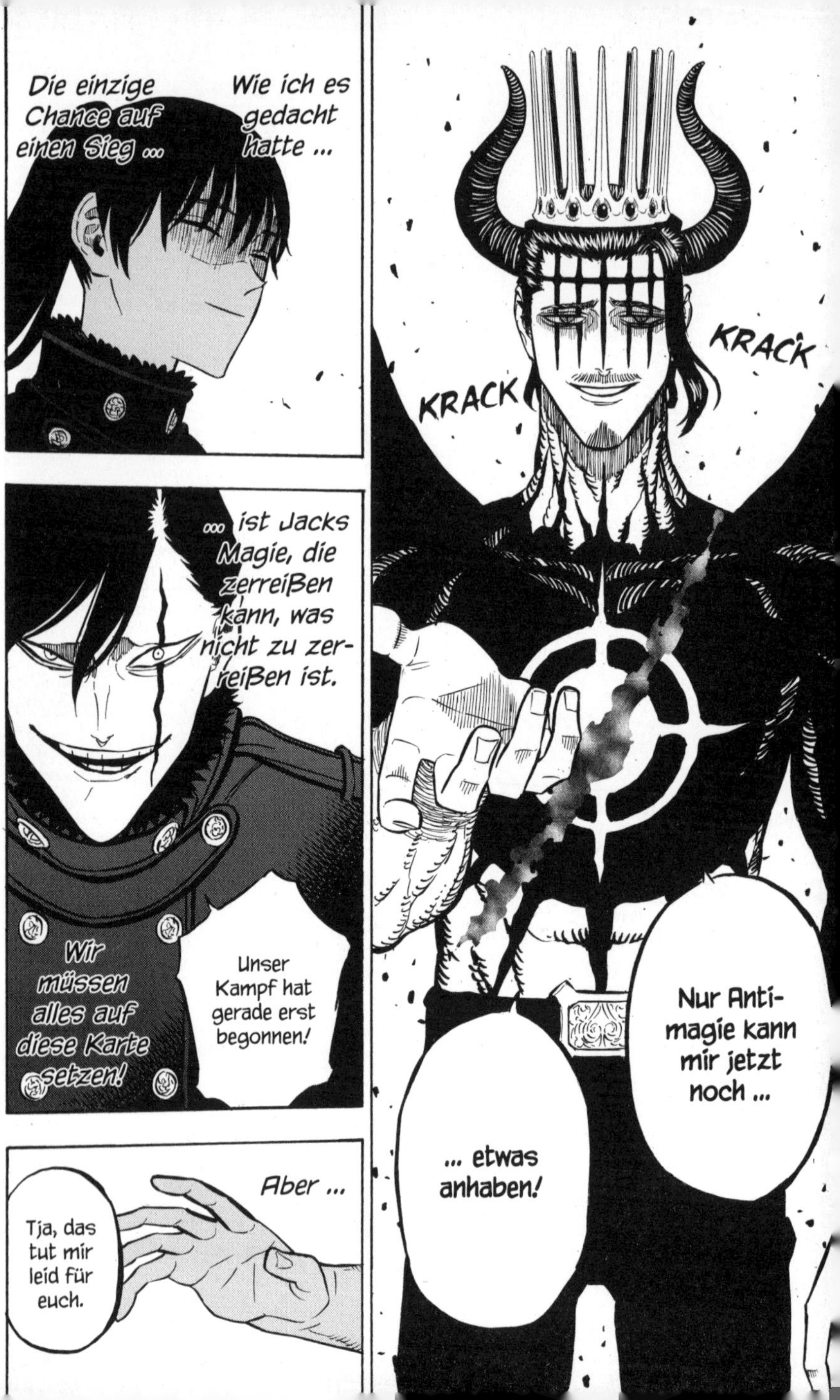

Wie ich es gedacht hatte ...
Die einzige Chance auf einen Sieg ...
... ist Jacks Magie, die zerreißen kann, was nicht zu zerreißen ist.
Unser Kampf hat gerade erst begonnen!
Wir müssen alles auf diese Karte setzen!
Aber ...
Tja, das tut mir leid für euch.
KRACK
KRACK
Nur Anti-magie kann mir jetzt noch ...
... etwas anhaben!

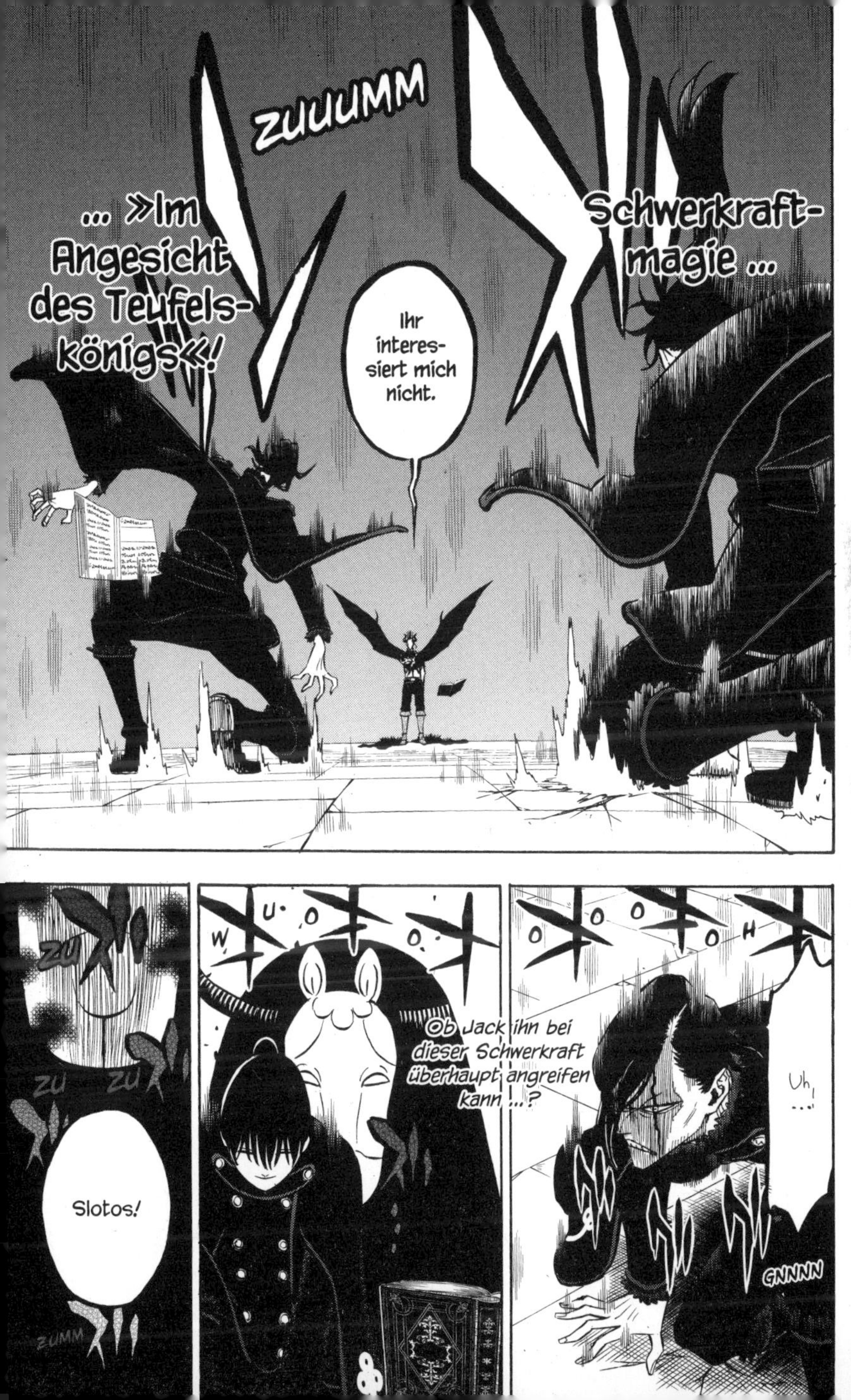

ZUUUMM
Schwerkraft-
magie ...
Ihr interes-
siert mich
nicht.
... »Im
Angesicht
des Teufels-
königs«!
O O O O H
Uh ...!
GNNNN
W U O O
Ob Jack ihn bei
dieser Schwerkraft
überhaupt angreifen
kann ...?
ZU
ZU ZU
Slotos!
ZUMM

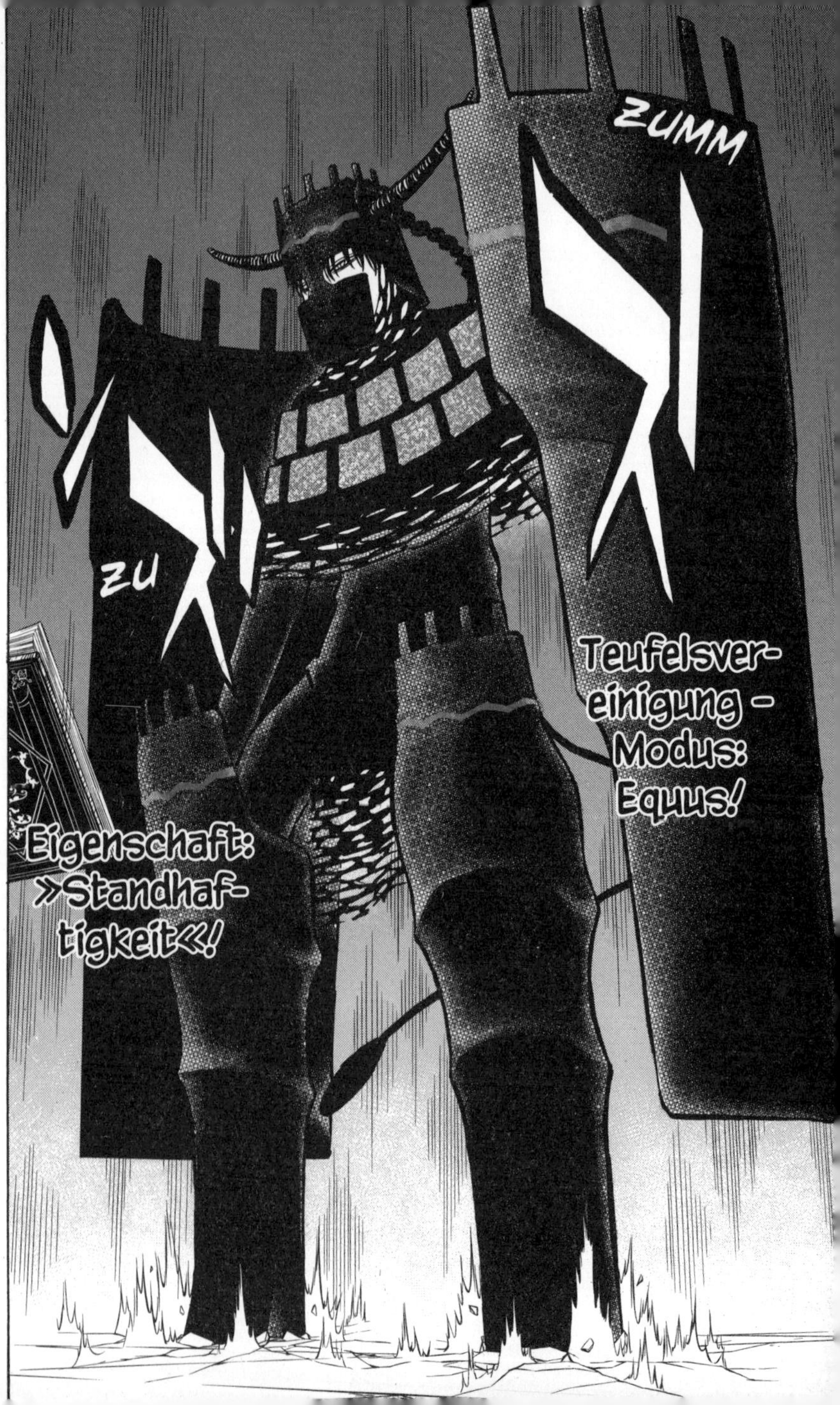

ZUMM
ZU
Teufelsvereinigung - Modus: Equus!
Eigenschaft: »Standhaftigkeit«!

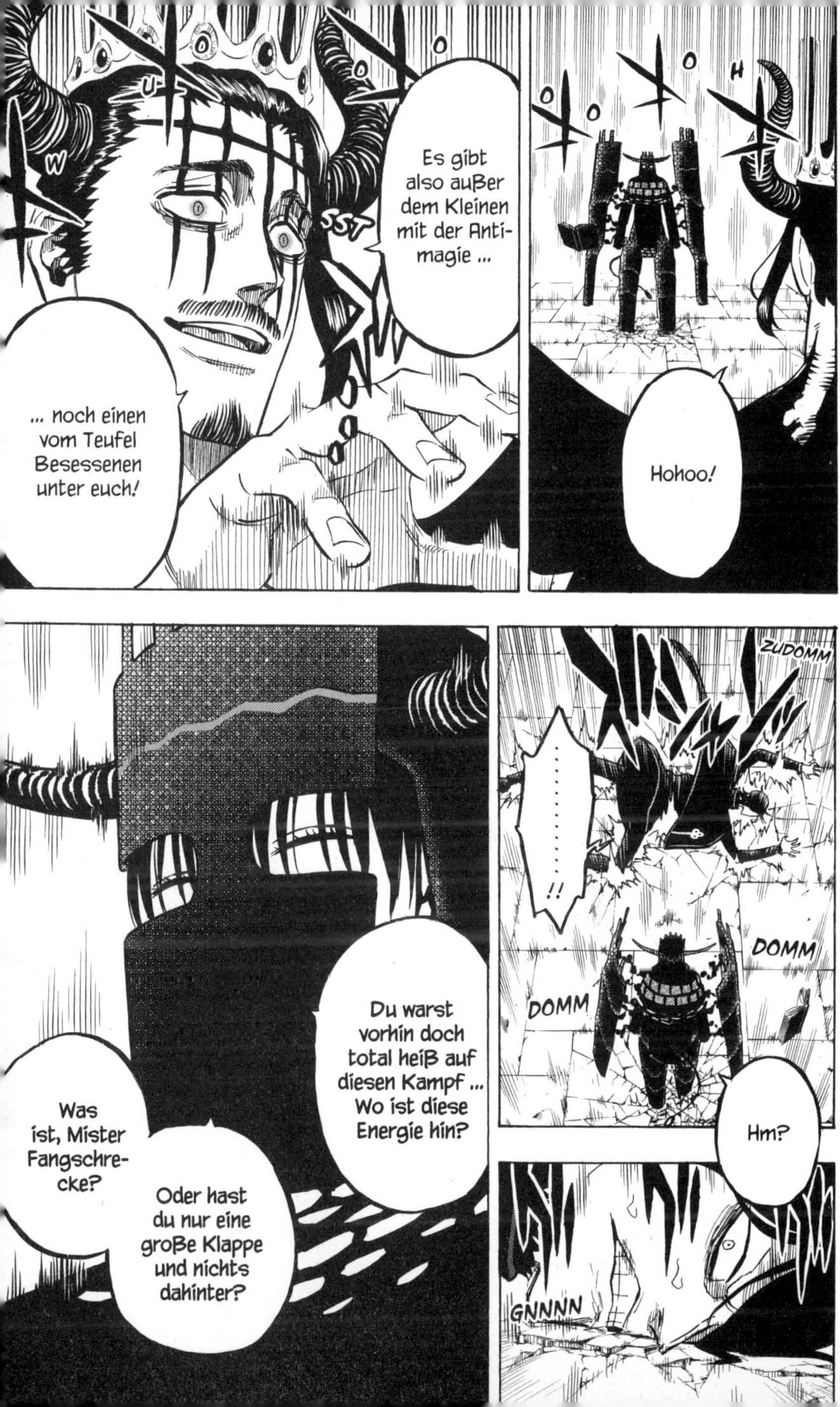
Hohoo!
Es gibt also außer dem Kleinen mit der Anti-magie ...
SST
... noch einen vom Teufel Besessenen unter euch!
ZUDOMM
......!!
DOMM
DOMM
Hm?
GNNNN
Du warst vorhin doch total heiß auf diesen Kampf ... Wo ist diese Energie hin?
Was ist, Mister Fangschre-cke?
Oder hast du nur eine große Klappe und nichts dahinter?

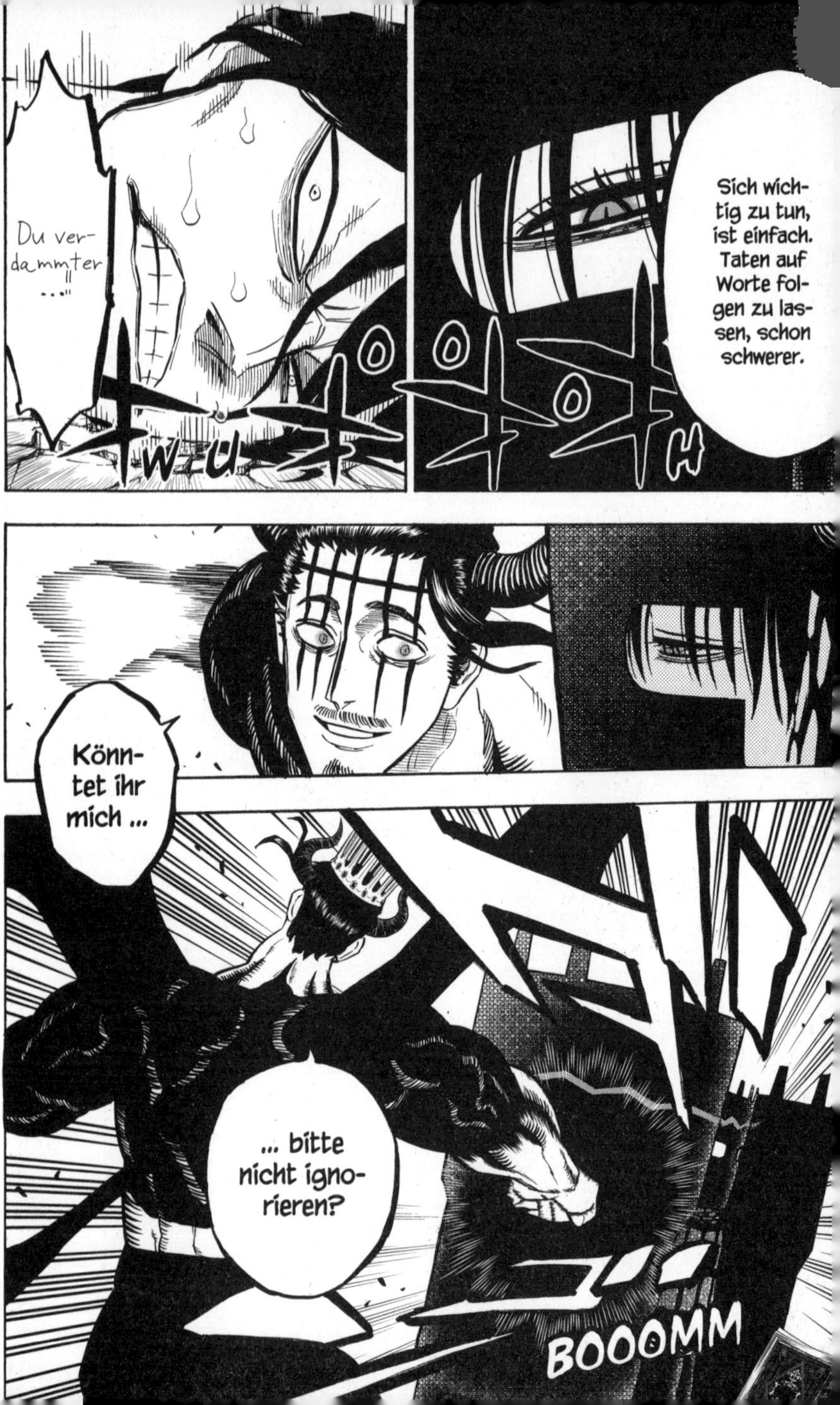
Sich wichtig zu tun, ist einfach. Taten auf Worte folgen zu lassen, schon schwerer.
WUOOOH
Du verdammter ...!!
Könntet ihr mich ...
... bitte nicht ignorieren?
BOOOMM

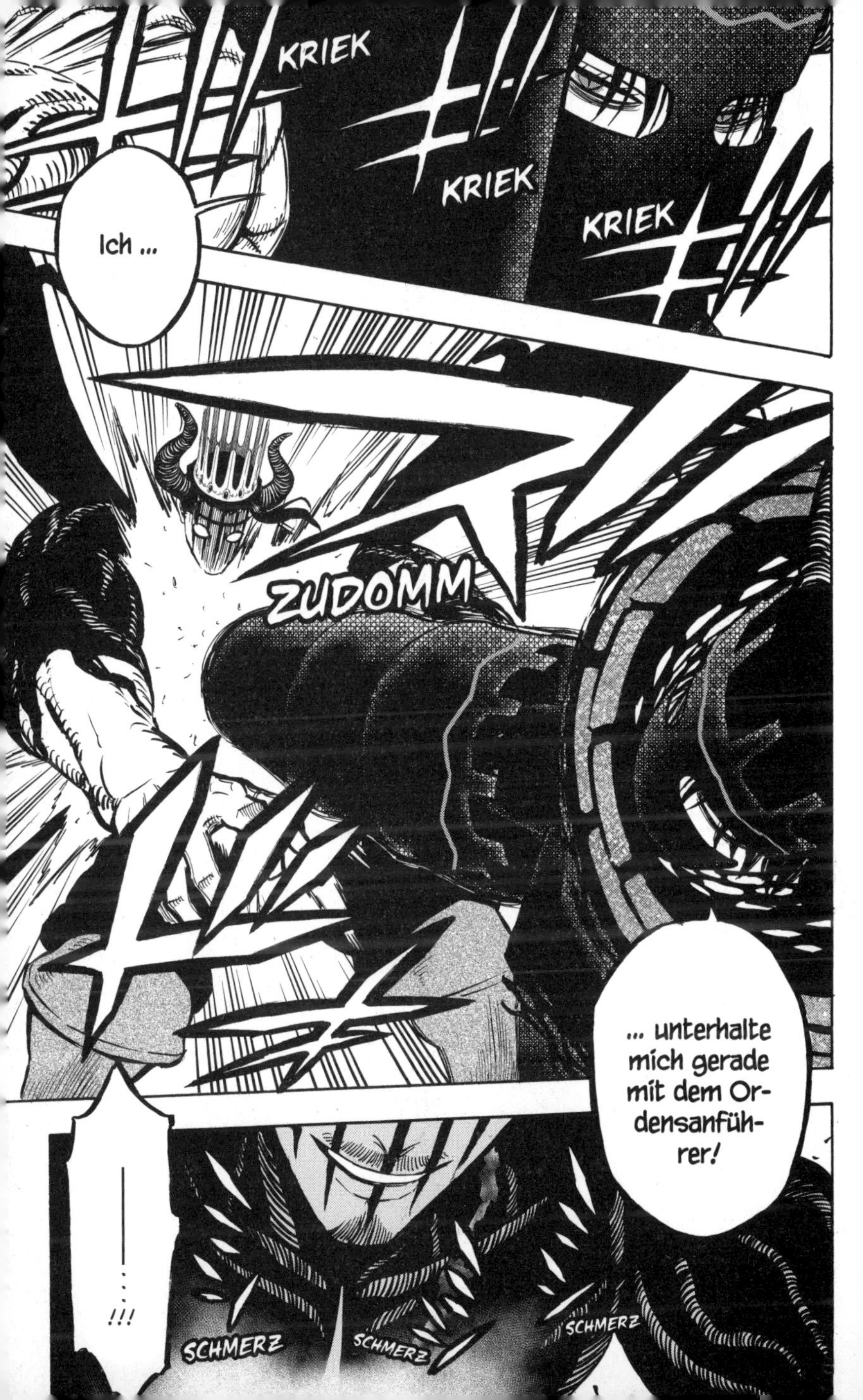
KRIEK
KRIEK
KRIEK
Ich ...
ZUDOMM
... unterhalte mich gerade mit dem Ordensanführer!
——
...
!!!
SCHMERZ
SCHMERZ
SCHMERZ

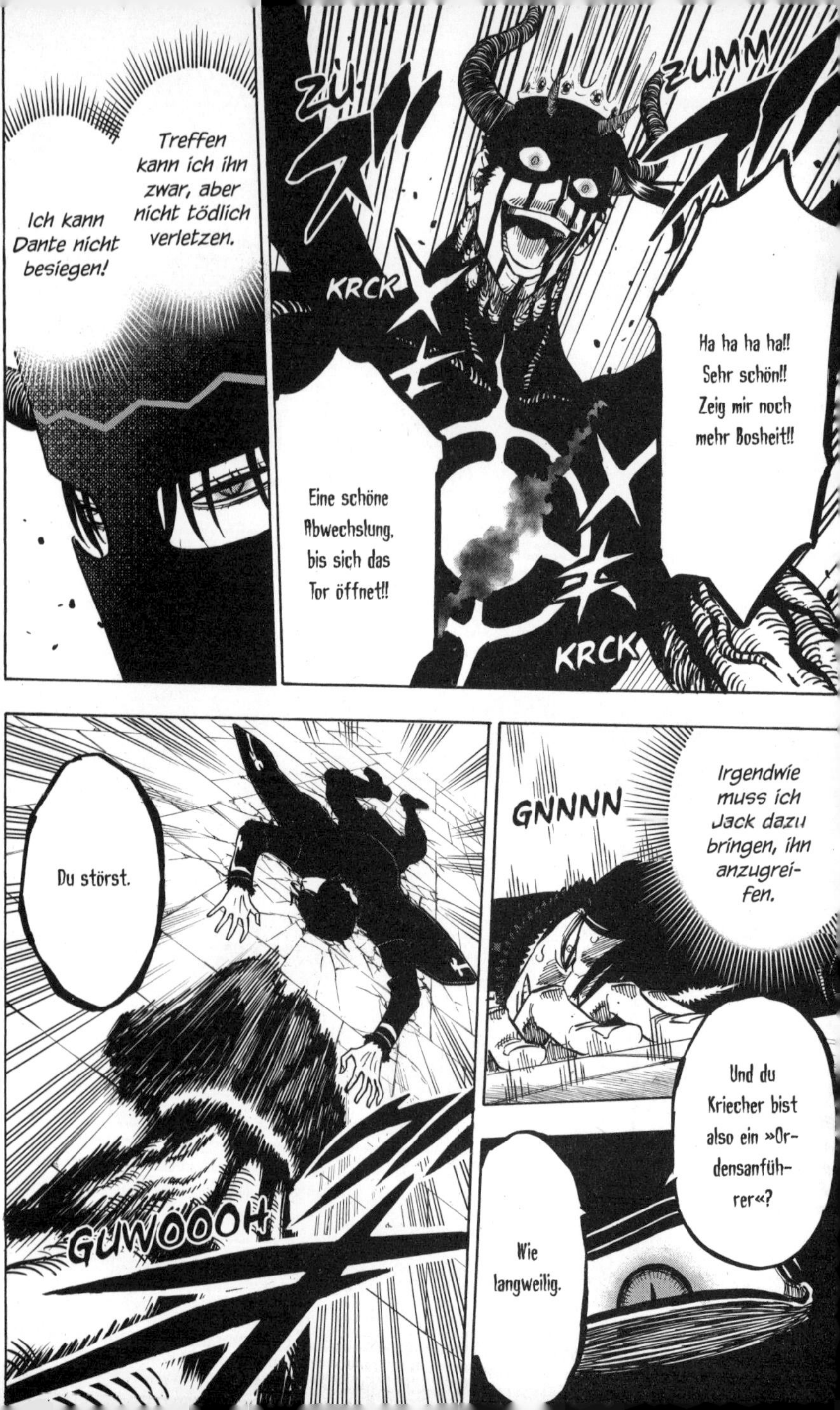
ZUMM
ZU
KRCK
KRCK
Ha ha ha ha!! Sehr schön!! Zeig mir noch mehr Bosheit!!
Eine schöne Abwechslung, bis sich das Tor öffnet!!
Treffen kann ich ihn zwar, aber nicht tödlich verletzen.
Ich kann Dante nicht besiegen!
GNNNN
Irgendwie muss ich Jack dazu bringen, ihn anzugrei-fen.
Und du Kriecher bist also ein »Ordensanführer«?
Wie langweilig.
Du störst.
GUWOOOH

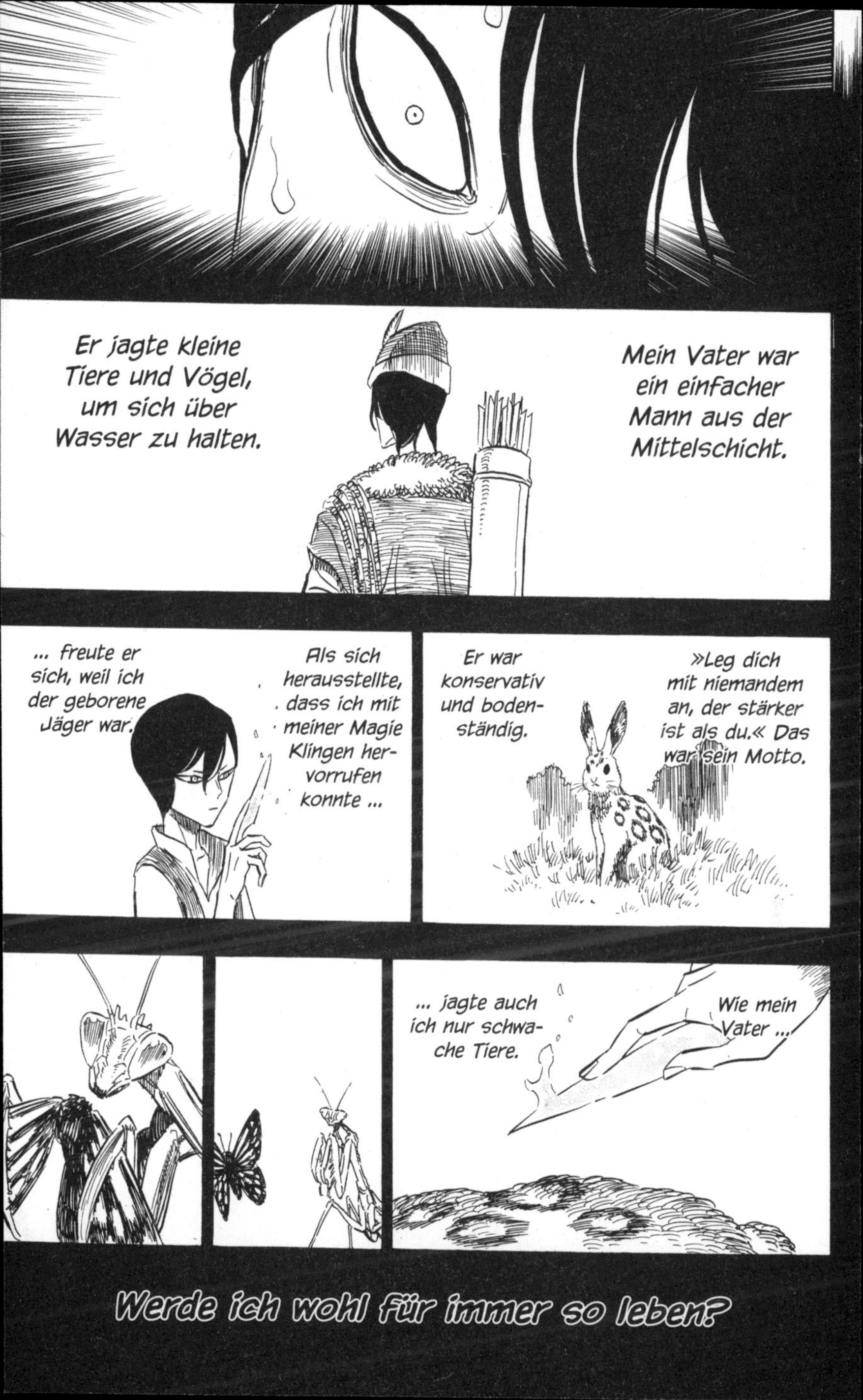
Mein Vater war ein einfacher Mann aus der Mittelschicht.
Er jagte kleine Tiere und Vögel, um sich über Wasser zu halten.
»Leg dich mit niemandem an, der stärker ist als du.« Das war sein Motto.
Er war konservativ und bodenständig.
Als sich herausstellte, dass ich mit meiner Magie Klingen hervorrufen konnte ...
... freute er sich, weil ich der geborene Jäger war.
Wie mein Vater ...
... jagte auch ich nur schwache Tiere.
Werde ich wohl für immer so leben?

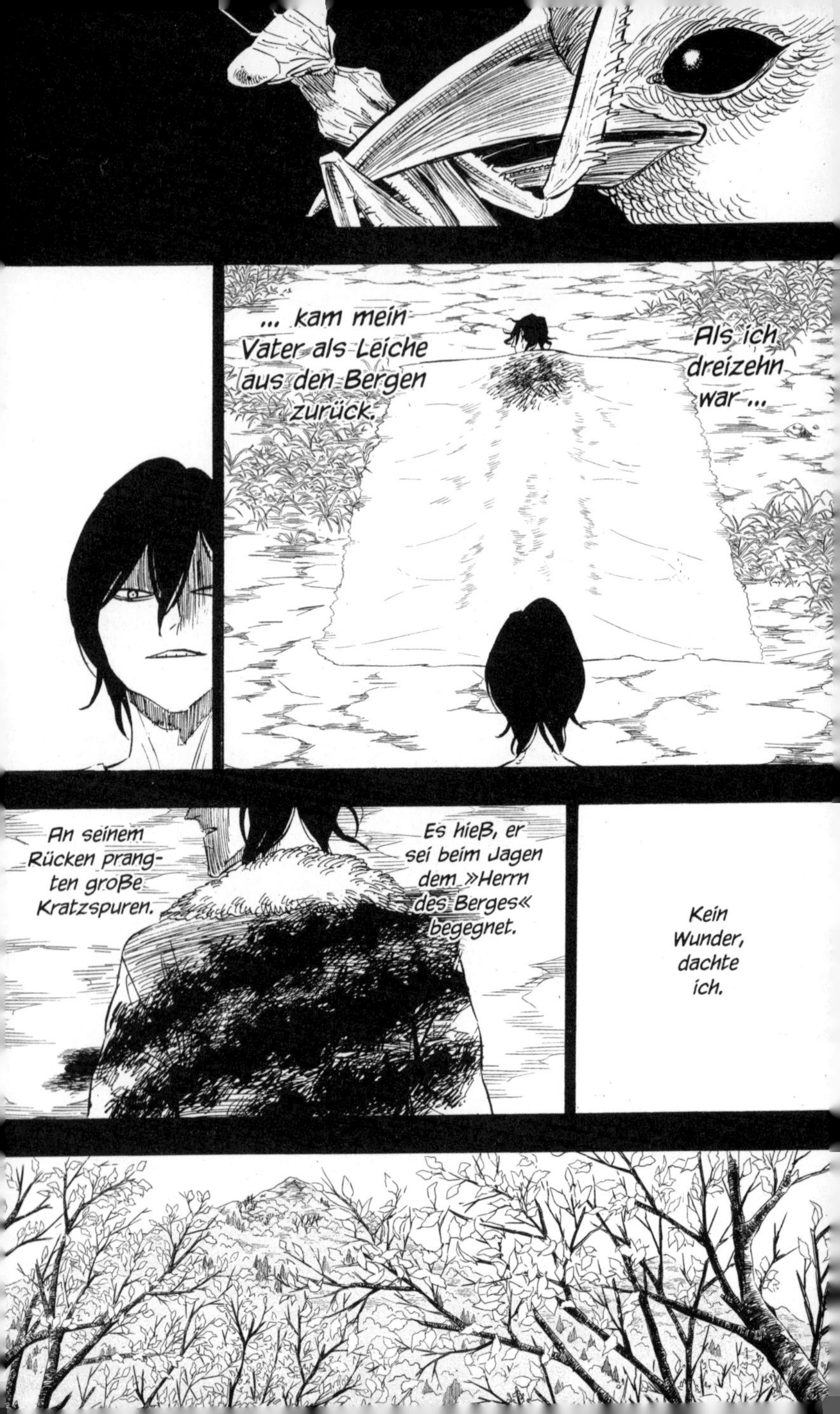
Als ich dreizehn war ...
... kam mein Vater als Leiche aus den Bergen zurück.
Es hieß, er sei beim Jagen dem »Herrn des Berges« begegnet.
An seinem Rücken prangten große Kratzspuren.
Kein Wunder, dachte ich.

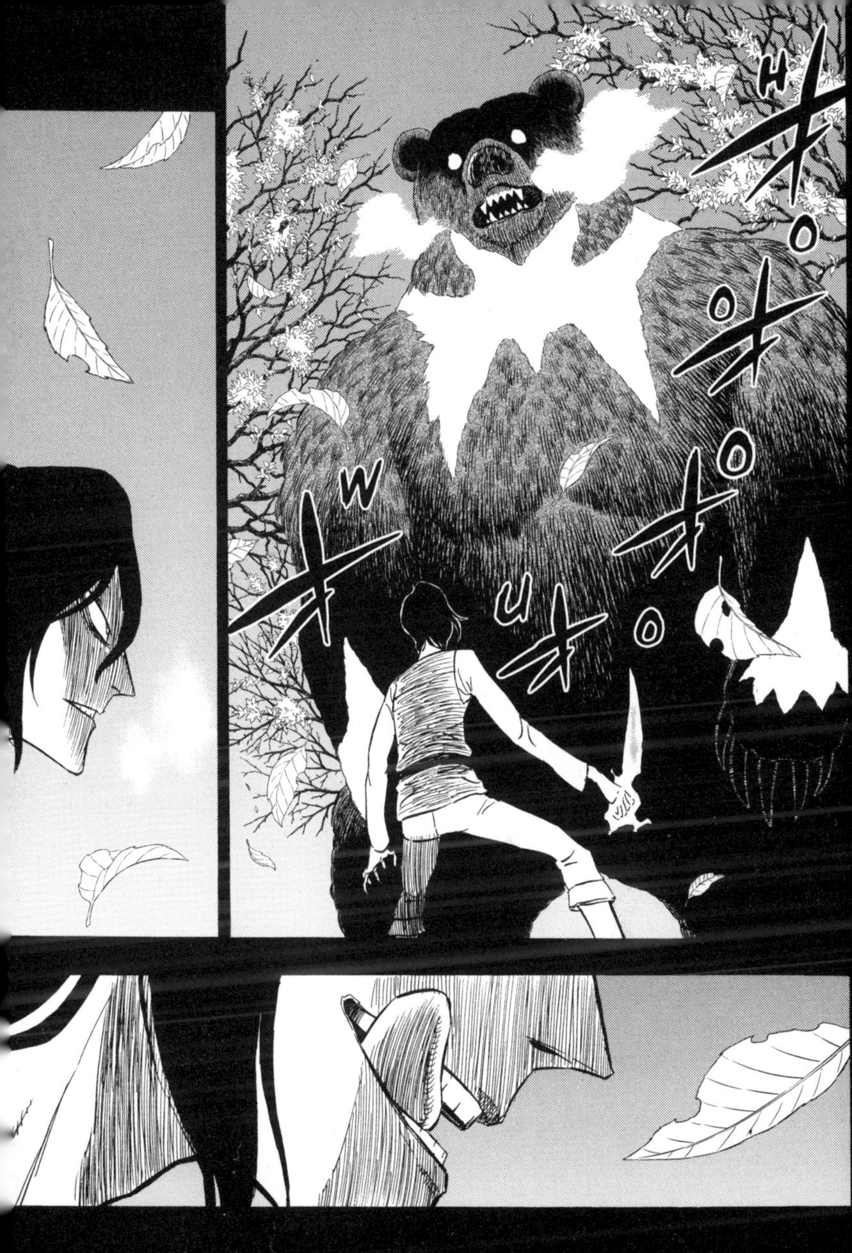

Kein Ding. Ich kann ihn zerreißen.

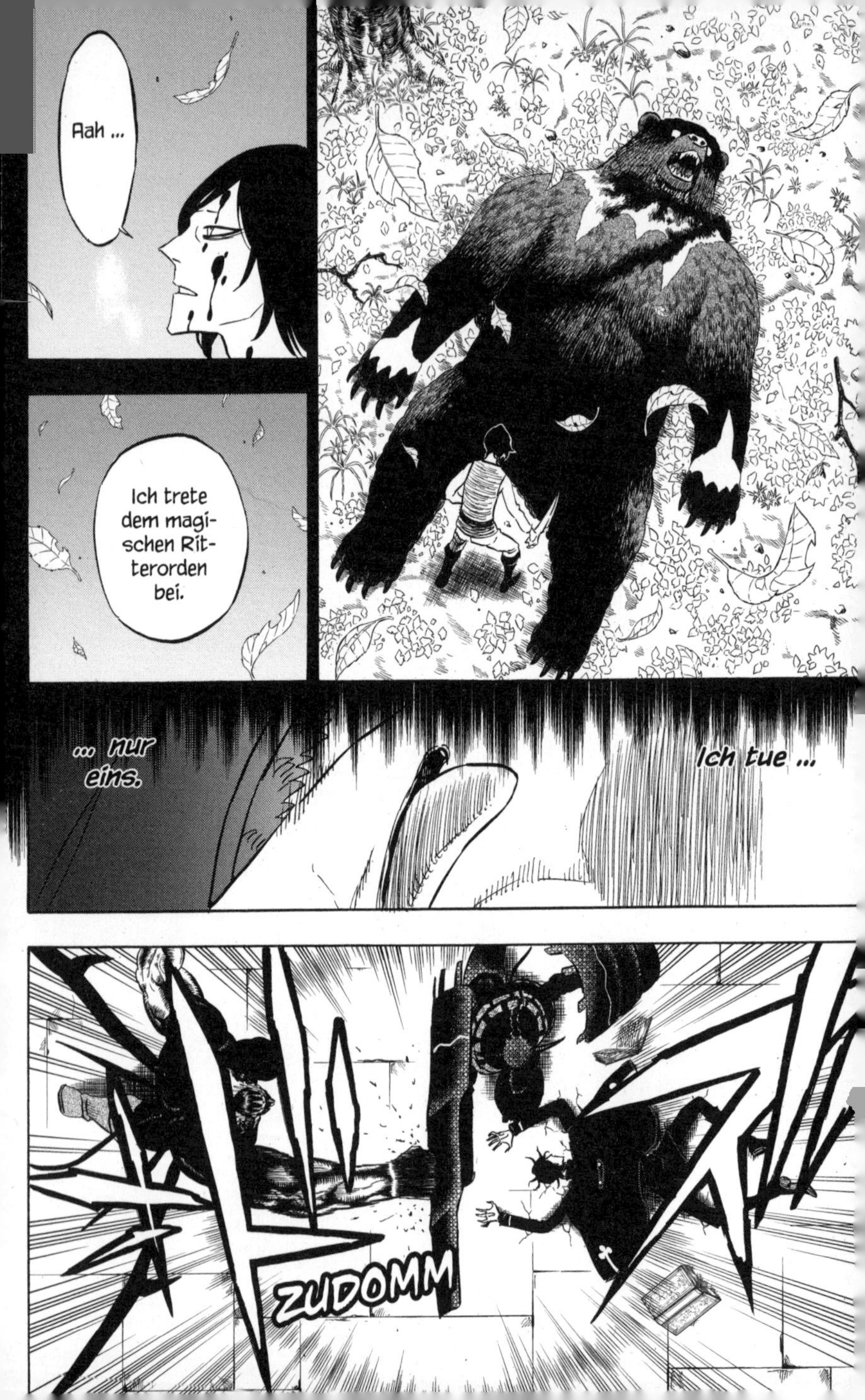
Aah ...
Ich trete dem magischen Ritterorden bei.
Ich tue ...
... nur eins.
ZUDOMM

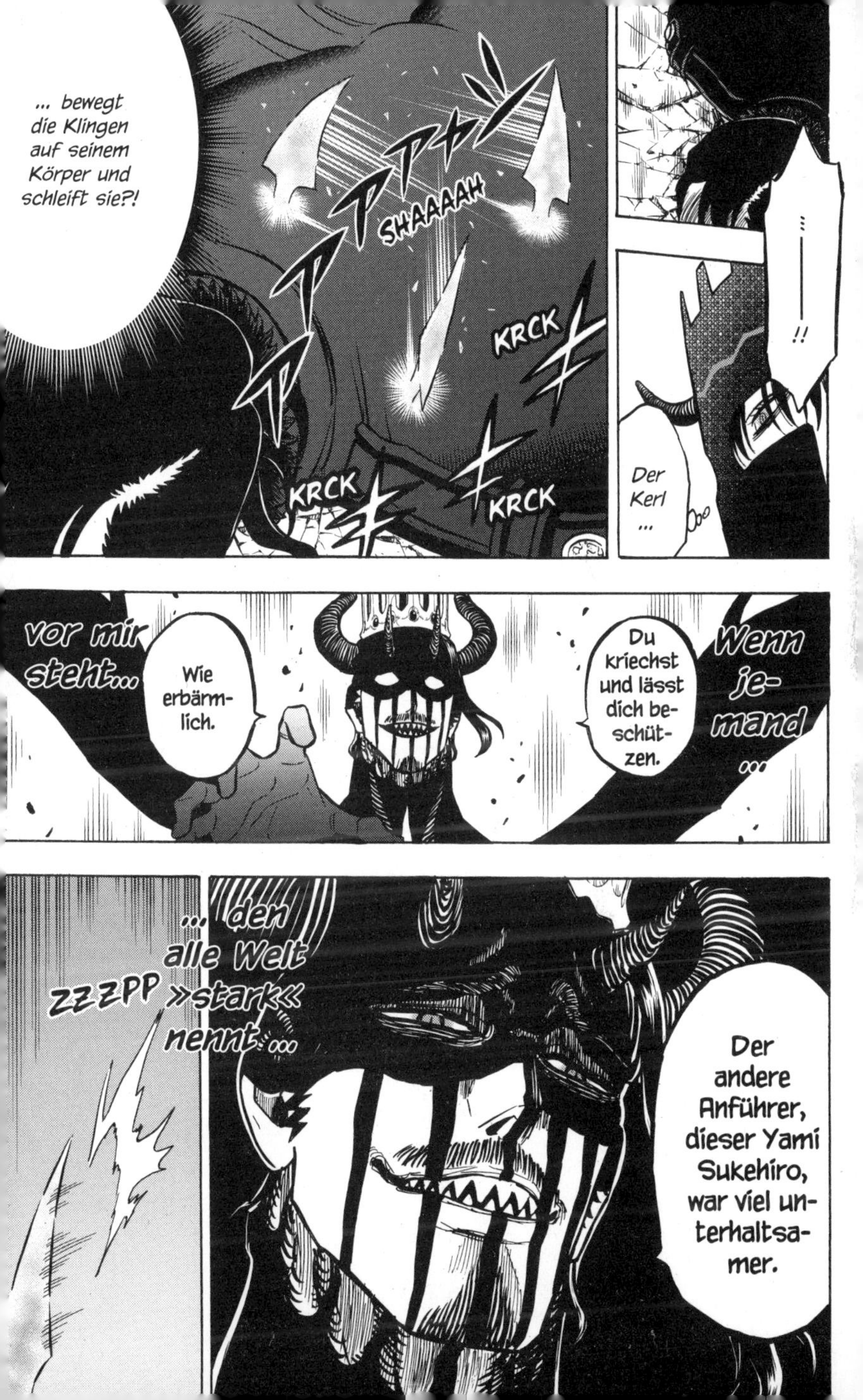
...!!
Der Kerl ...
... bewegt die Klingen auf seinem Körper und schleift sie?!
SHAAAAH
KRCK
KRCK
KRCK
Wenn jemand ...
Du kriechst und lässt dich beschützen.
Wie erbärmlich.
vor mir steht...
Der andere Anführer, dieser Yami Sukehiro, war viel unterhaltsamer.
... den alle Welt »stark« nennt ...
ZZZPP

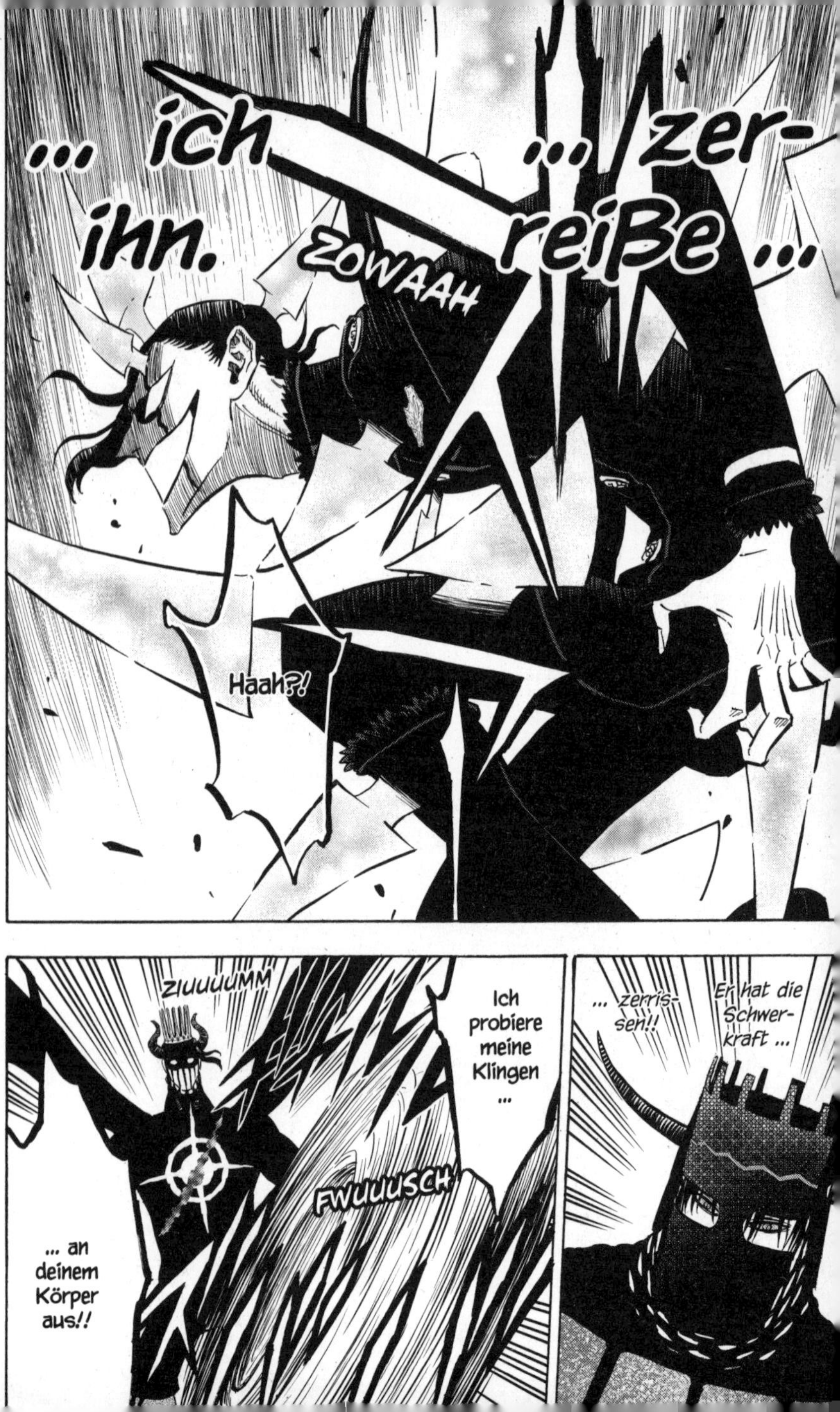
... zer-
reiße ...
... ich
ihn.
ZOWAAH
Haah?!
Er hat die Schwer-kraft ...
... zerris-sen!!
Ich probiere meine Klingen ...
ZIUUUUMM
FWUUUSCH
... an deinem Körper aus!!

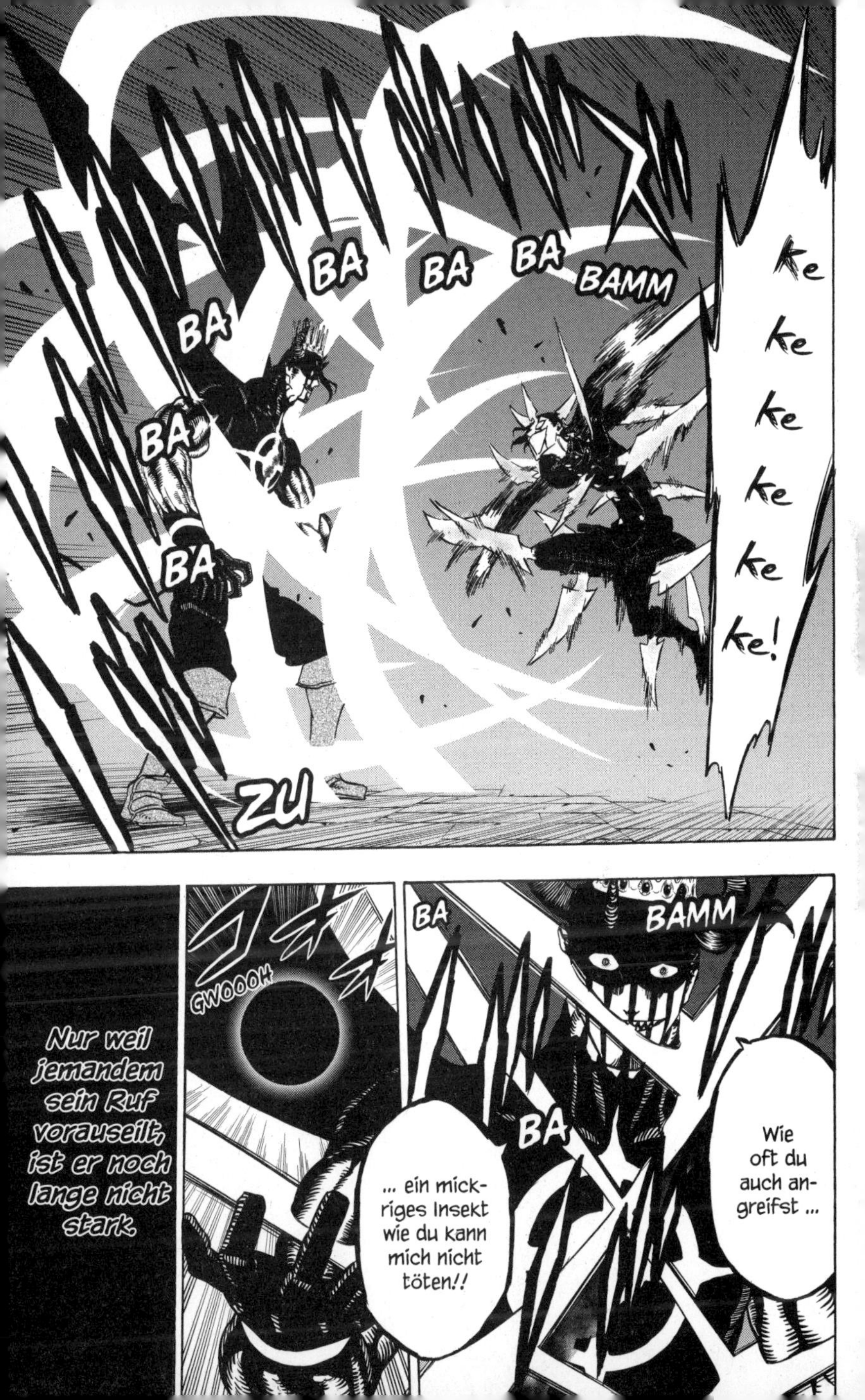

Ke ke ke ke ke ke!
BA BA BA BA BA BA BA BAMM
ZU
BA BAMM
Wie oft du auch angreifst ...
BA
... ein mickriges Insekt wie du kann mich nicht töten!!
GWOOOH
Nur weil jemandem sein Ruf vorauseilt, ist er noch lange nicht stark.

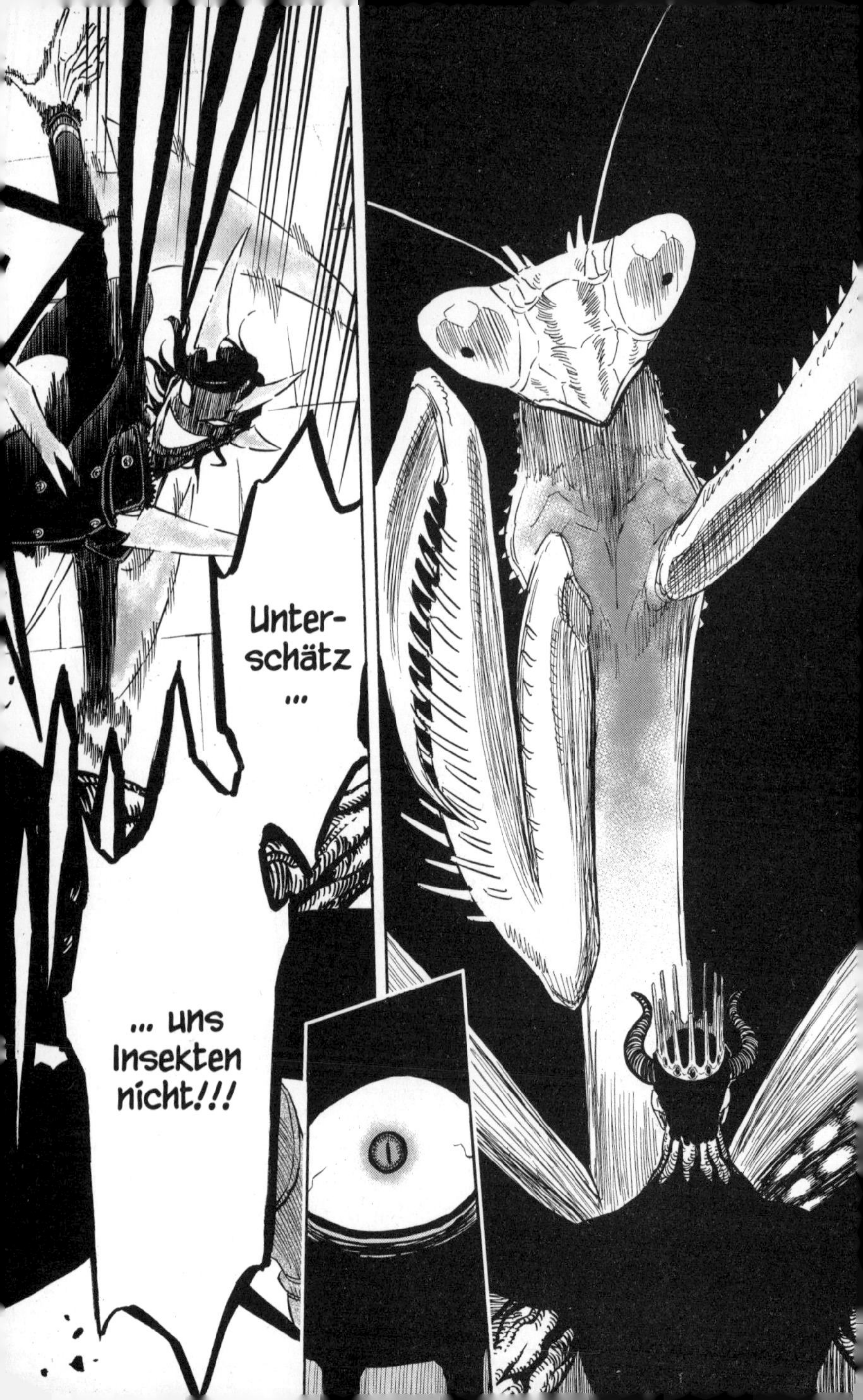
Unter-
schätz
...
... uns
Insekten
nicht!!!

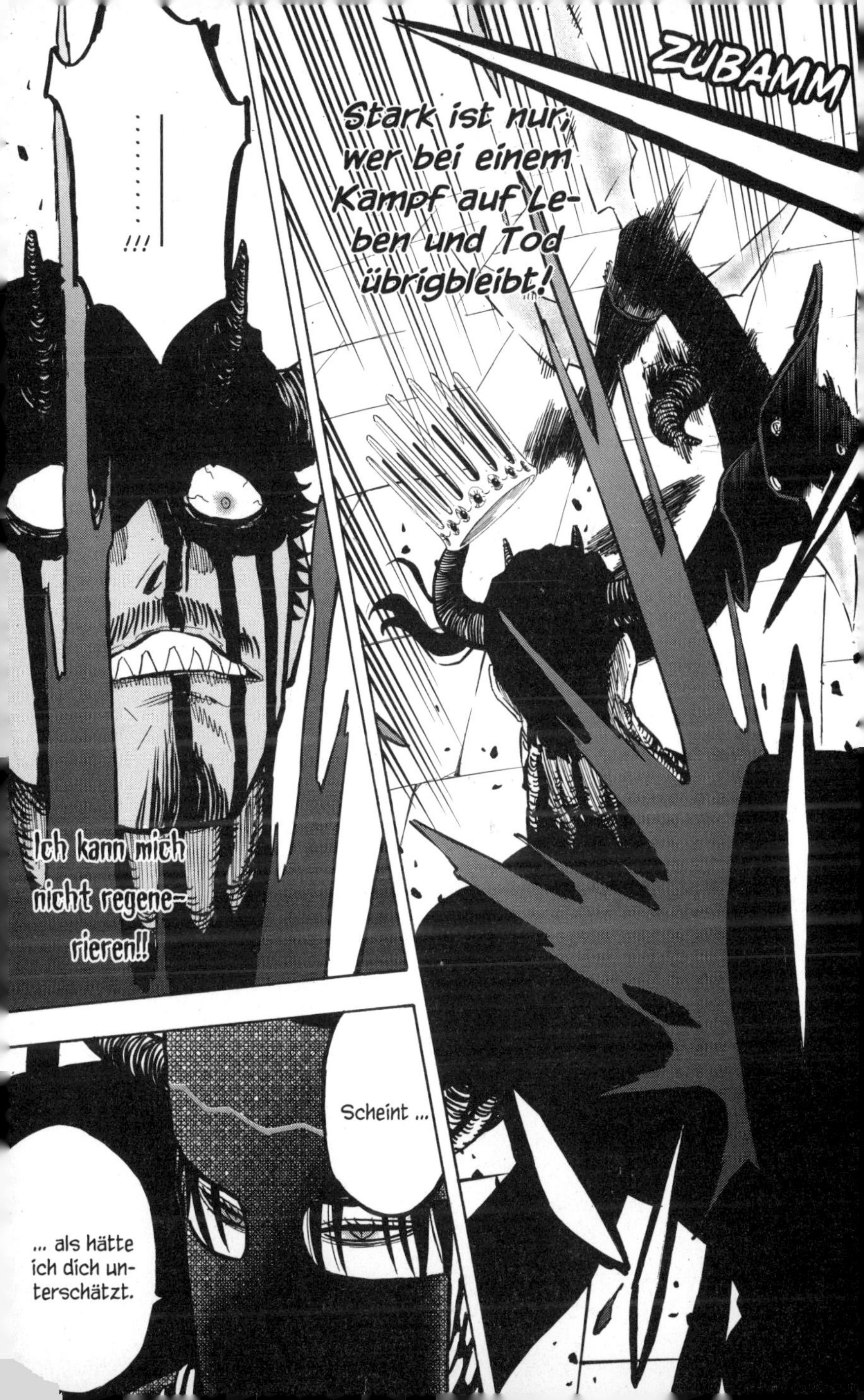
ZUBAMM
Stark ist nur, wer bei einem Kampf auf Leben und Tod übrigbleibt!
…!!!
Ich kann mich nicht regenerieren!!
Scheint …
… als hätte ich dich unterschätzt.

DER SCHWARZ-WEISSE BILDERORDEN NR. 1

In diesem Bereich werden Leserzeichnungen abgedruckt! Danke für eure zahlreichen Einsendungen! Sie geben mir Kraft!

Drei ganz besondere Magierinnen!

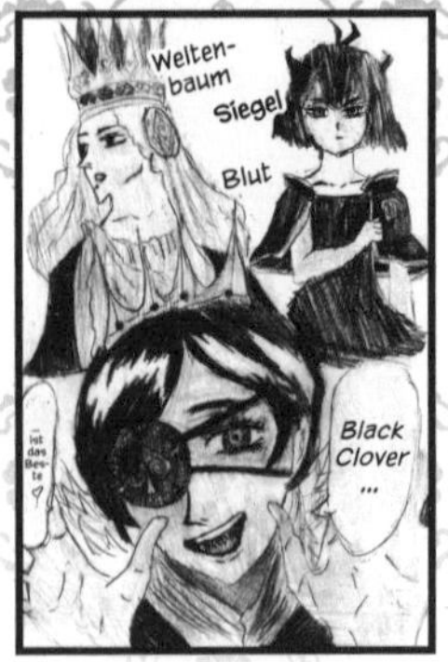

Koshi Sugai aus Yamagata

Eine Liebe, die alle Grenzen überwindet und ewig währt.

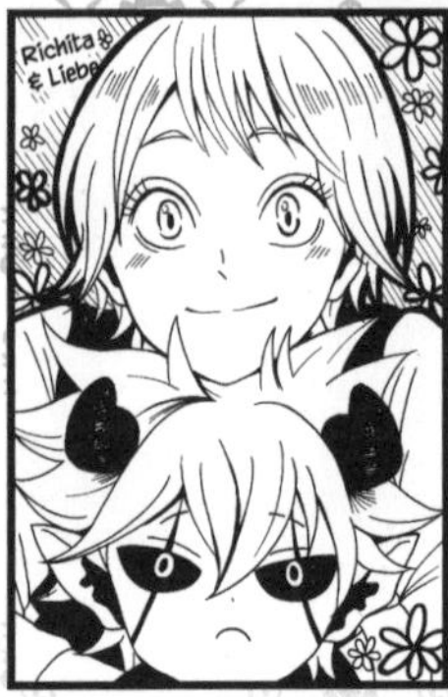

Maka aus Toyama

Die Frauen kämpfen um Yuno!

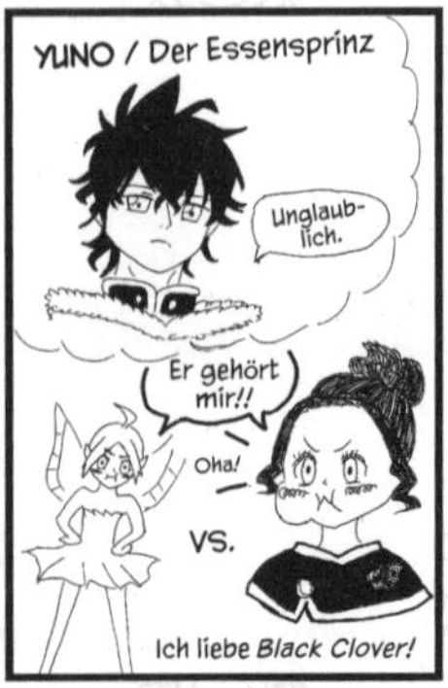

Kagu aus Fukuoka

Wahre Stärke speist sich nur aus der Nahrung!

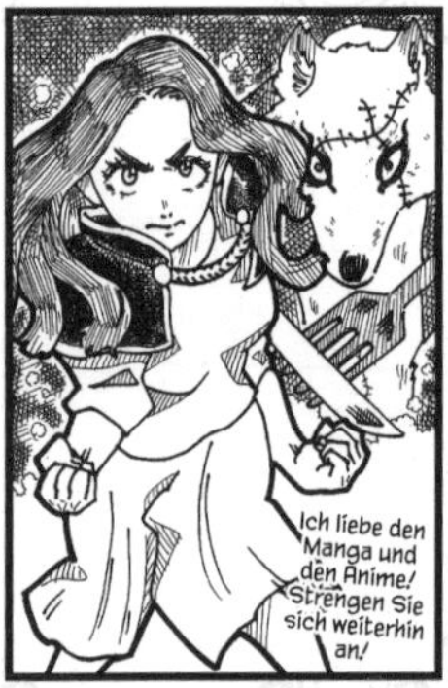

Mokumo aus Gifu

Er zerstört ungerechte Bosheit!

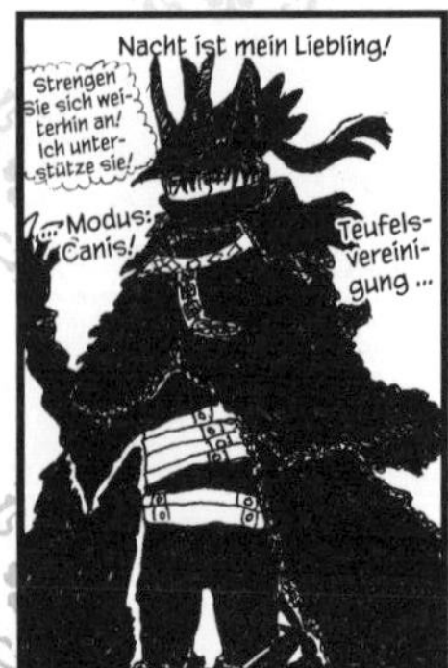

»Ich bin Macchan!« aus Gunma

Wir sind der Schwarze Stier!

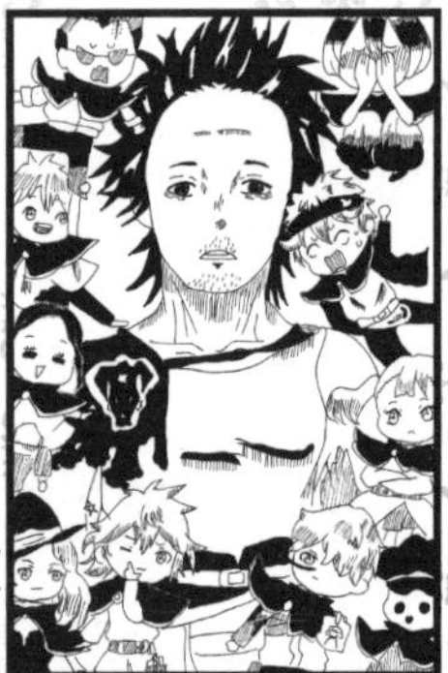

Yuyu aus Hyogo

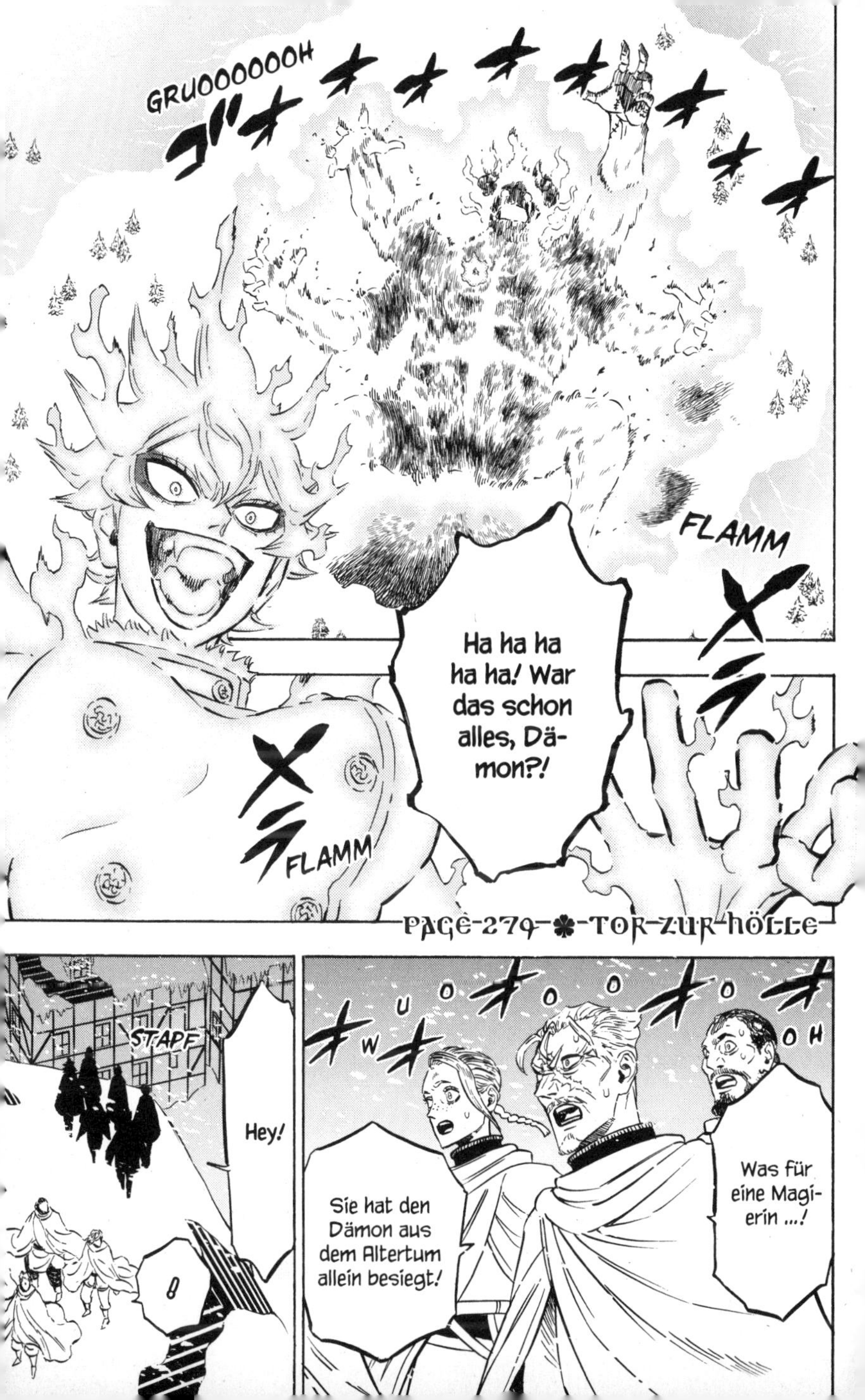

GRUOOOOOOH
ゴオオオオオオオオオ
FLAMM
Ha ha ha ha ha! War das schon alles, Dämon?!
FLAMM
PAGE 279 ✤ TOR ZUR HÖLLE
STAPF
WUOOOOOOH
Hey!
!
Sie hat den Dämon aus dem Altertum allein besiegt!
Was für eine Magierin ...!

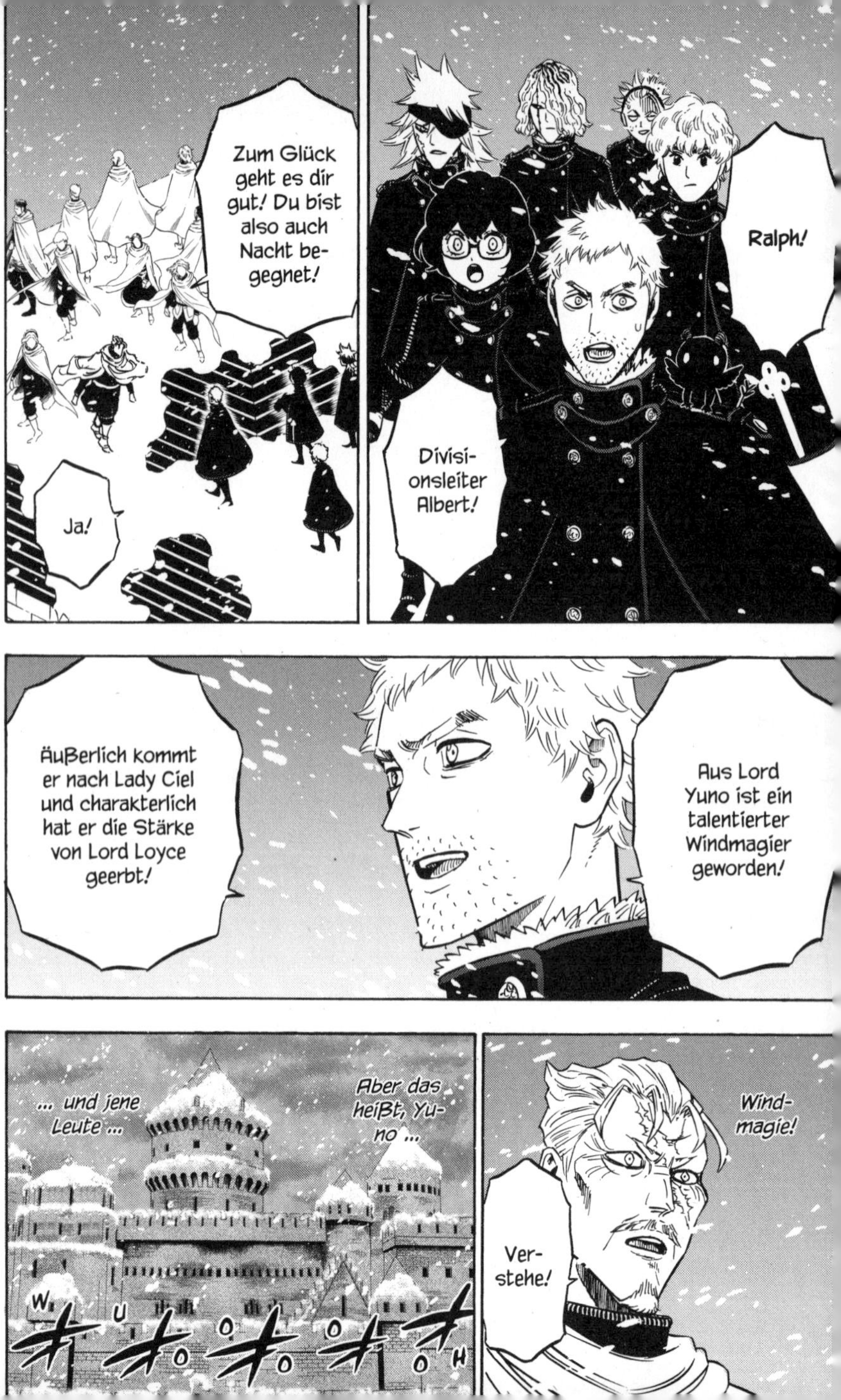
Ralph!
Divisionsleiter Albert!
Zum Glück geht es dir gut! Du bist also auch Nacht begegnet!
Ja!
Aus Lord Yuno ist ein talentierter Windmagier geworden!
Äußerlich kommt er nach Lady Ciel und charakterlich hat er die Stärke von Lord Loyce geerbt!
Windmagie!
Verstehe!
Aber das heißt, Yuno ...
... und jene Leute ...
WUOOOOOOOH

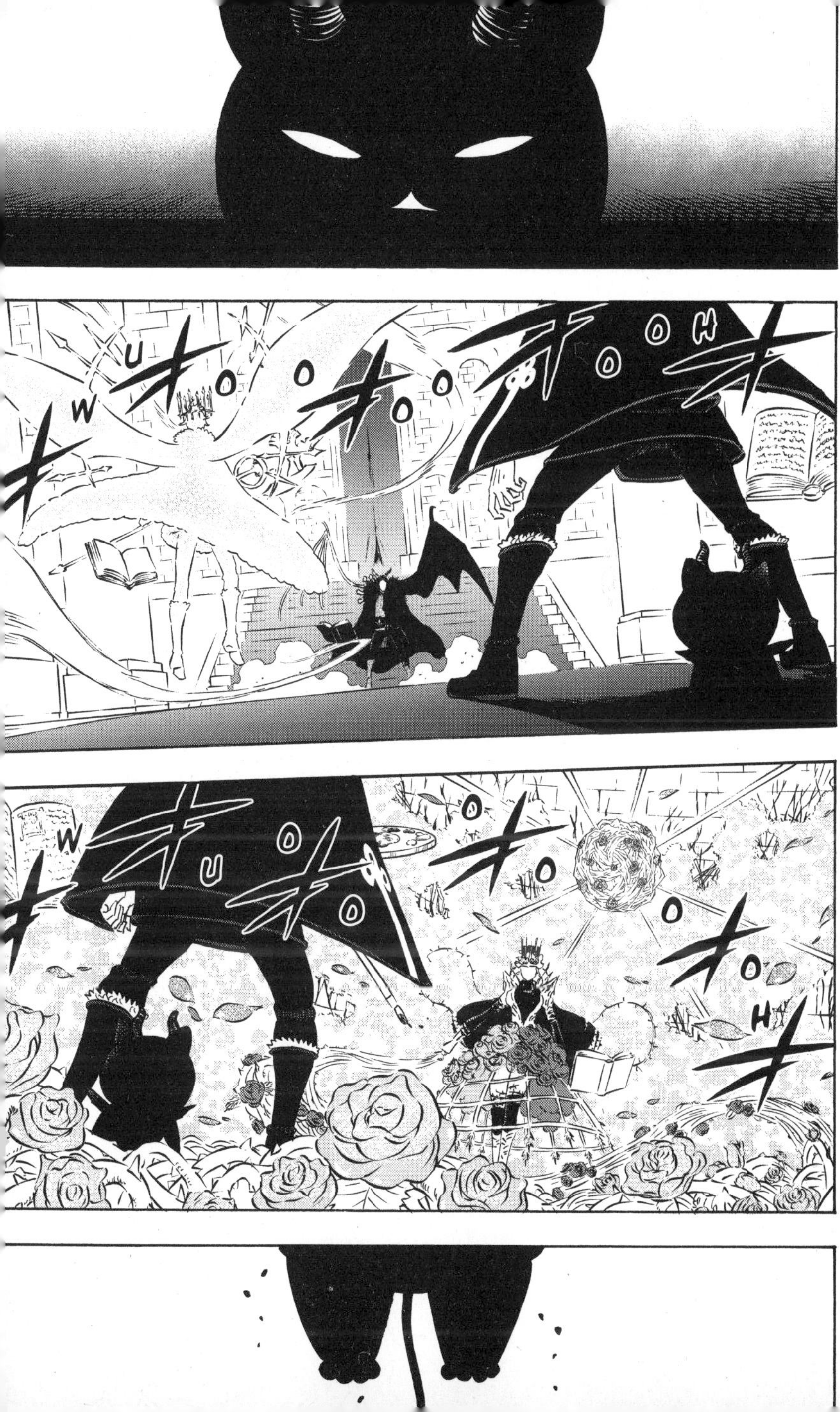
WUOOOOOOH
WUOOOOOOH

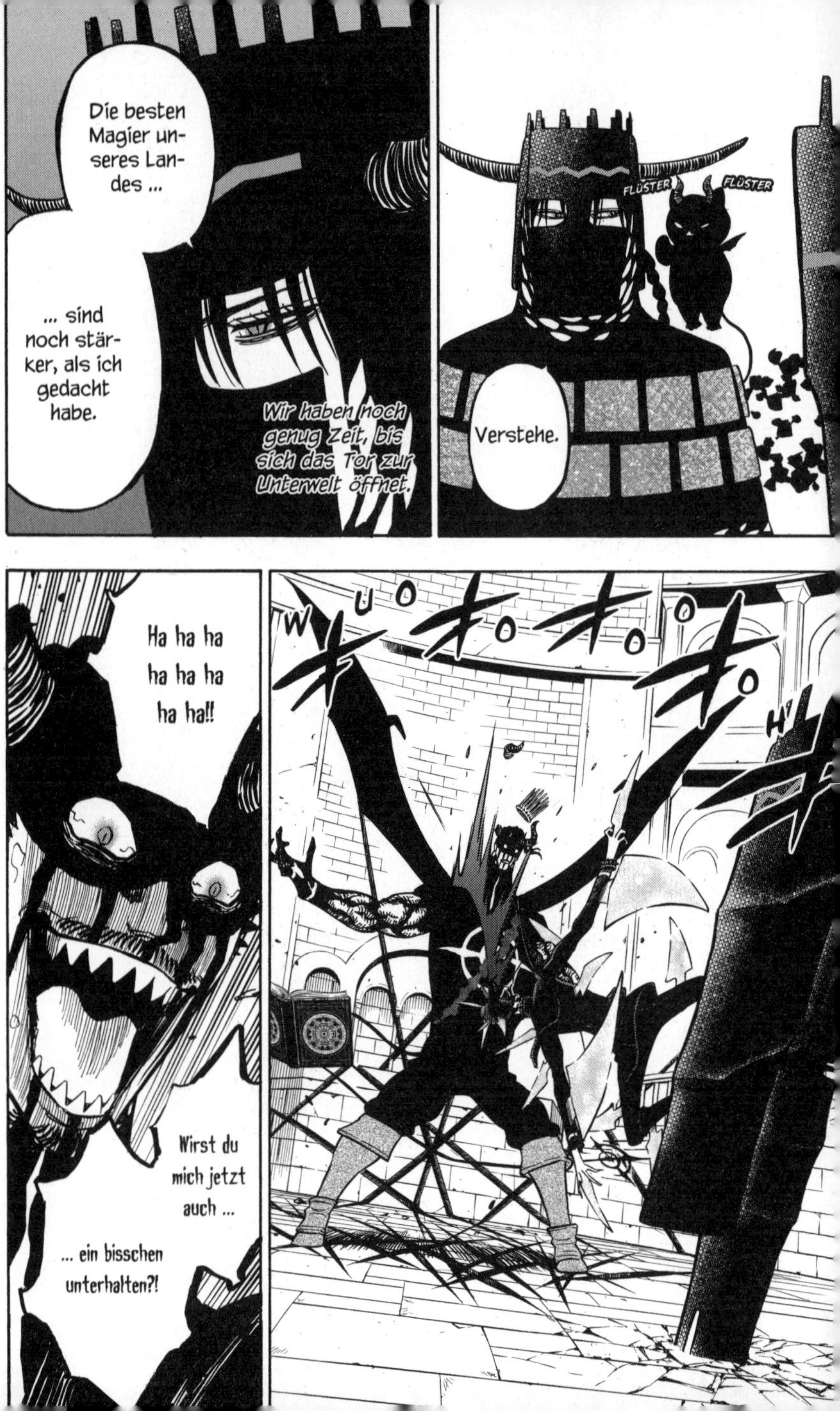
Flüster
Flüster
Verstehe.
Die besten Magier unseres Landes ...
... sind noch stärker, als ich gedacht habe.
Wir haben noch genug Zeit, bis sich das Tor zur Unterwelt öffnet.
WUOOOOOOOH
Ha ha ha ha ha ha ha ha!!
Wirst du mich jetzt auch ...
... ein bisschen unterhalten?!

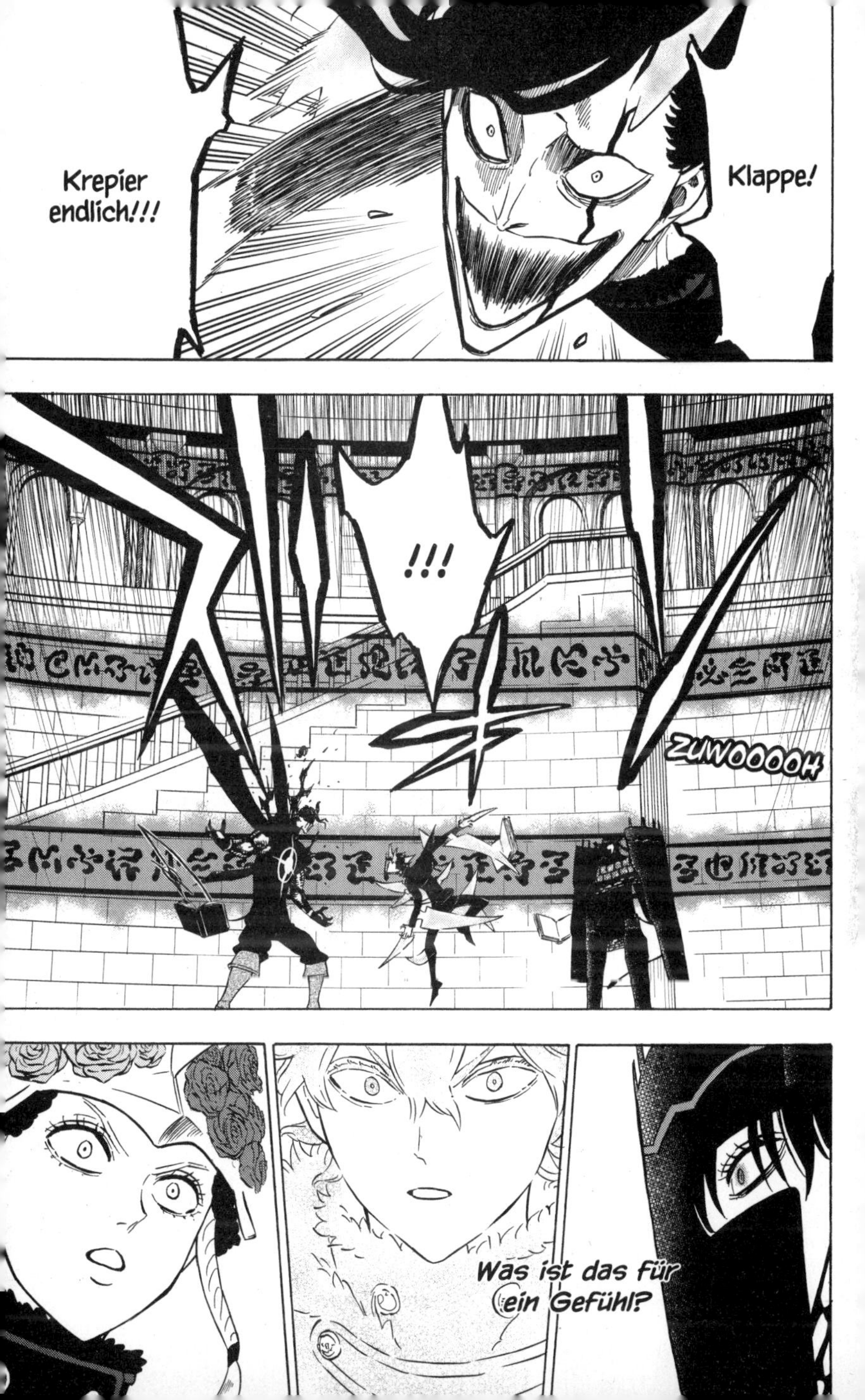

Klappe!
Krepier endlich!!!
!!!
ZUWOOOOOH
Was ist das für ein Gefühl?

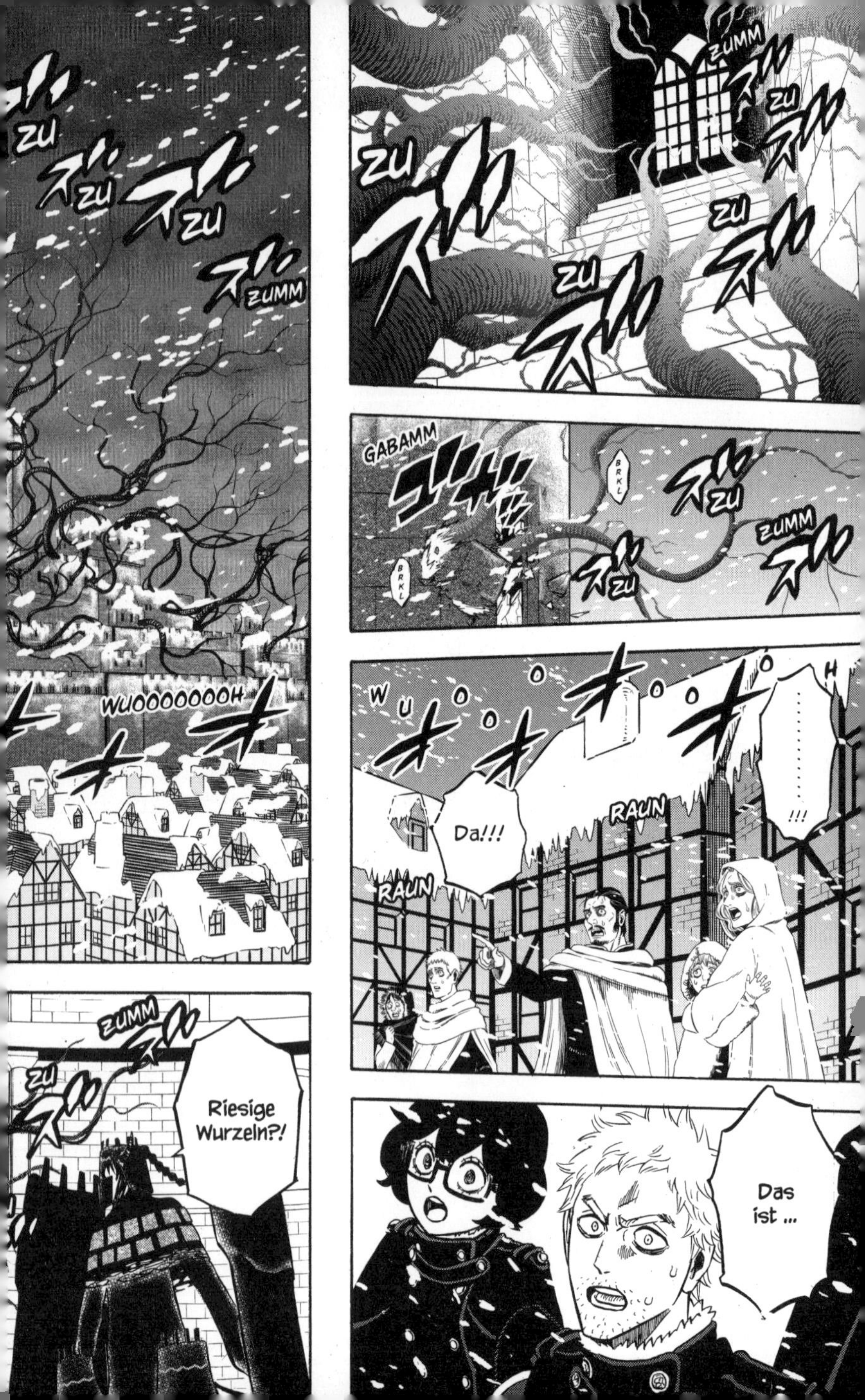
ZUMM
ZU
ZU
ZU
ZU
ZUMM
ZU
BRKL
ZU
BRKL
GABAMM
WUOOOOOH
......!!!
RAUN
Da!!!
RAUN
Das ist ...
ZU
ZU
ZU
ZUMM
WUOOOOOOOH
ZUMM
ZU
Riesige Wurzeln?!

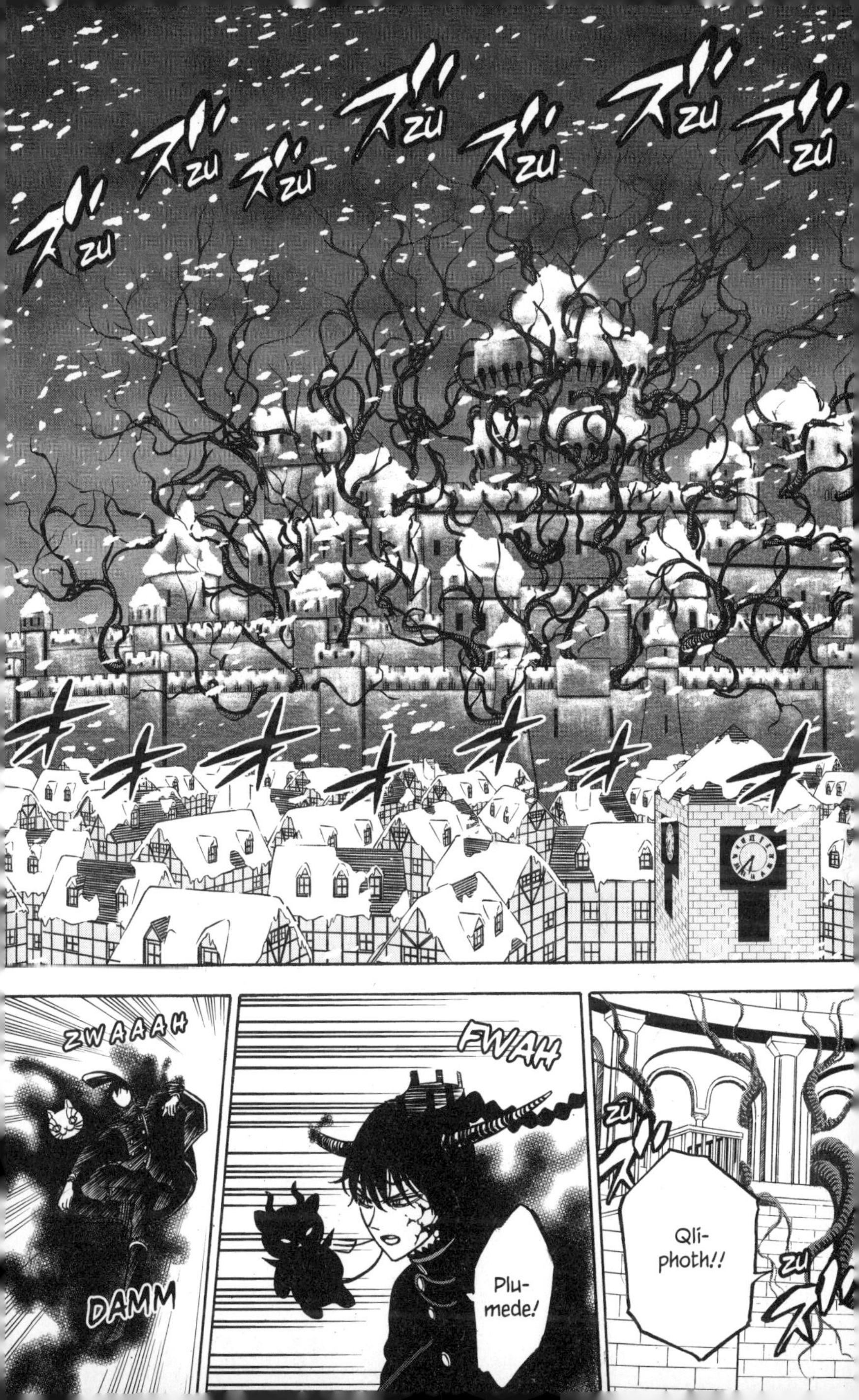
ズ zu
ズ zu
ズ zu
ズ zu
ズ zu
ズ zu
ズ zu
ZU ズ
Qli-
photh!!
ZU ズ
FWAH
Plu-
mede!
ZWAAAH
DAMM

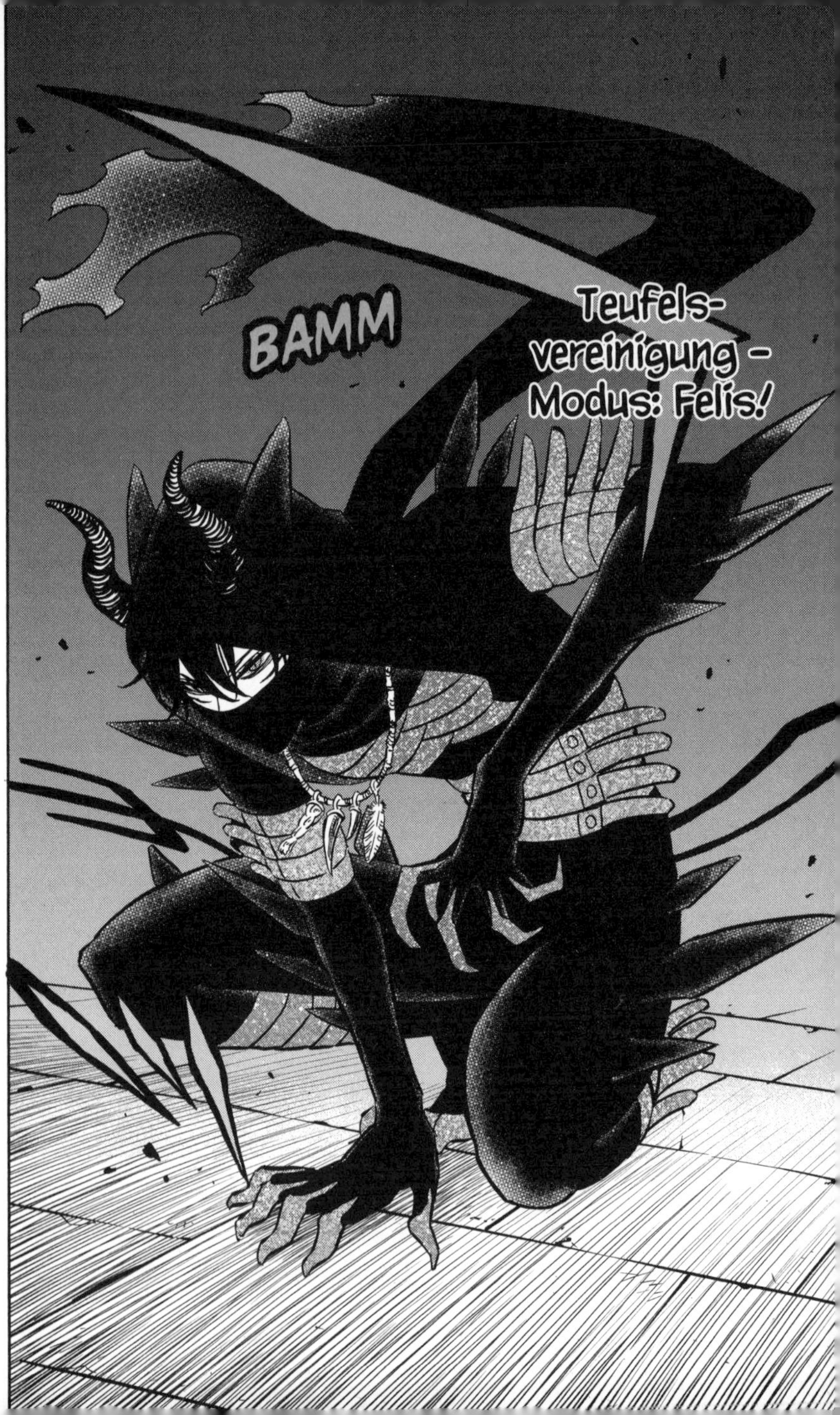
BAMM
Teufels-
vereinigung –
Modus: Felis!

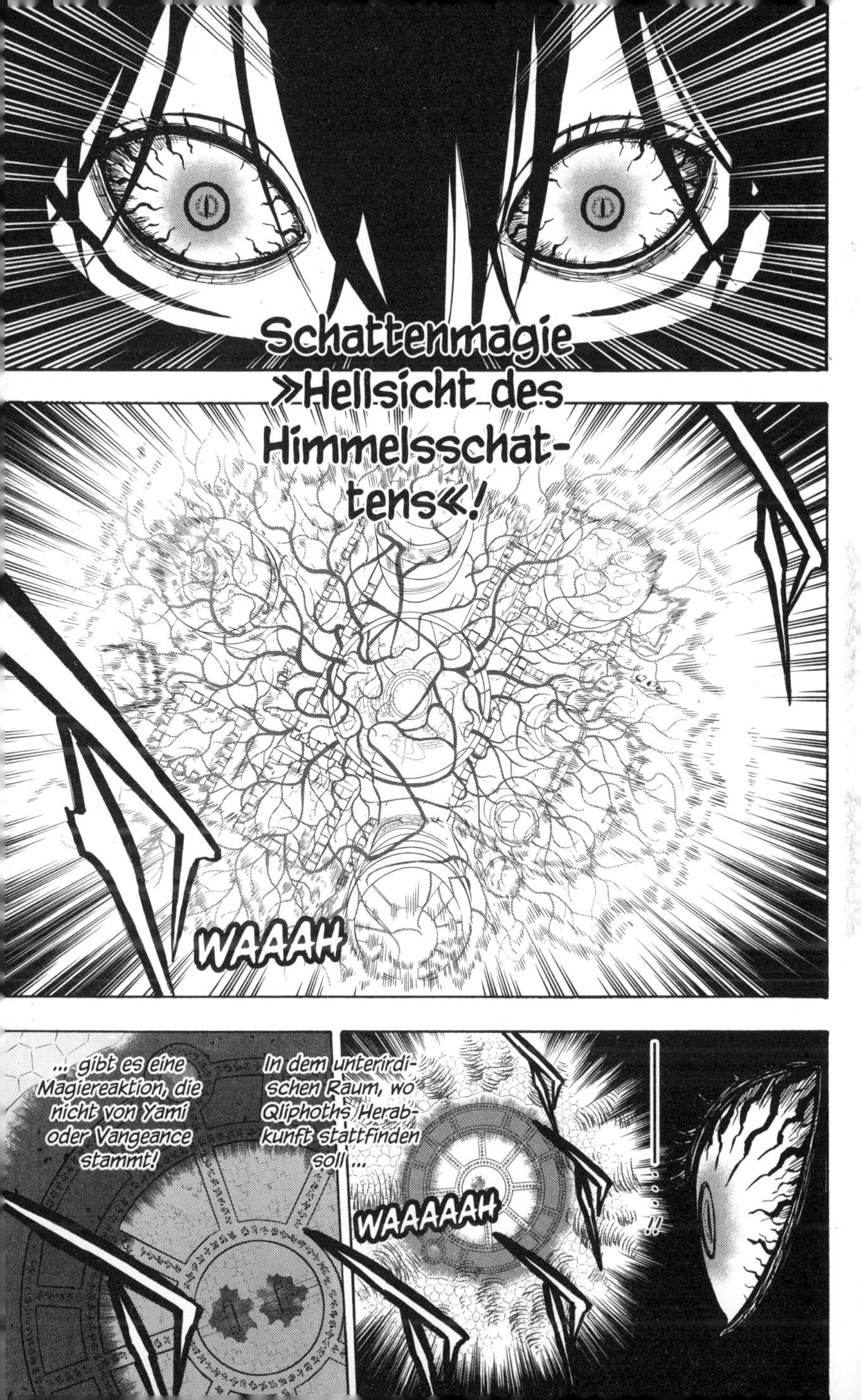
Schattenmagie »Hellsicht des Himmelsschat-tens«!
WAAAH
!?
WAAAAAH
In dem unterirdi-schen Raum, wo Qliphoths Herab-kunft stattfinden soll ...
... gibt es eine Magiereaktion, die nicht von Yami oder Vangeance stammt!

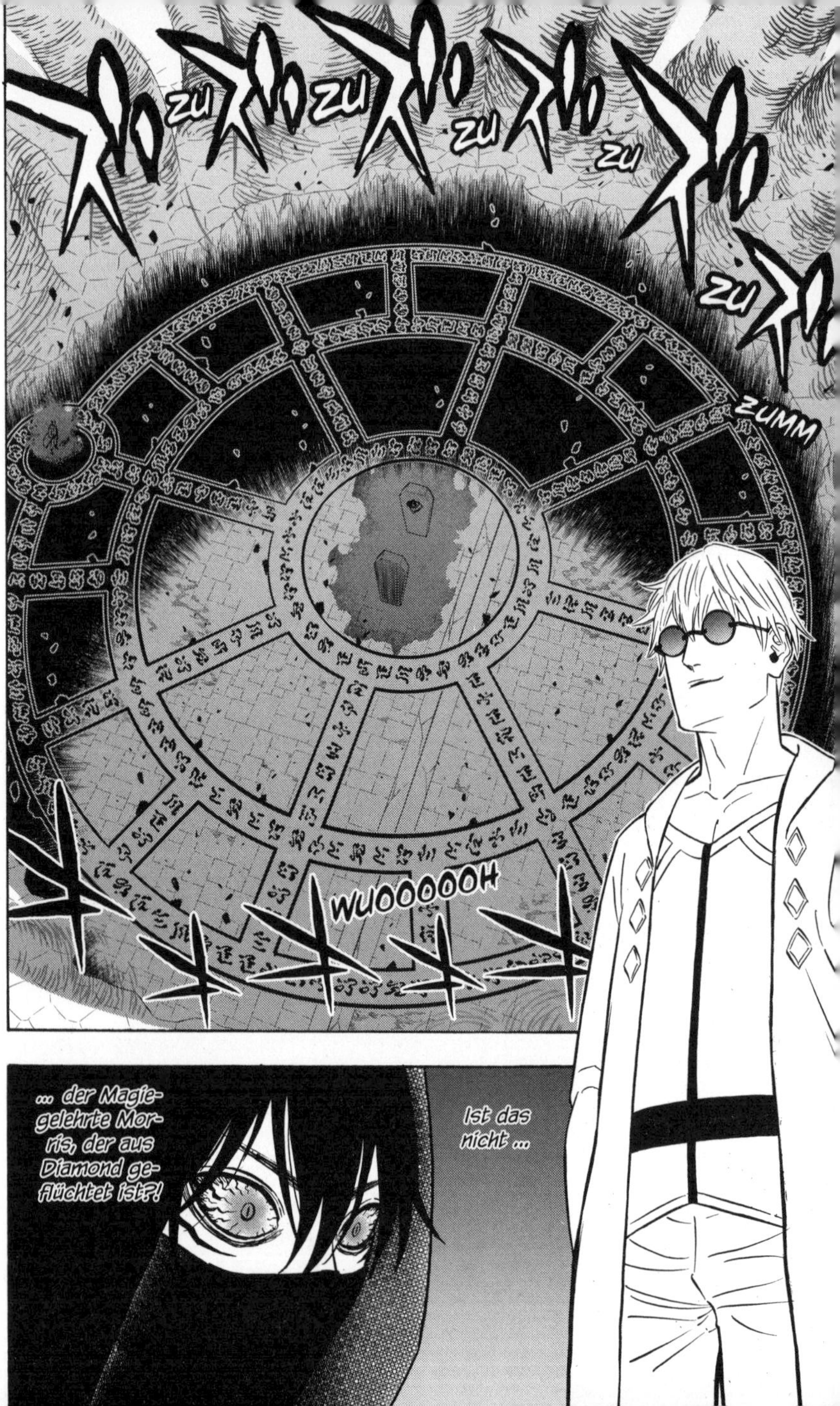
ZU
ZU
ZU
ZU
ZU
ZUMM
WUOOOOOH
Ist das nicht ...
... der Magie-gelehrte Morris, der aus Diamond geflüchtet ist?!

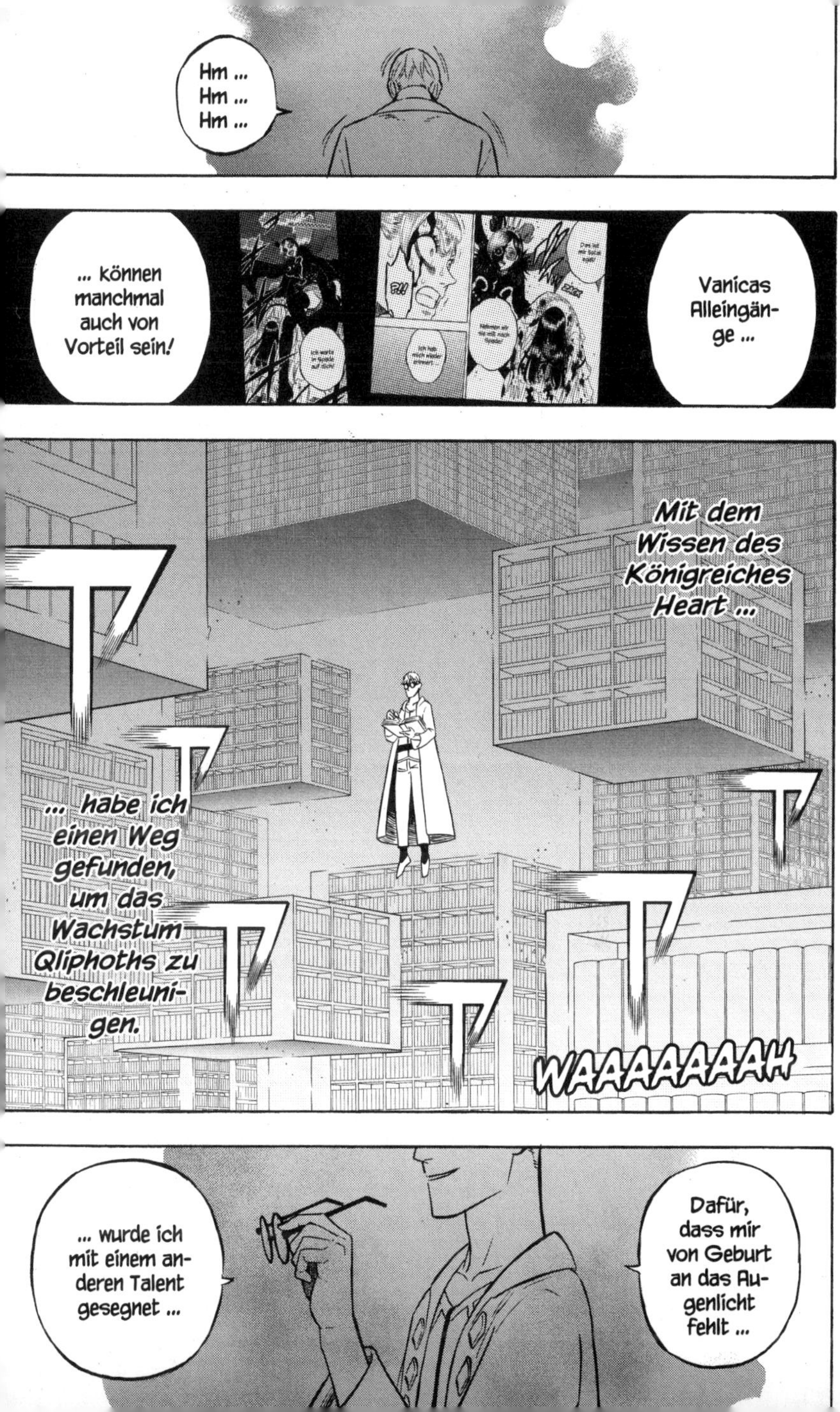
Hm ...
Hm ...
Hm ...
Vanicas Alleingänge ...
... können manchmal auch von Vorteil sein!
Mit dem Wissen des Königreiches Heart ...
... habe ich einen Weg gefunden, um das Wachstum Qliphoths zu beschleunigen.
WAAAAAAAH
Dafür, dass mir von Geburt an das Augenlicht fehlt ...
... wurde ich mit einem anderen Talent gesegnet ...

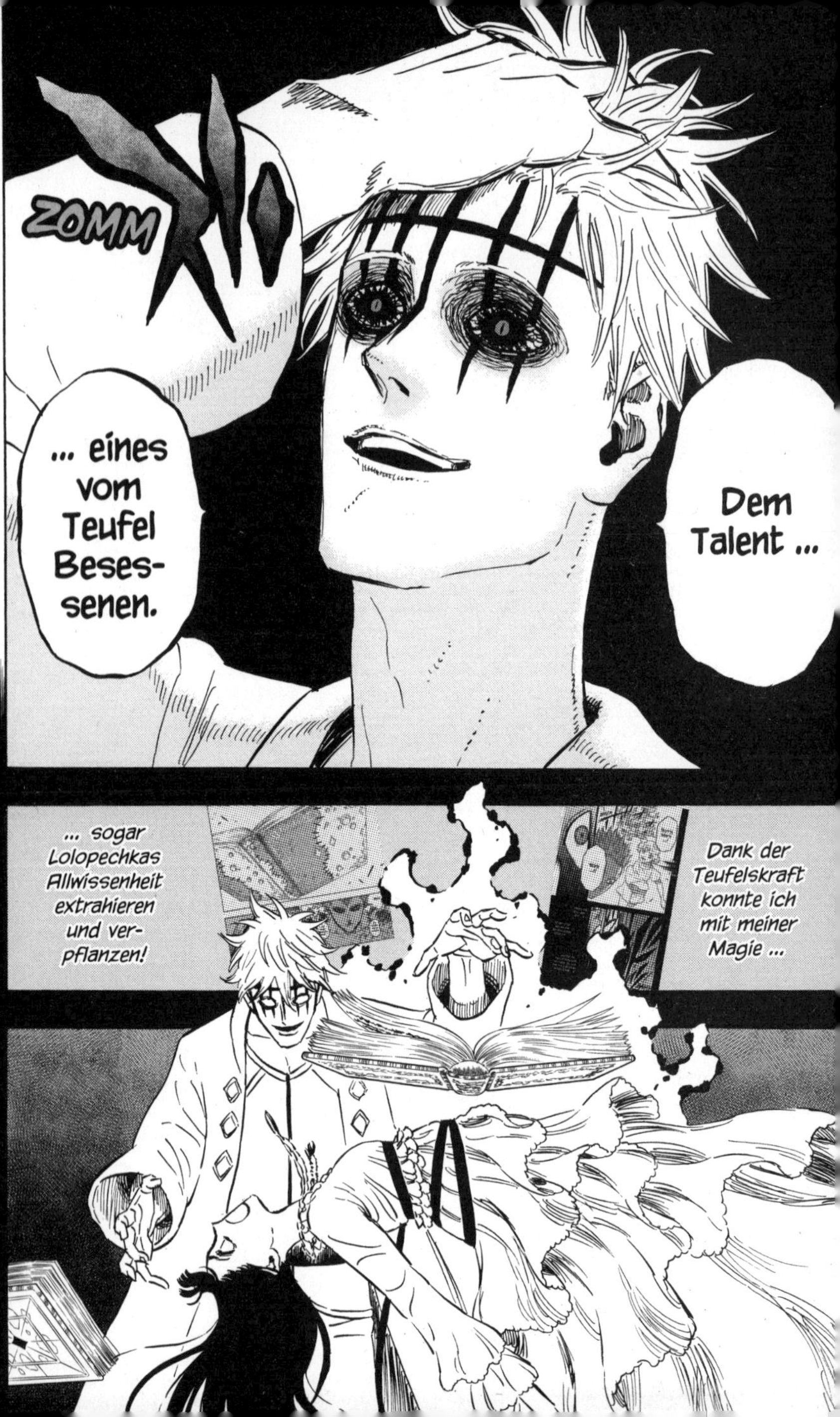
ZOMM
Dem Talent ...
... eines vom Teufel Beses-senen.
Dank der Teufelskraft konnte ich mit meiner Magie ...
... sogar Lolopechkas Allwissenheit extrahieren und ver-pflanzen!

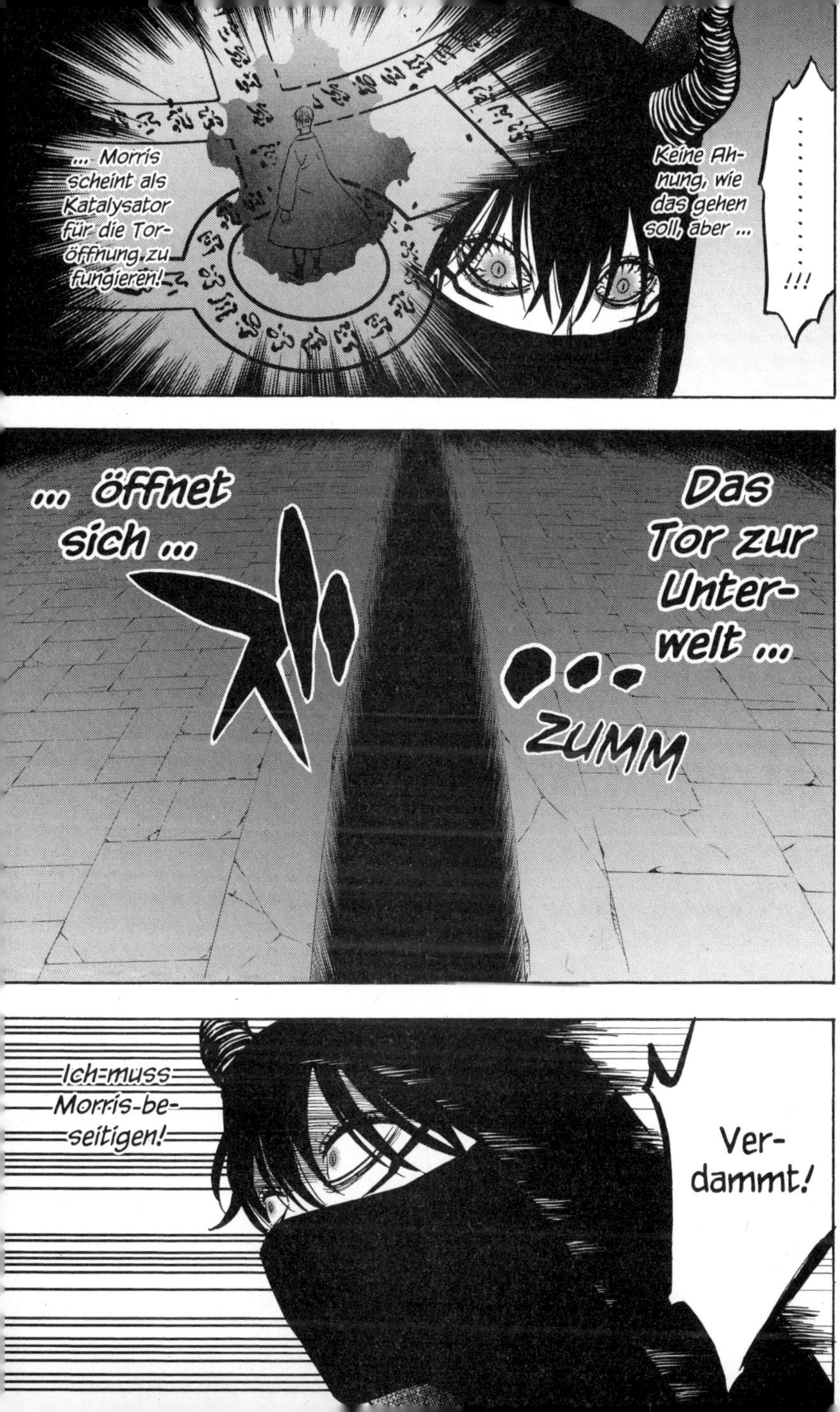

......!!!
Keine Ahnung, wie das gehen soll, aber ...
... Morris scheint als Katalysator für die Toröffnung zu fungieren!
Das Tor zur Unterwelt ...
... öffnet sich ...
ZUMM
Verdammt!
Ich muss Morris beseitigen!

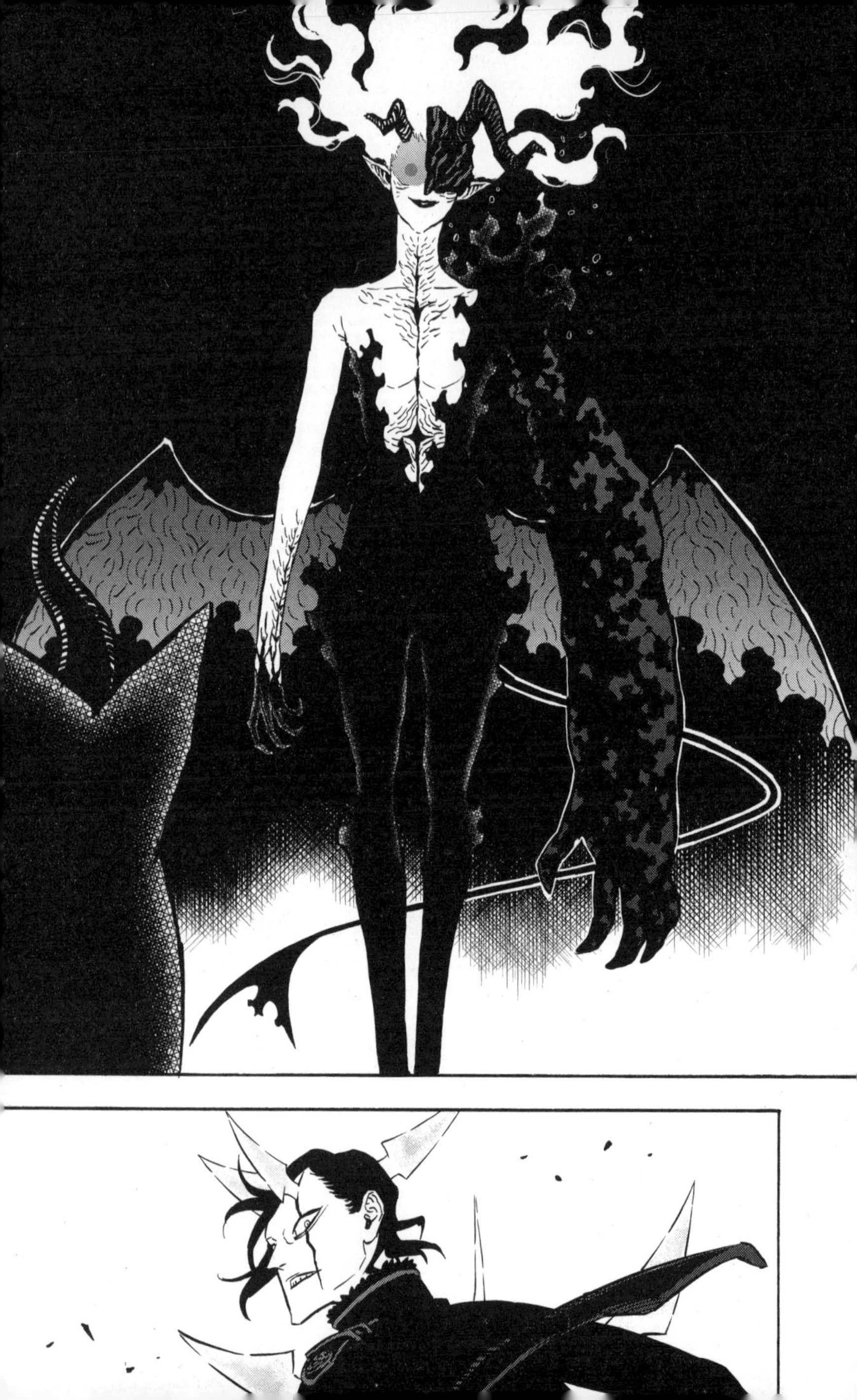

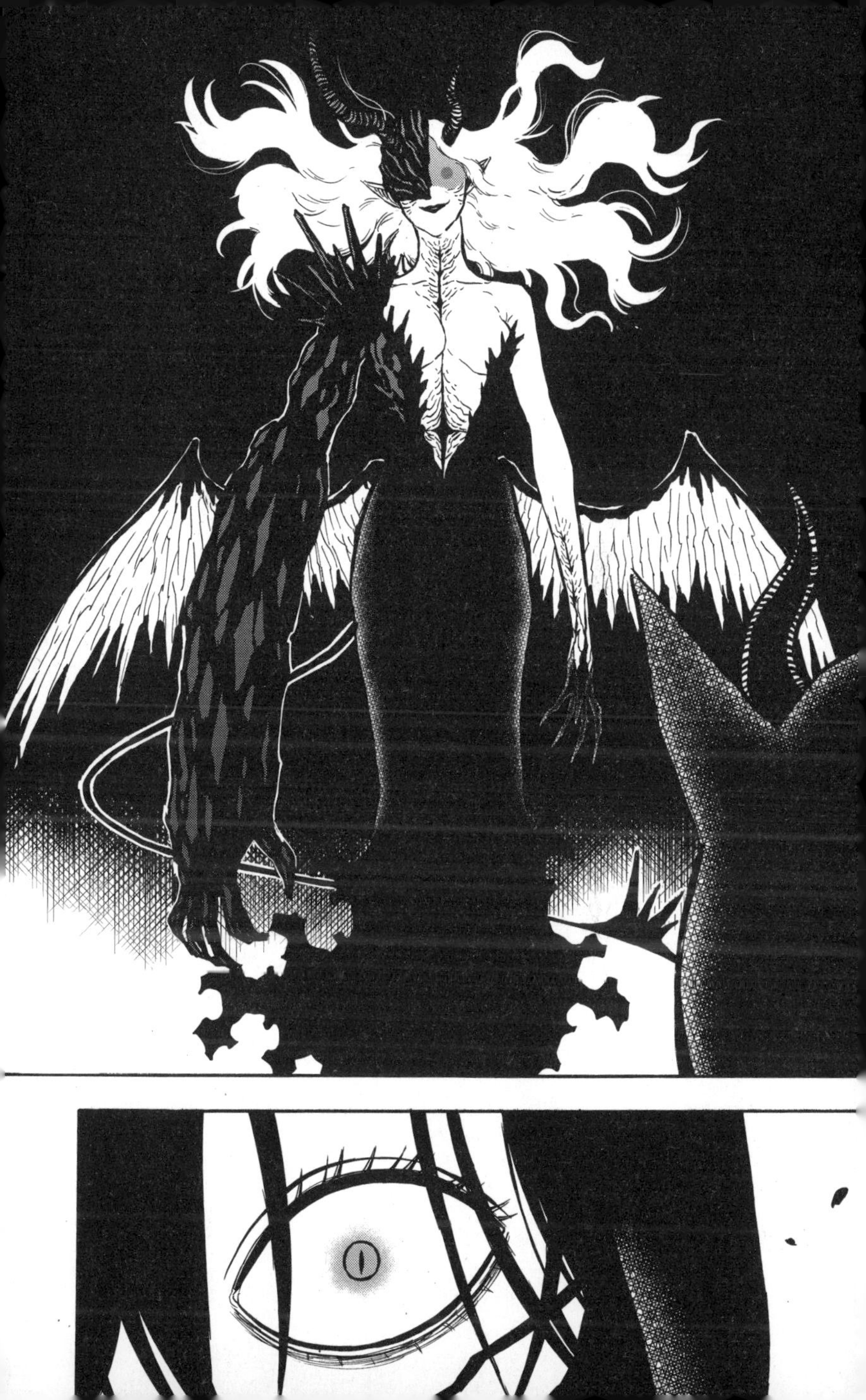

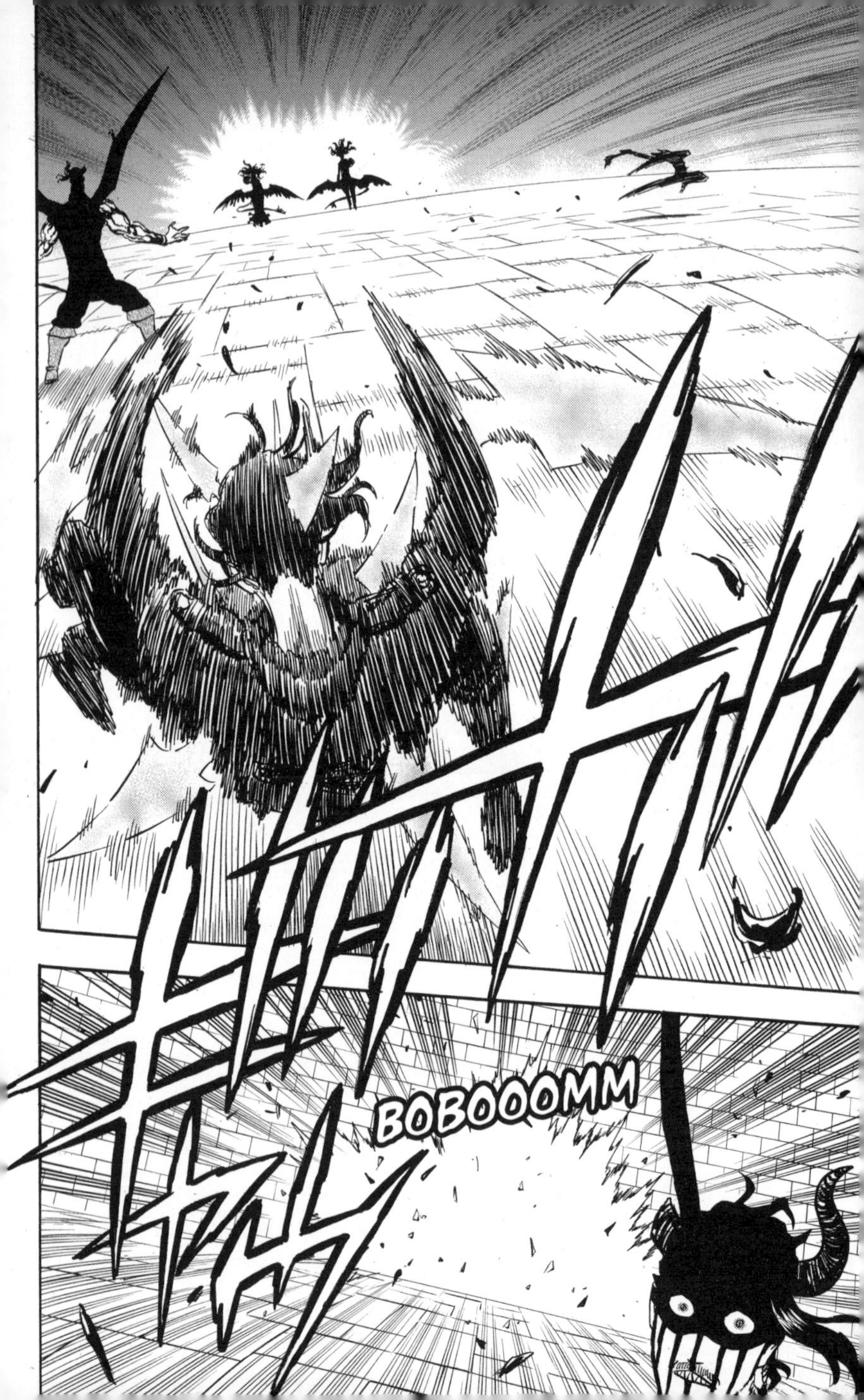
BOBOOOMM

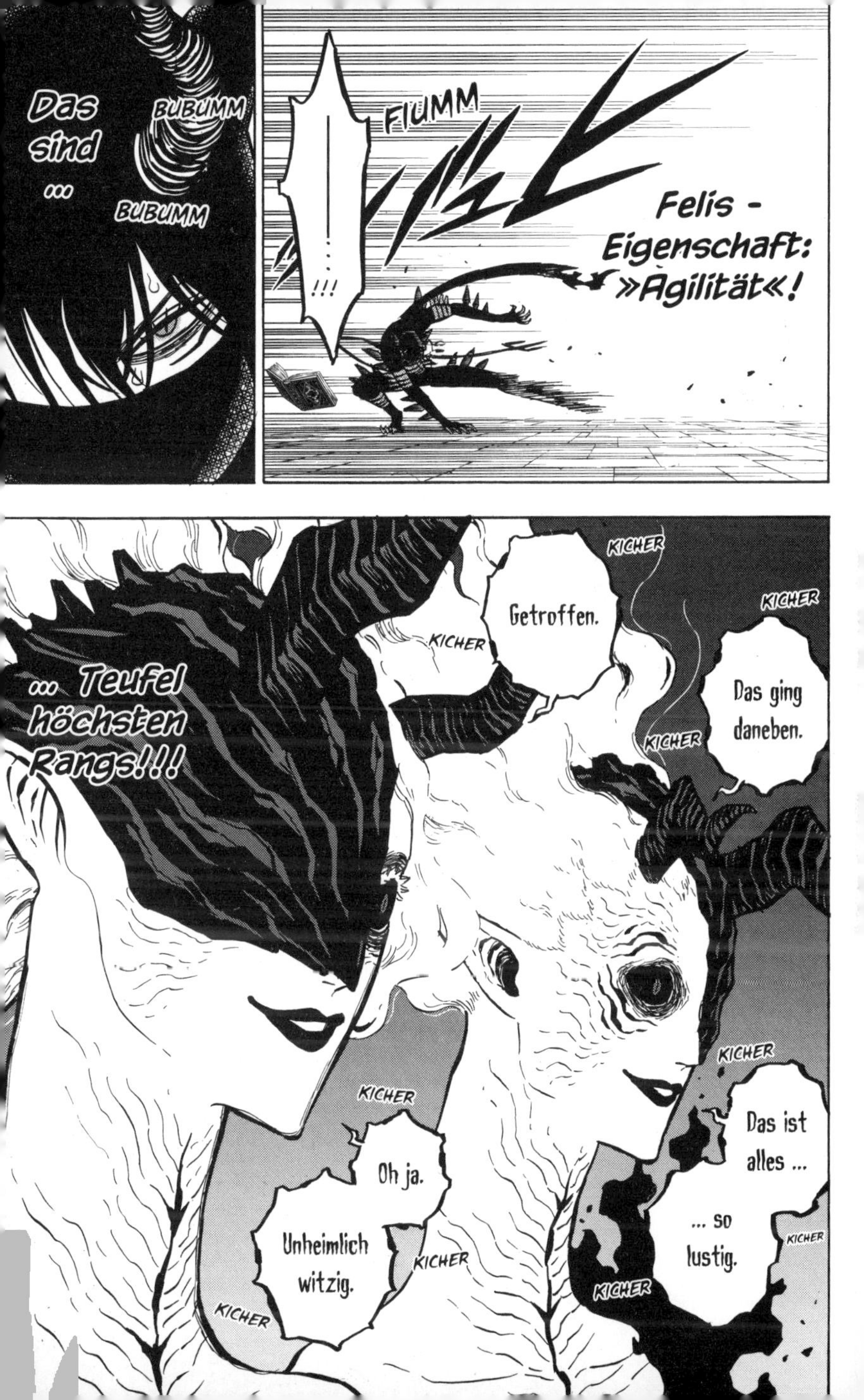
FIUMM
Felis - Eigenschaft: »Agilität«!
!!!
Das sind ...
BUBUMM
BUBUMM
... Teufel höchsten Rangs!!!
KICHER
Getroffen.
KICHER
KICHER
Das ging daneben.
KICHER
KICHER
Das ist alles ...
... so lustig.
KICHER
KICHER
KICHER
Oh ja.
Unheimlich witzig.
KICHER
KICHER

Morris Libardirt

Alter: 28 Jahre

Größe: 177 cm

Geburtstag: 21. Mai

Sternzeichen: Stier

Blutgruppe: AB

Mag: Magielehre, Neues lernen

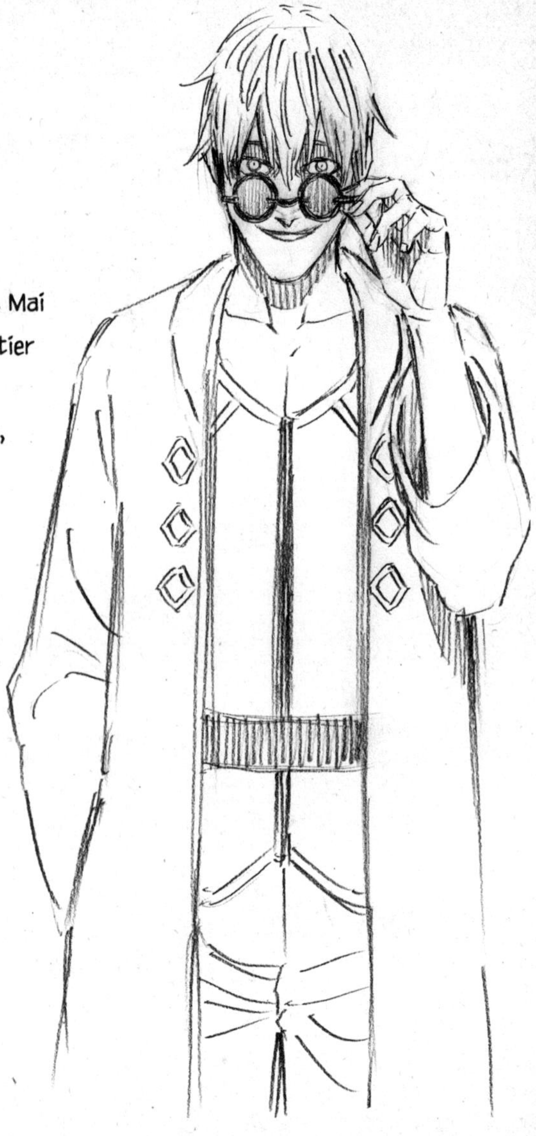

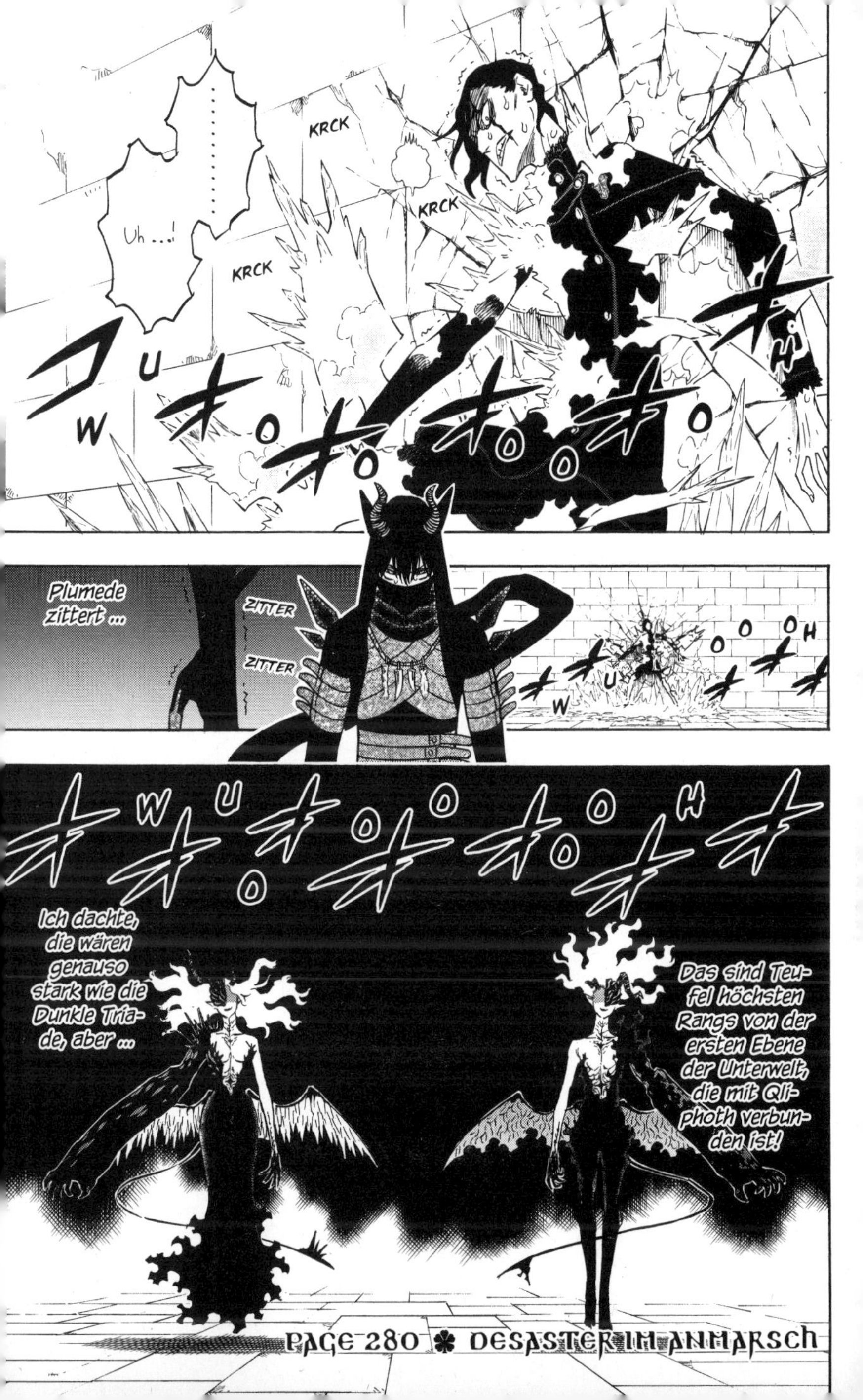
Uh ...!
KRCK
KRCK
KRCK
WUOOOOOH
Plumede zittert ...
ZITTER
ZITTER
WUOOOOH
WUOOOOOH
Ich dachte, die wären genauso stark wie die Dunkle Triade, aber ...
Das sind Teufel höchsten Rangs von der ersten Ebene der Unterwelt, die mit Qliphoth verbunden ist!
PAGE 280 DESASTER IM ANMARSCH

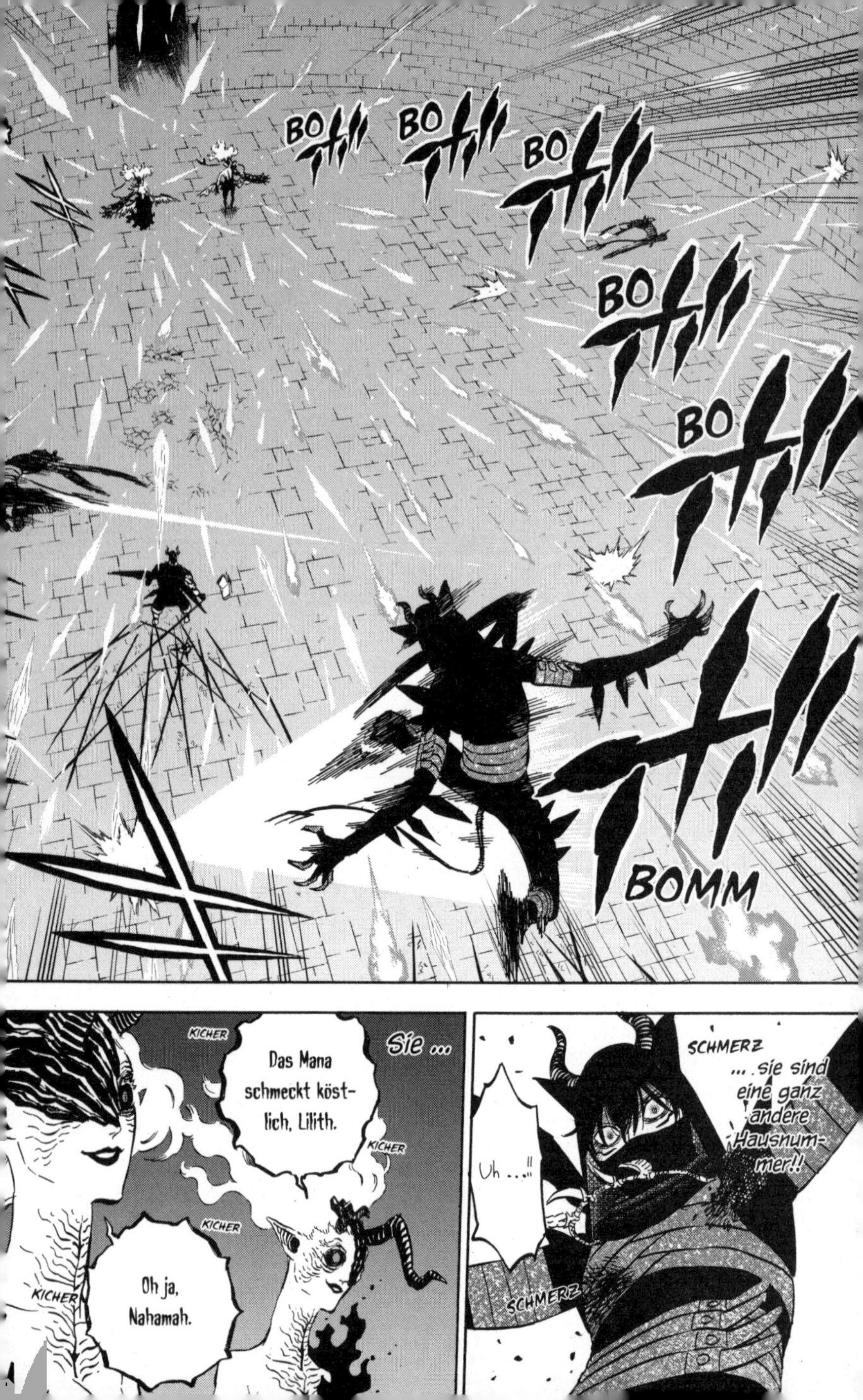
BO
BO
BO
BO
BO
BOMM
Sie ...
KICHER
Das Mana schmeckt köstlich, Lilith.
KICHER
KICHER
Oh ja, Nahamah.
KICHER
SCHMERZ
... sie sind eine ganz andere Hausnummer!!
Uh ...!!
SCHMERZ

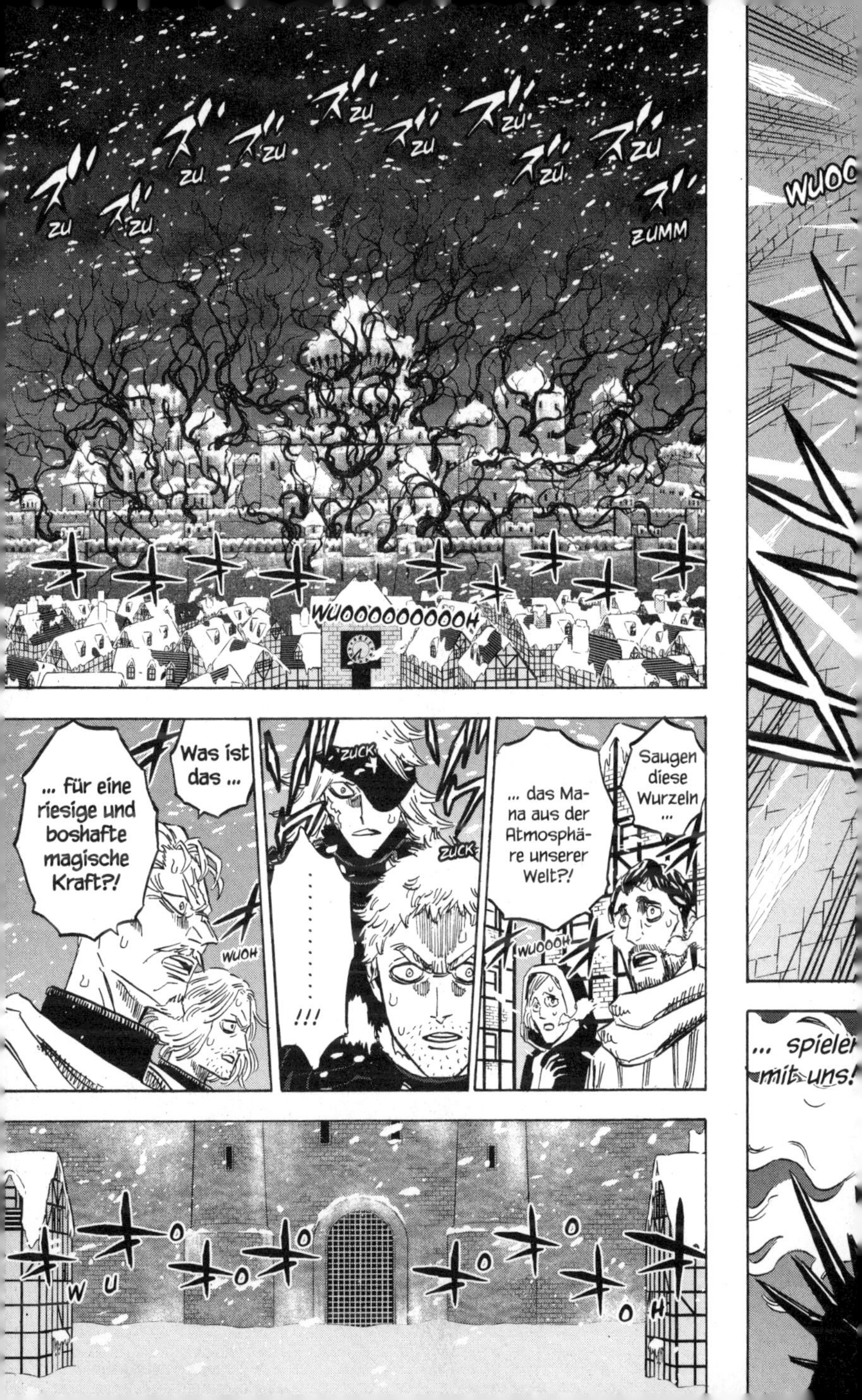
ZU ZU ZU ZU ZU ZU ZU ZU ZU ZU
ZUMM
WUOOOOOOOOOOH
Saugen diese Wurzeln ...
... das Mana aus der Atmosphäre unserer Welt?!
WUOOOH
ZUCK
ZUCK
......
!!!
Was ist das ...
... für eine riesige und boshafte magische Kraft?!
WUOH
W U O O O O O O O H
WUOO
... spiele
mit uns!

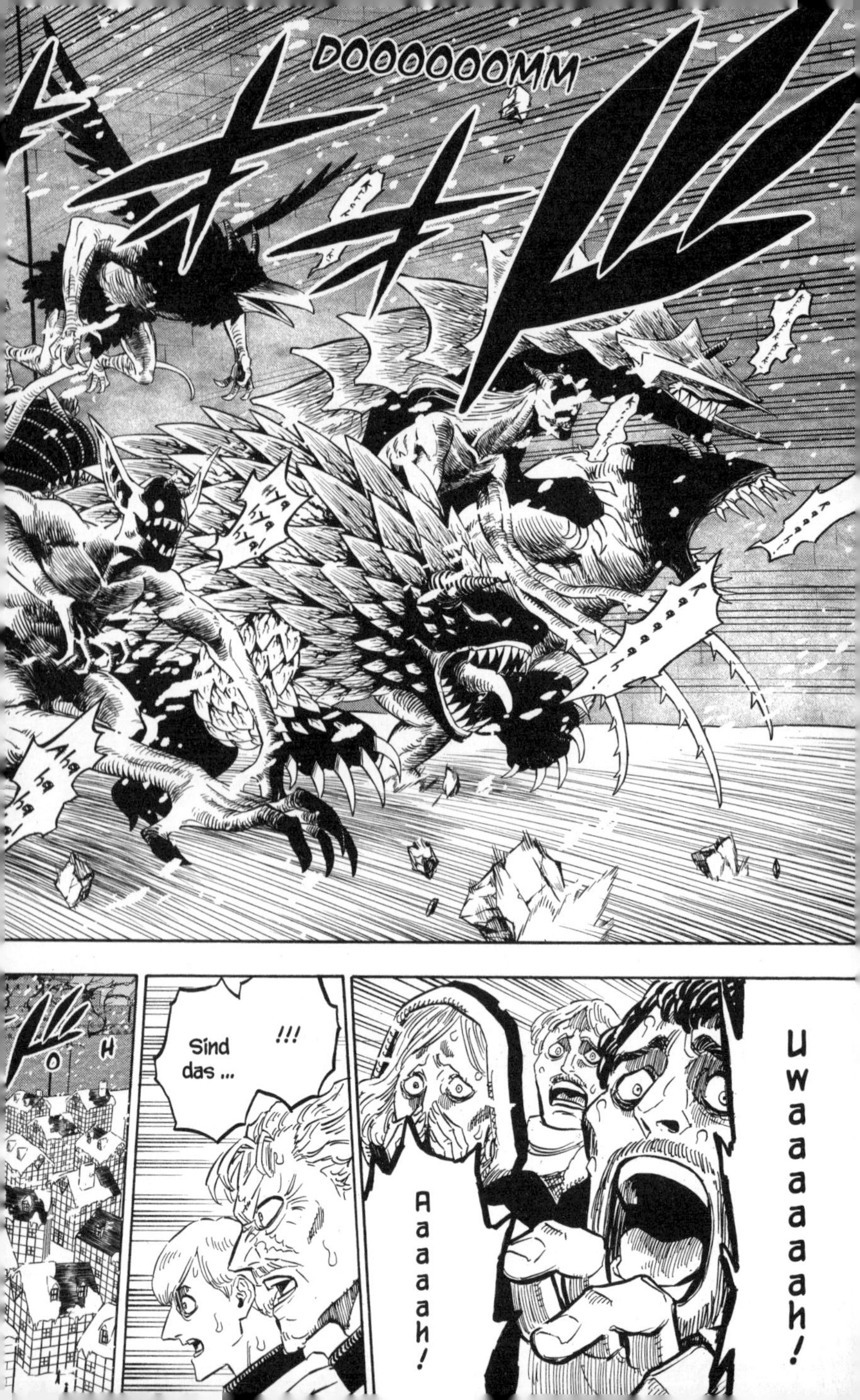
DOOOOOOMM
Hya hya hya!
Kaaaaaaaah!
Aha ha ha ha!
Sind das ...
!!!
Uwaaaaaaaah!
Aaaaaah!

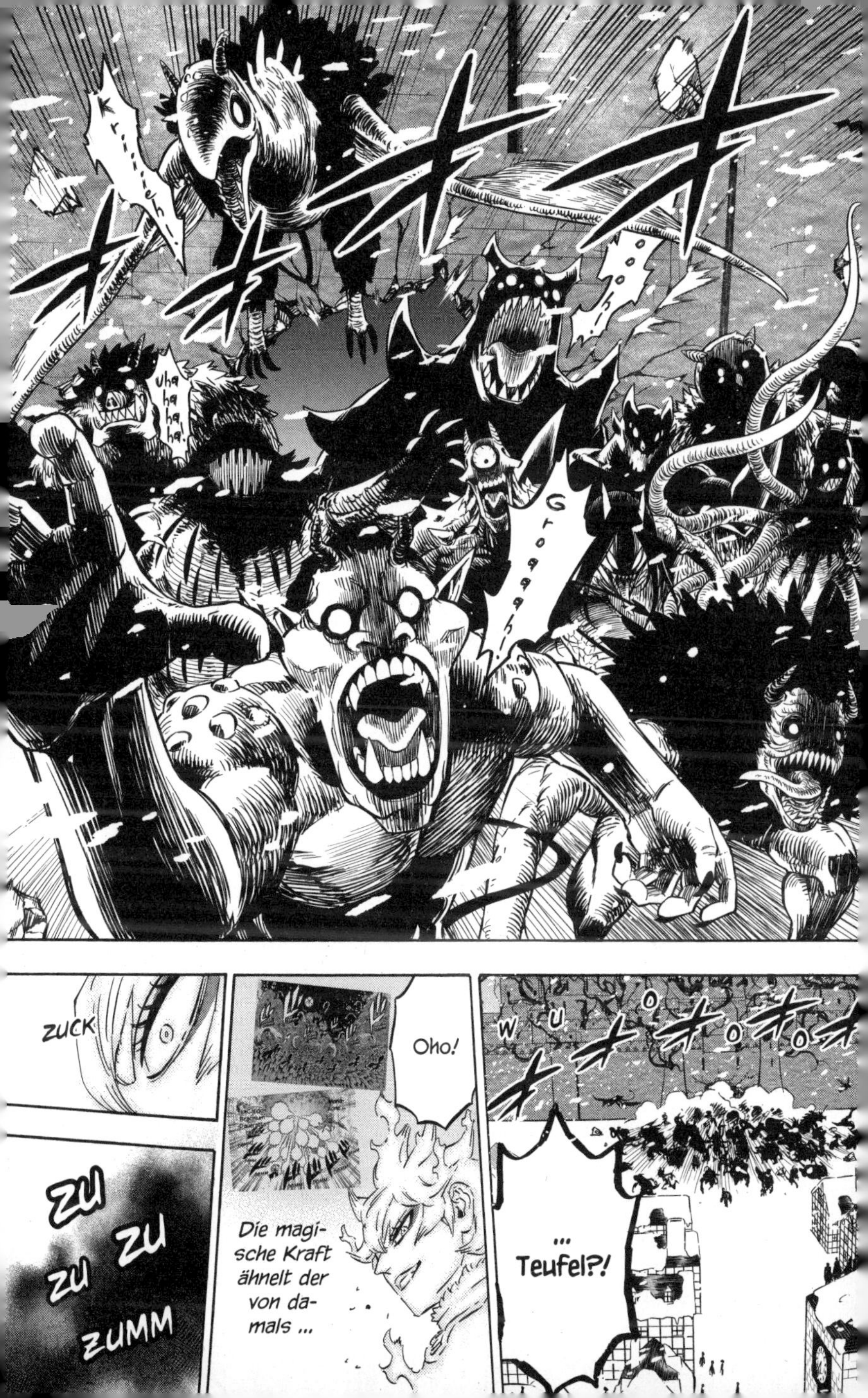
Kriiiieh!
Wooooh!
Uha ha ha ha!
Groaaaaah!
Wuooooo
Oho!
... Teufel?!
Die magische Kraft ähnelt der von damals ...
ZUCK
ZU ZU ZU ZUMM

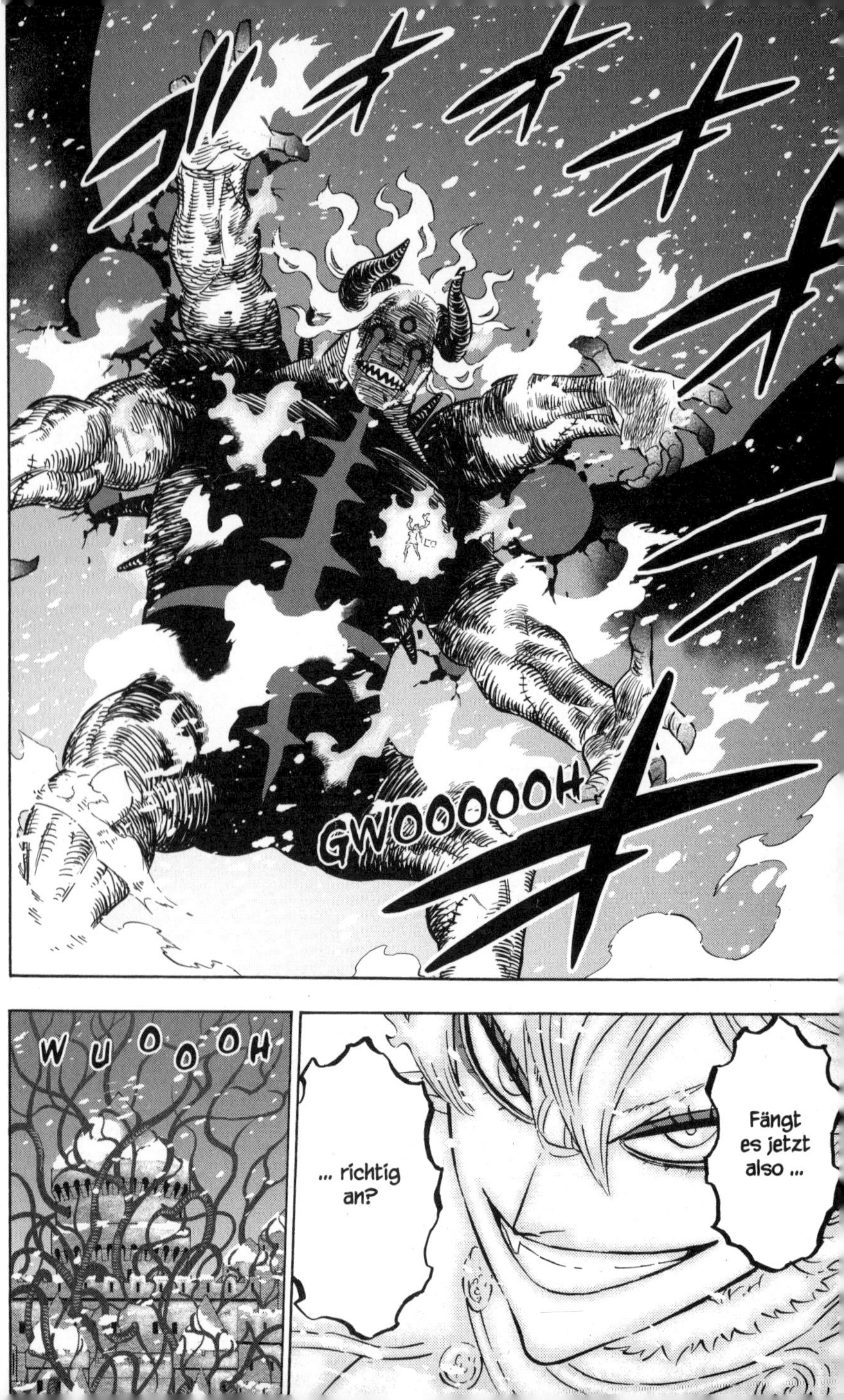
GWOOOOOOH
Fängt es jetzt also ...
... richtig an?
WUOOOH

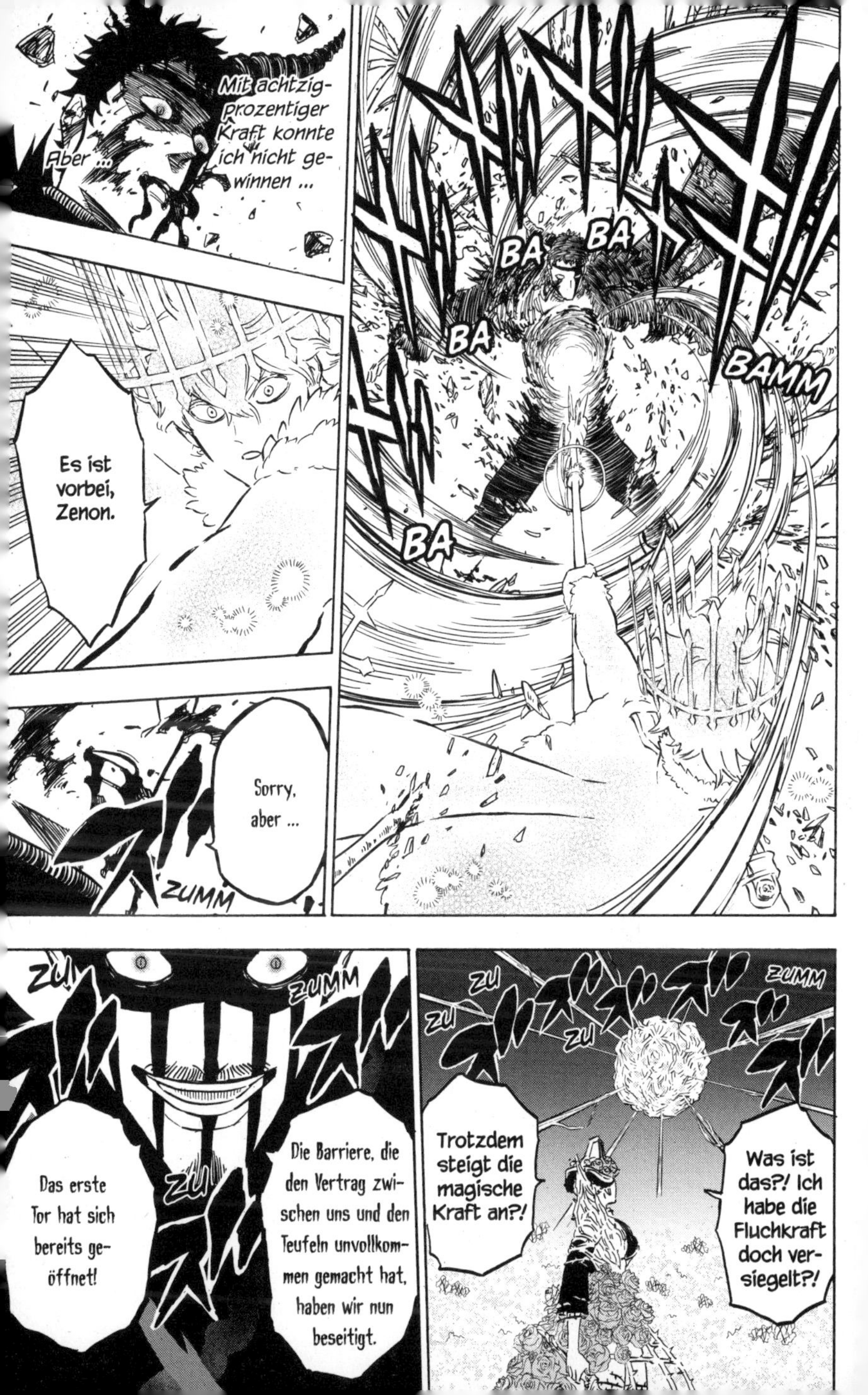

BA
BA
BA
BAMM
BA
Mit achtzigprozentiger Kraft konnte ich nicht gewinnen ...
Aber ...
Es ist vorbei, Zenon.
Sorry, aber ...
ZUMM
ZUMM
ZU
ZU
ZU
Was ist das?! Ich habe die Fluchkraft doch versiegelt?!
Trotzdem steigt die magische Kraft an?!
ZUMM
ZU
ZU
Die Barriere, die den Vertrag zwischen uns und den Teufeln unvollkommen gemacht hat, haben wir nun beseitigt.
Das erste Tor hat sich bereits geöffnet!

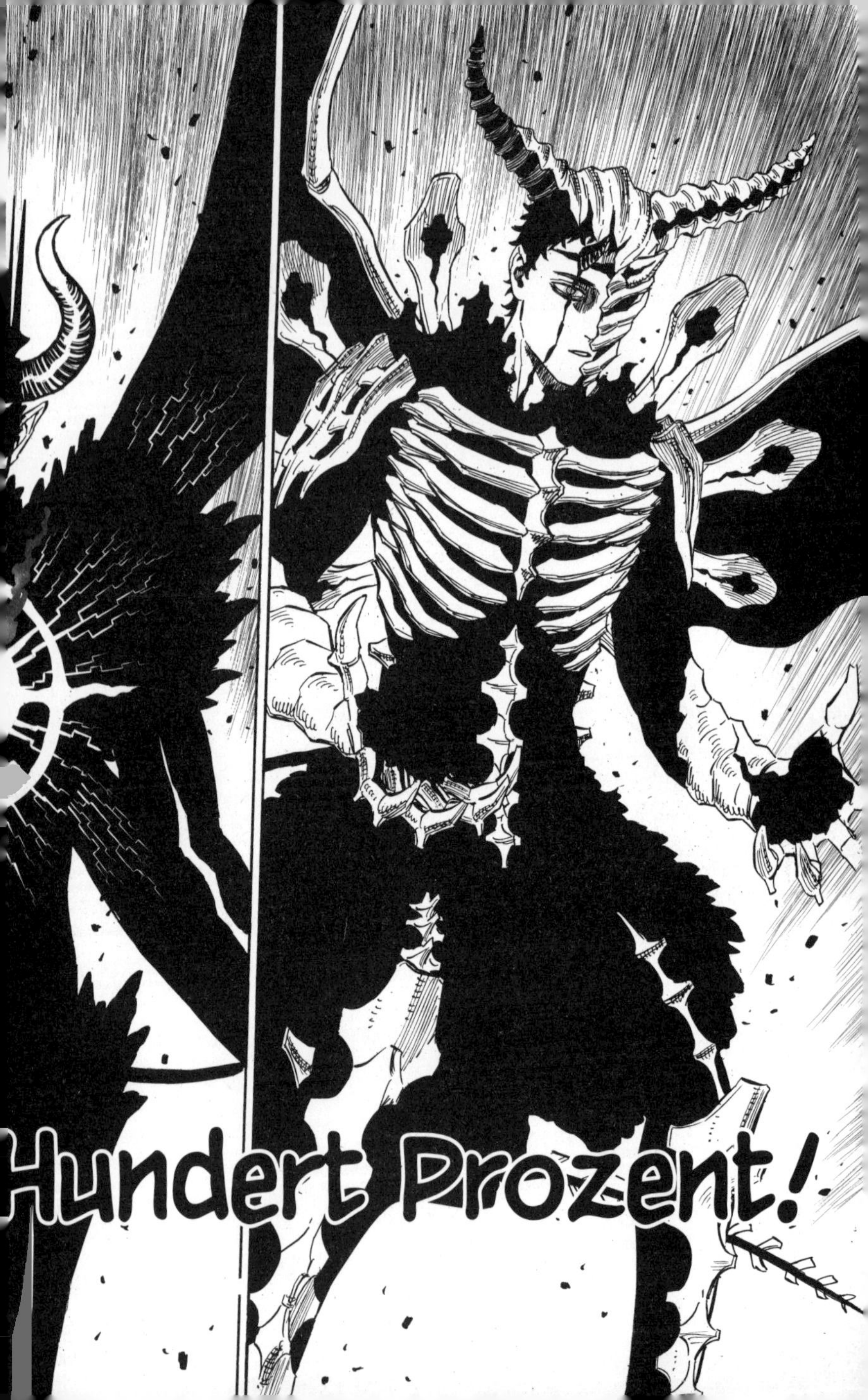
Hundert Prozent!

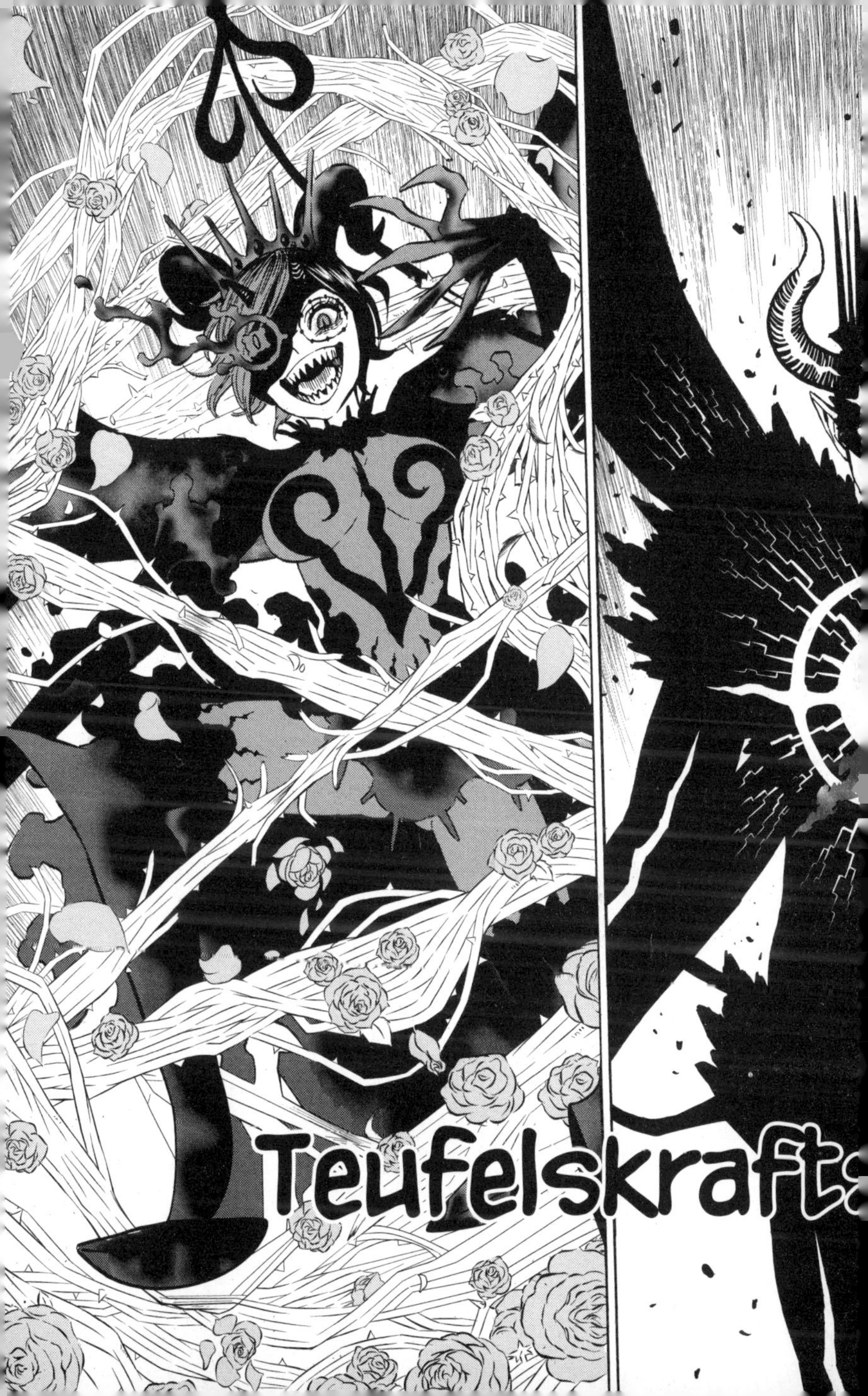
Teufelskraft

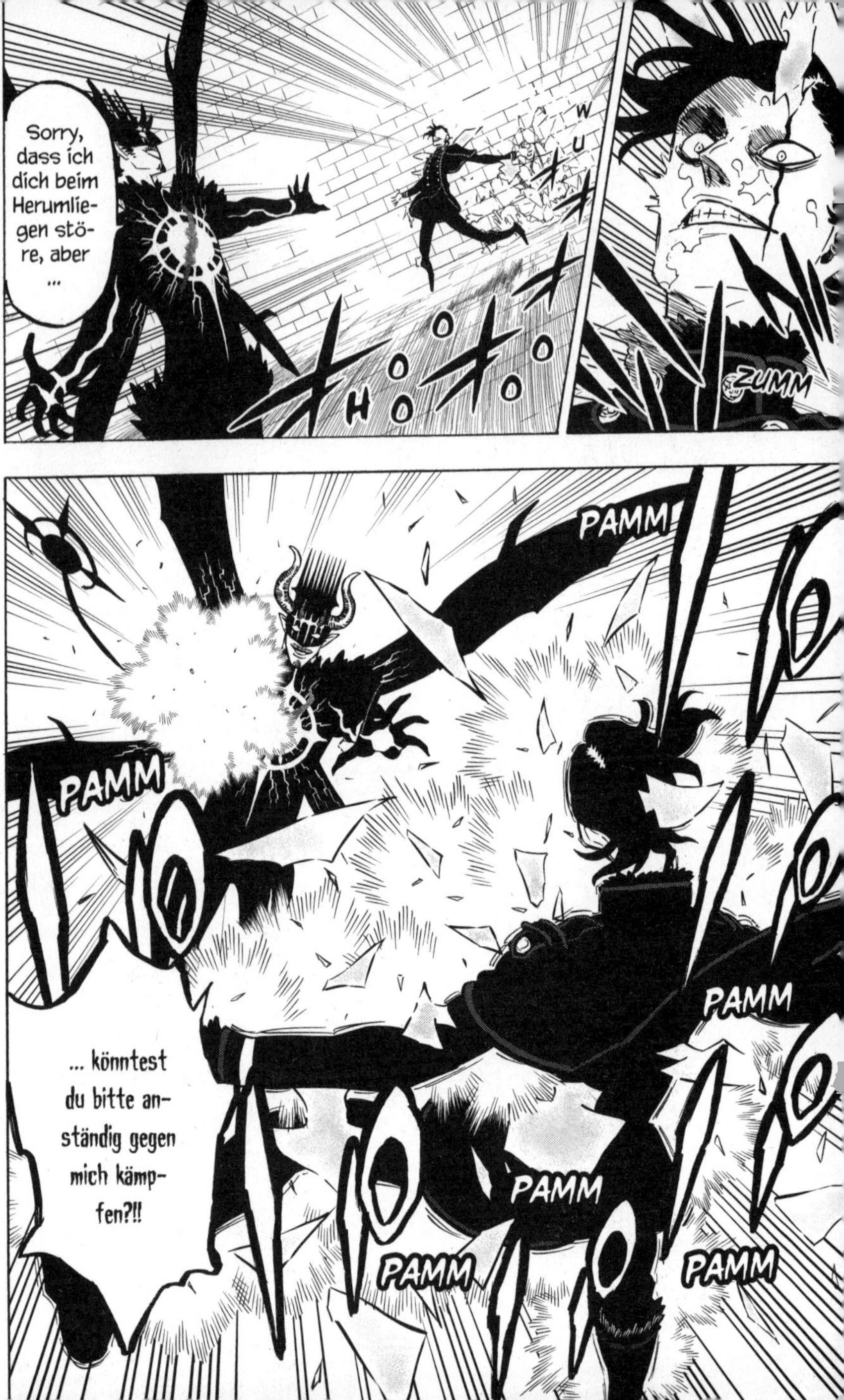
ZUMM
Sorry, dass ich dich beim Herumliegen störe, aber ...
PAMM
PAMM
PAMM
PAMM
PAMM
PAMM
... könntest du bitte anständig gegen mich kämpfen?!!

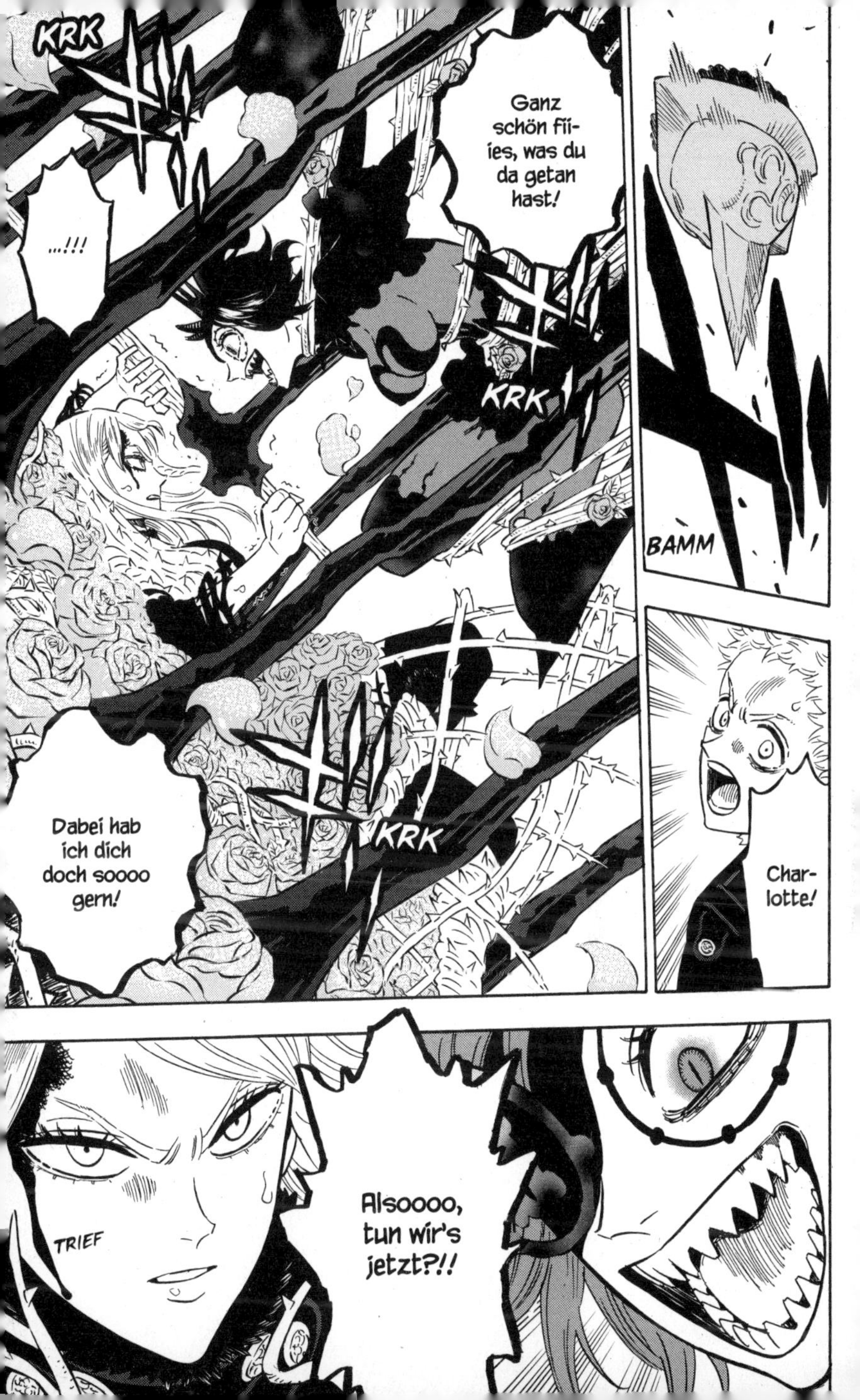
BAMM
Charlotte!
KRK
Ganz schön fiiies, was du da getan hast!
...!!!
KRK
KRK
Dabei hab ich dich doch soooo gern!
Alsoooo, tun wir's jetzt?!!
TRIEF

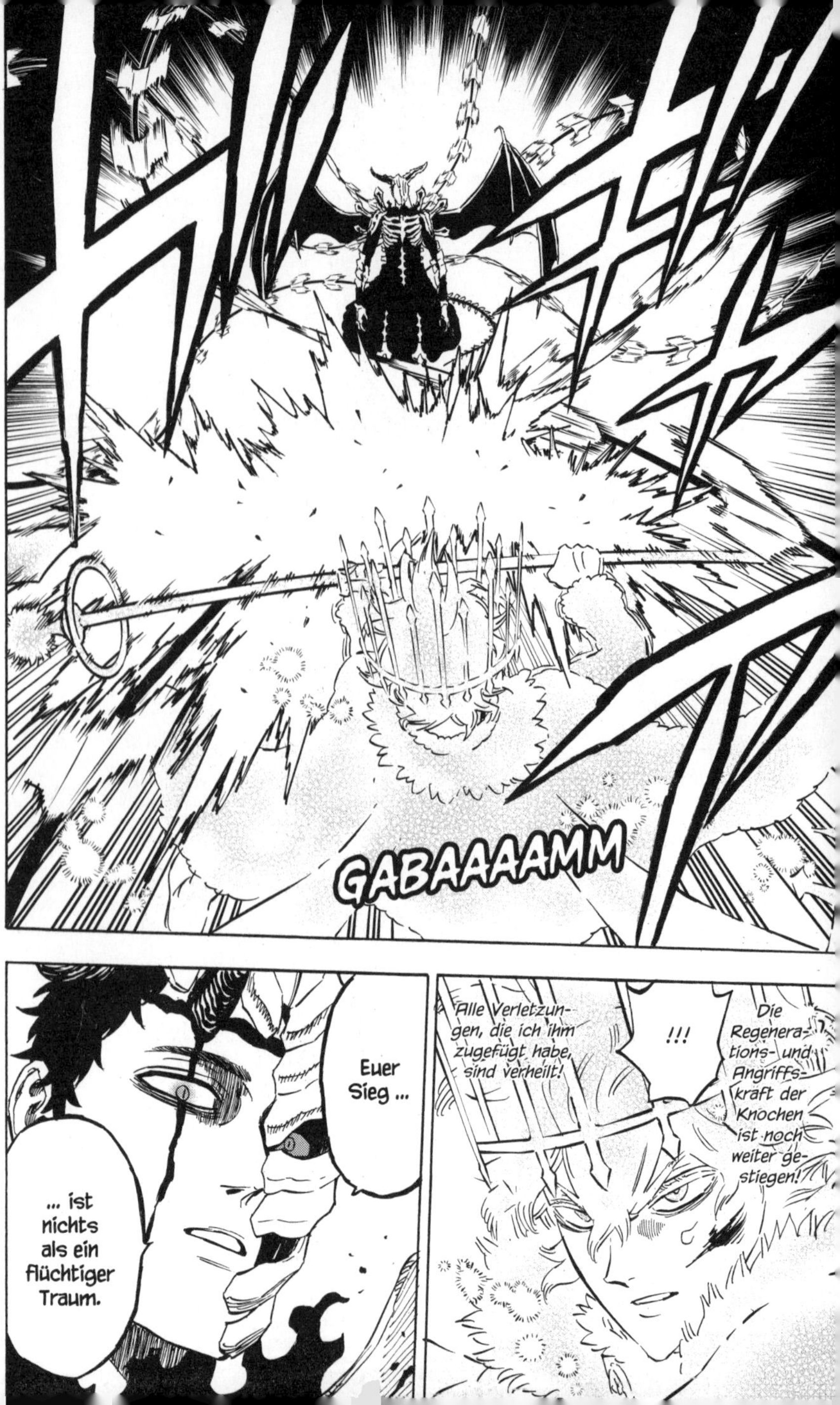
GABAAAAMM
Die Regenerations- und Angriffskraft der Knochen ist noch weiter gestiegen!
!!!
Alle Verletzungen, die ich ihm zugefügt habe, sind verheilt!
Euer Sieg ...
... ist nichts als ein flüchtiger Traum.

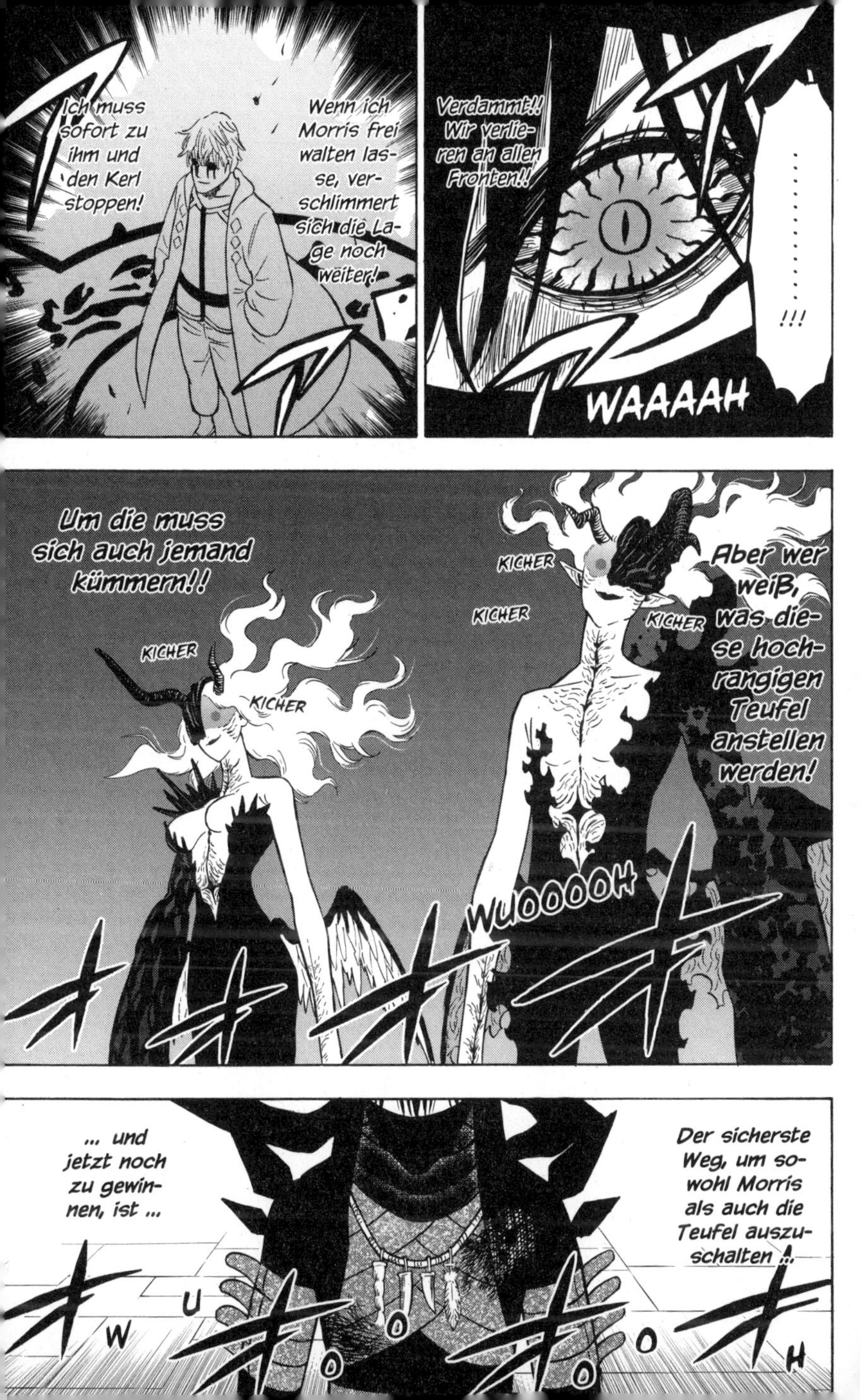
Wenn ich Morris frei walten lasse, verschlimmert sich die Lage noch weiter!
Ich muss sofort zu ihm und den Kerl stoppen!
......
!!!
Verdammt!! Wir verlieren an allen Fronten!!
WAAAAH
Aber wer weiß, was diese hochrangigen Teufel anstellen werden!
KICHER
KICHER
KICHER
Um die muss sich auch jemand kümmern!!
KICHER
KICHER
WUOOOOOH
Der sicherste Weg, um sowohl Morris als auch die Teufel auszuschalten ...
... und jetzt noch zu gewinnen, ist ...
W U O O O O O H

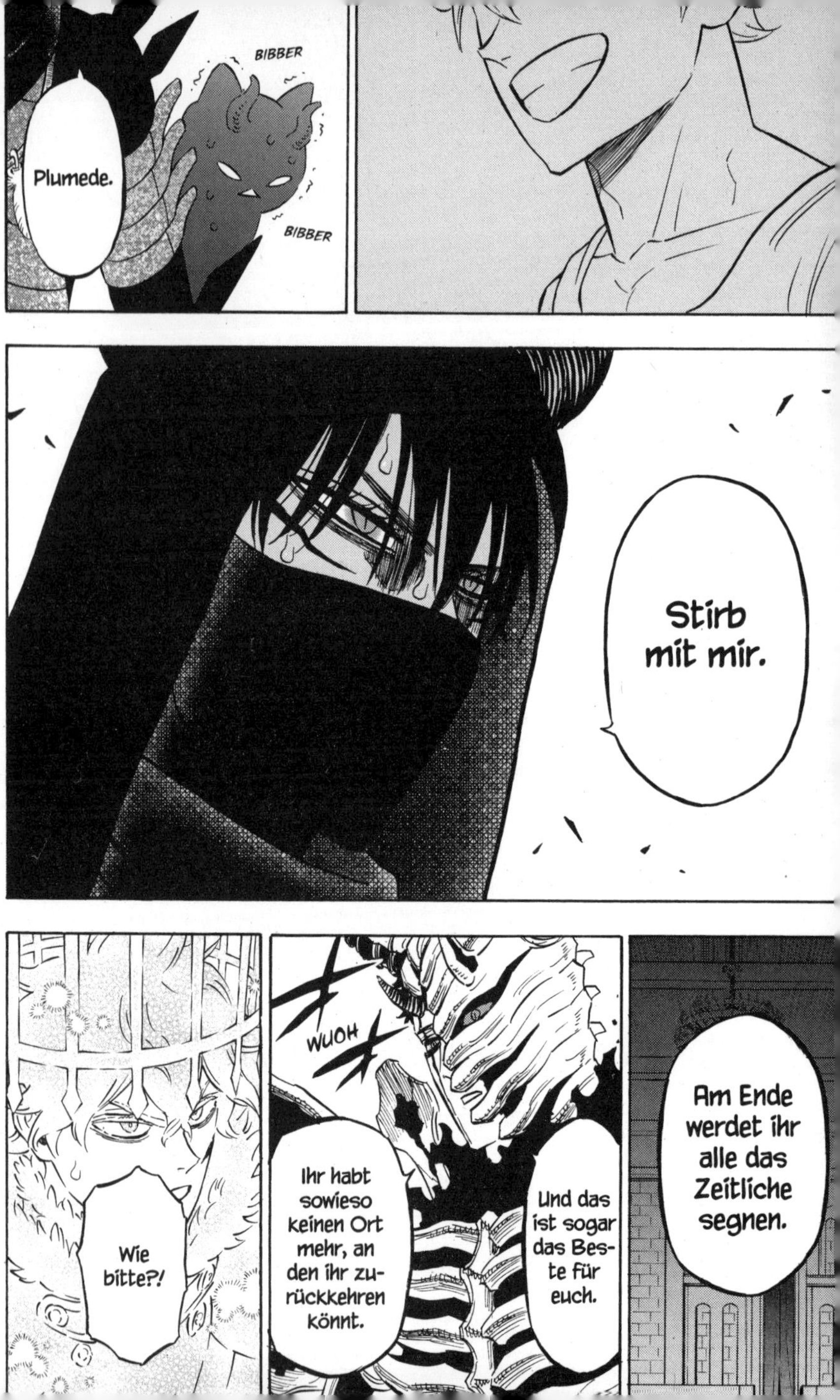
Plumede.
BIBBER
BIBBER
Stirb mit mir.
Am Ende werdet ihr alle das Zeitliche segnen.
Und das ist sogar das Beste für euch.
Ihr habt sowieso keinen Ort mehr, an den ihr zurückkehren könnt.
WUOH
Wie bitte?!

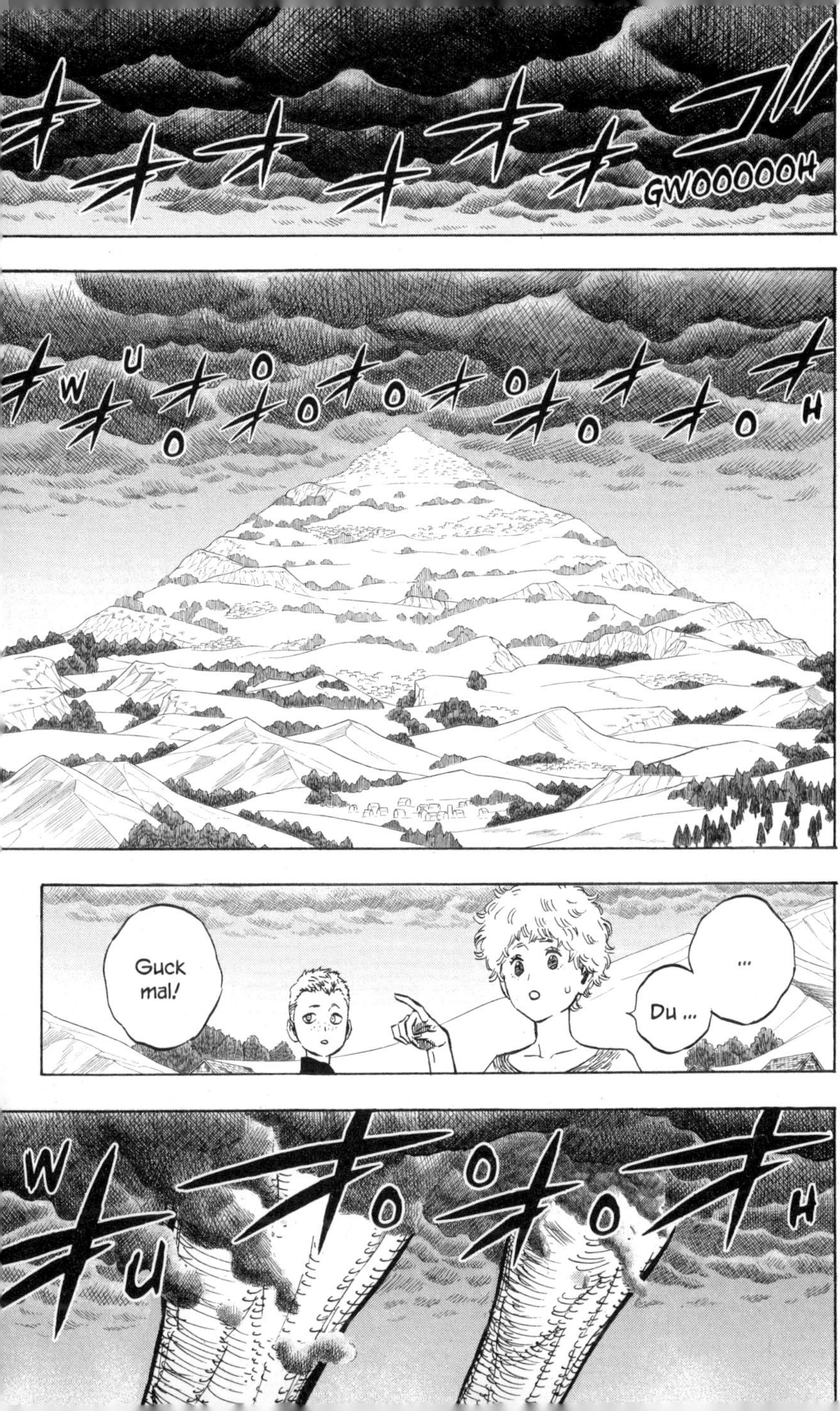
GWOOOOOH
WUOOOOOOOH
...
Du ...
Guck mal!
WUOOOH

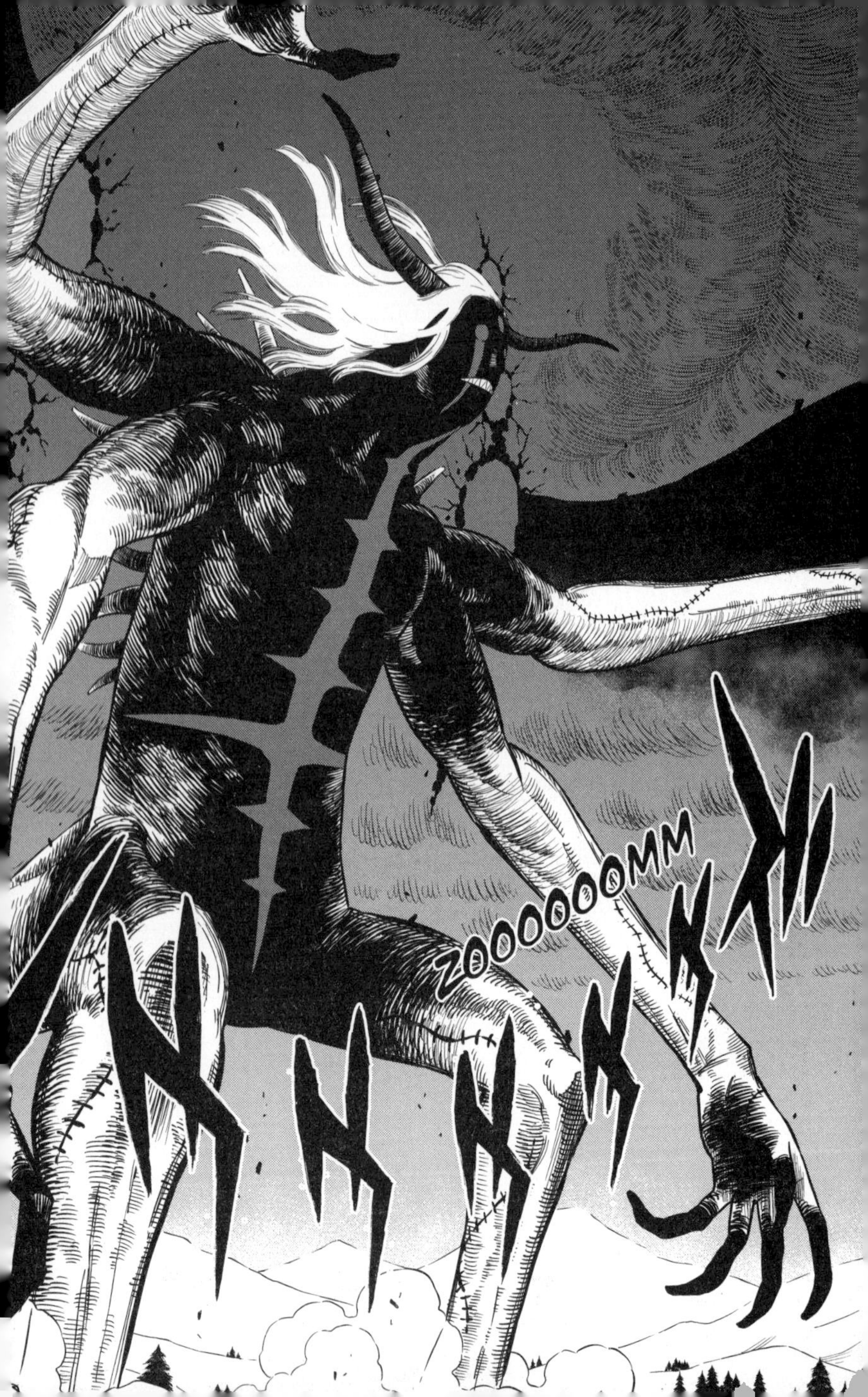
ZOOOOOOOMM

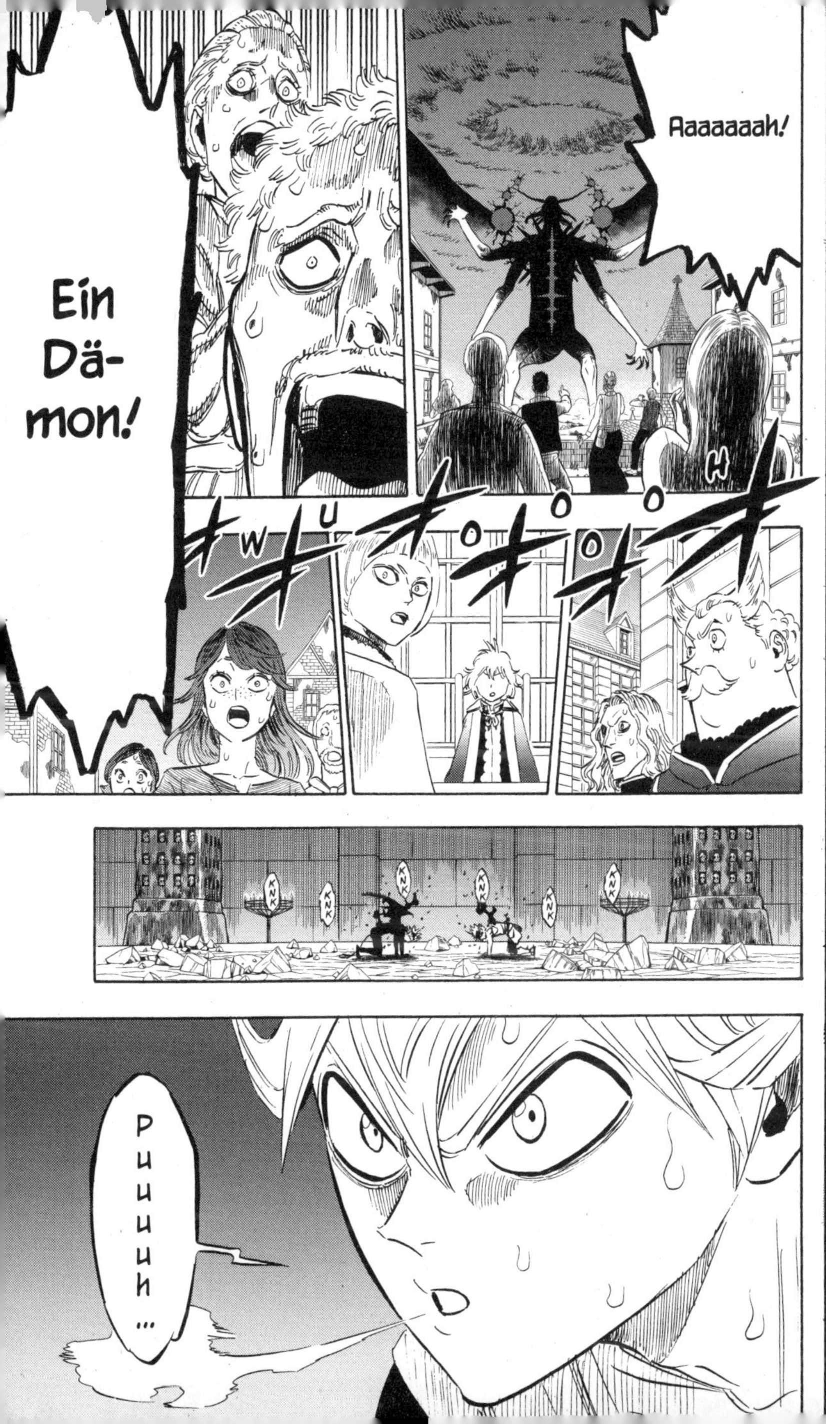
Aaaaaaah!
Ein Dä-
mon!
WUOOOH
KNK
KNK
KNK
KNK
KNK
KNK
Puuuuuh ...

DER SCHWARZ-WEISSE BILDERORDEN NR. 2

Für den Schwarzen Stier wird sie immer stärker!

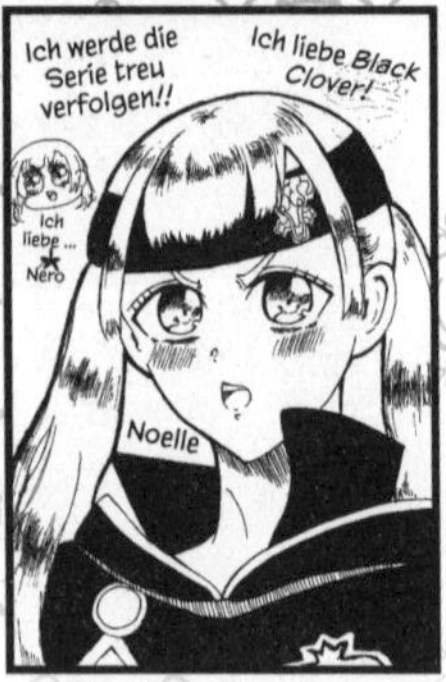

Kazuha Kuro aus Tokyo

Nacht, der die Teufel beherrscht.

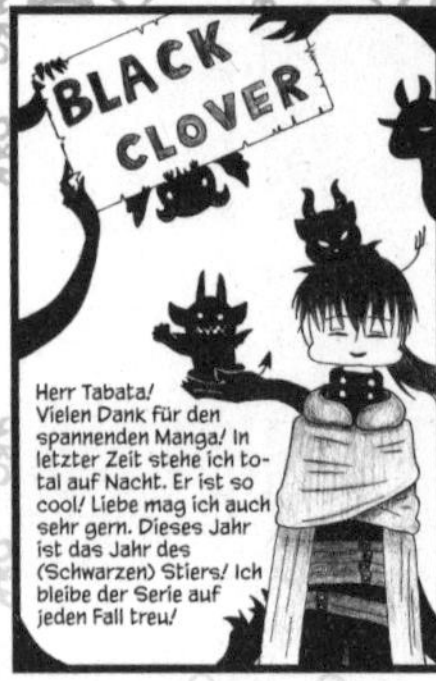

Yuzuki Sato aus Hokkaido

Der heimliche Kraftprotz Charmy!

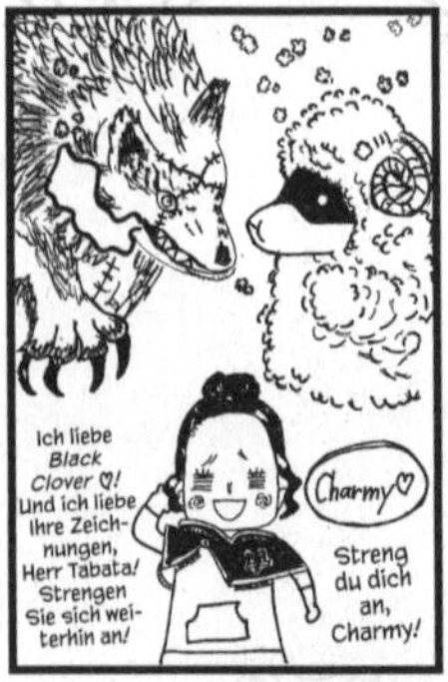

Hoshi aus Tochigi

Ein Lächeln und ein besonderes Wort verbindet die zwei.

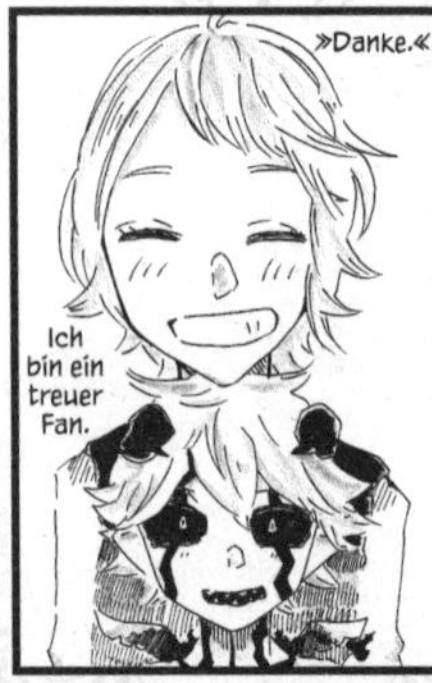

Kaho aus Ibaraki

AUFGEPASST!

Liebe Leser, auch im nächsten Band wird es einen Bereich mit Fragen und Illustrationen geben. Ich präsentiere wieder Fanarts zu Black Clover und beantworte eure Fragen!

Danke für eure Unterstützung!

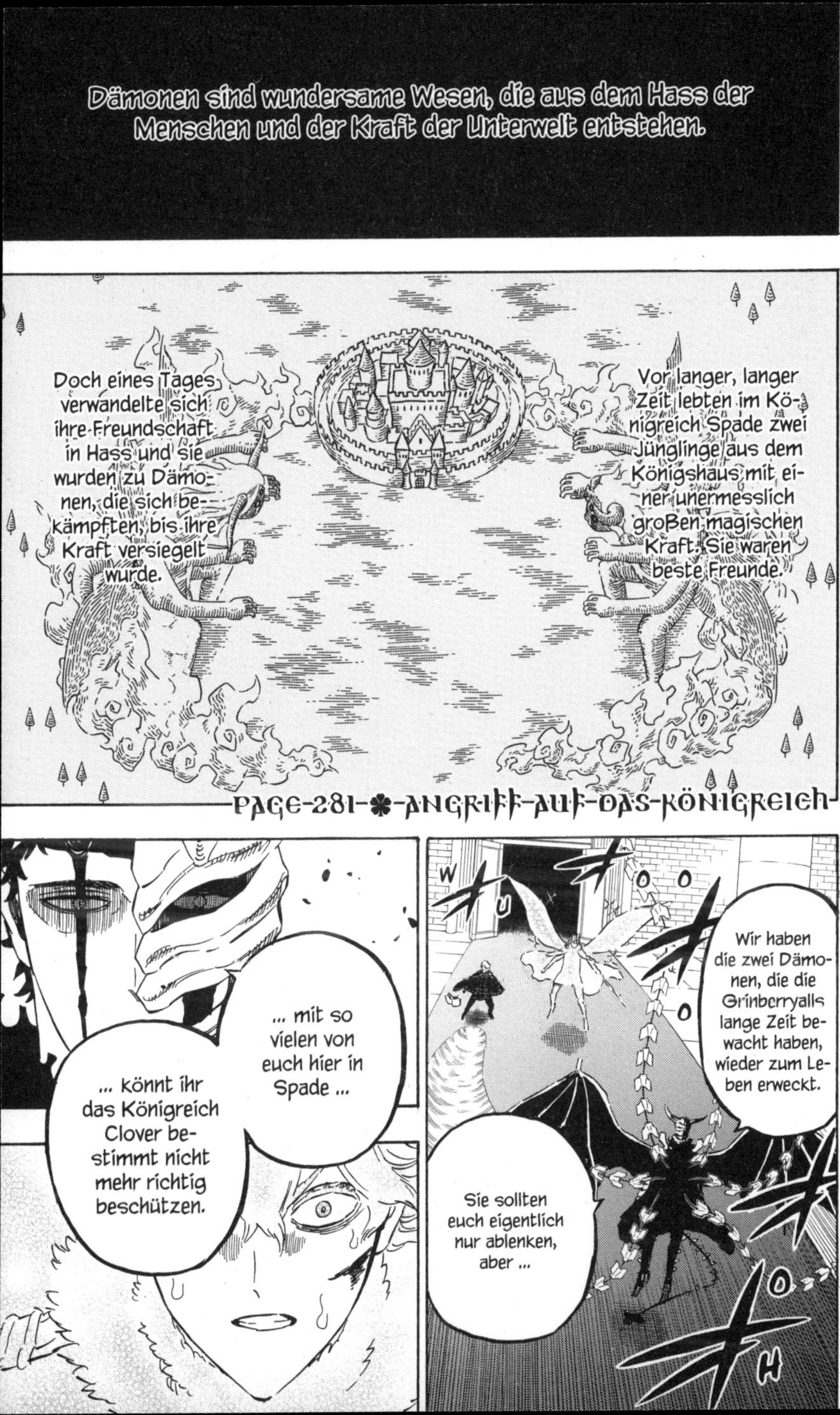
Dämonen sind wundersame Wesen, die aus dem Hass der Menschen und der Kraft der Unterwelt entstehen.
Vor langer, langer Zeit lebten im Königreich Spade zwei Jünglinge aus dem Königshaus mit einer unermesslich großen magischen Kraft. Sie waren beste Freunde.
Doch eines Tages verwandelte sich ihre Freundschaft in Hass und sie wurden zu Dämonen, die sich bekämpften, bis ihre Kraft versiegelt wurde.
PAGE 281 ♣ ANGRIFF AUF DAS KÖNIGREICH
WUOOOOOH
Wir haben die zwei Dämonen, die die Grinberryalls lange Zeit bewacht haben, wieder zum Leben erweckt.
Sie sollten euch eigentlich nur ablenken, aber ...
... mit so vielen von euch hier in Spade ...
... könnt ihr das Königreich Clover bestimmt nicht mehr richtig beschützen.

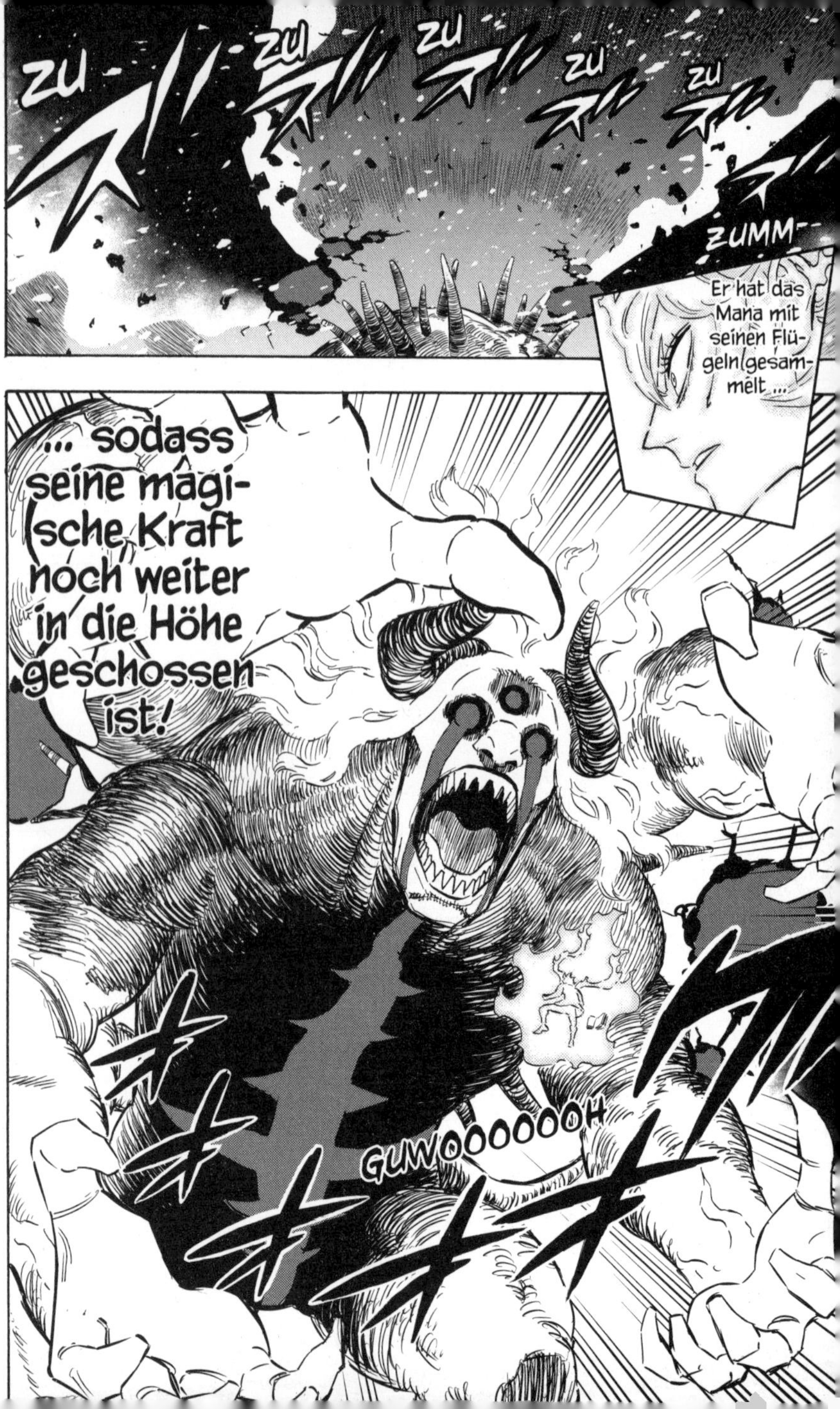

ZU
ZU
ZU
ZU
ZU
ZUMM
Er hat das Mana mit seinen Flügeln gesammelt ...
... sodass seine magische Kraft noch weiter in die Höhe geschossen ist!
GUWOOOOOOOH

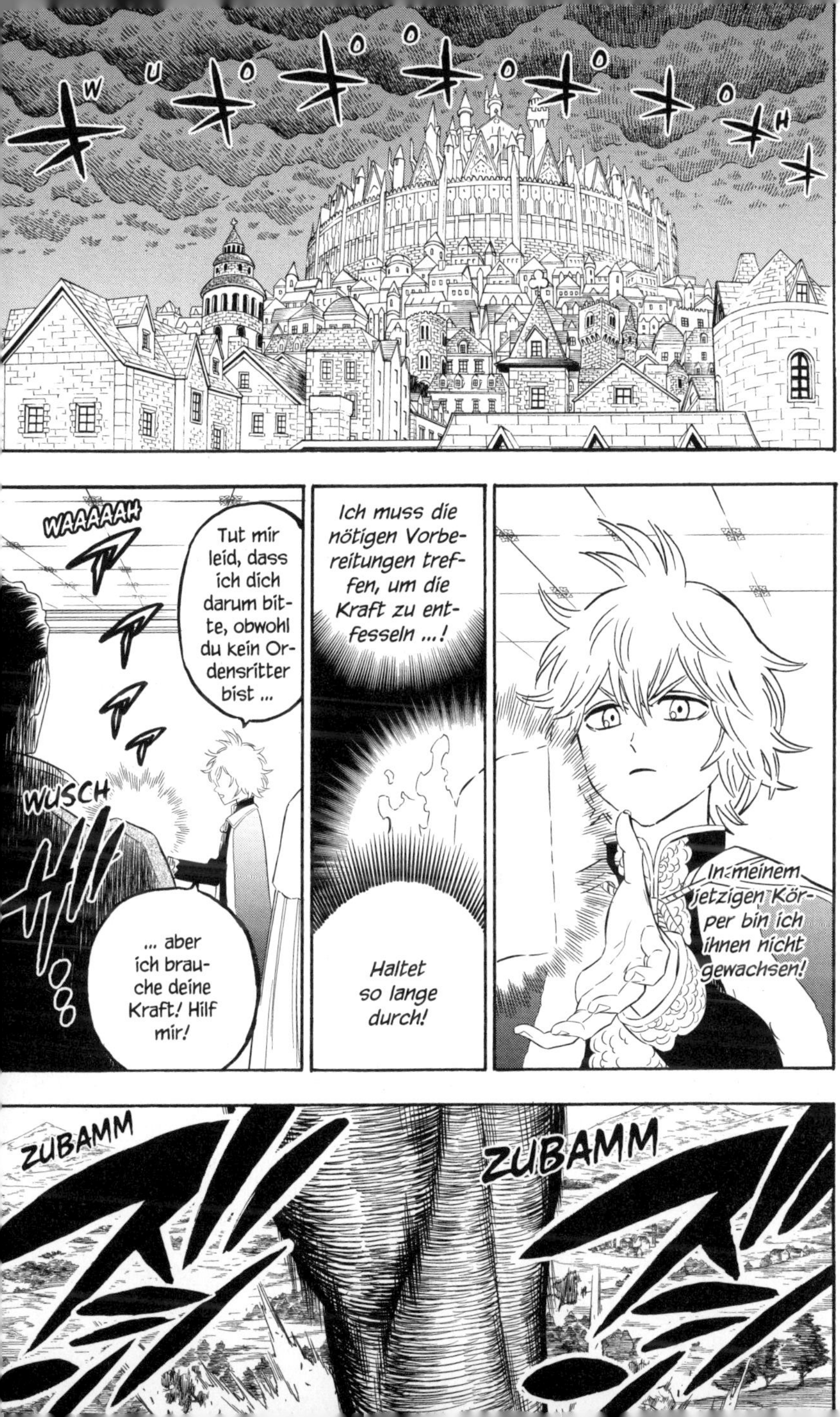

WUOOOOOOOOH
WAAAAAH
Tut mir leid, dass ich dich darum bitte, obwohl du kein Ordensritter bist ...
WUSCH
... aber ich brauche deine Kraft! Hilf mir!
Ich muss die nötigen Vorbereitungen treffen, um die Kraft zu entfesseln ...!
Haltet so lange durch!
In meinem jetzigen Körper bin ich ihnen nicht gewachsen!
ZUBAMM
ZUBAMM

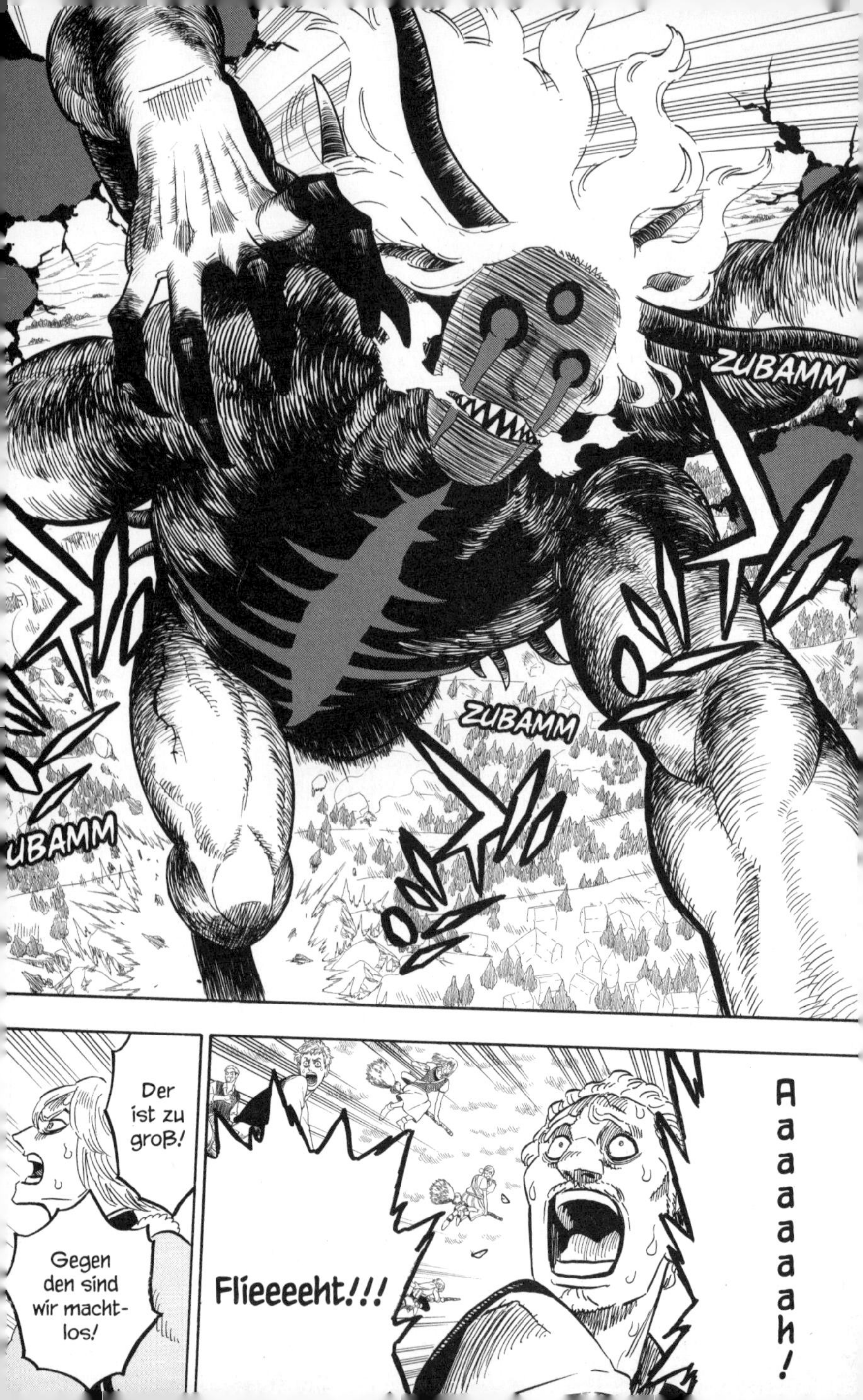
ZUBAMM
ZUBAMM
UBAMM
Aaaaaaaah!
Flieeeeht!!!
Der ist zu groß!
Gegen den sind wir macht-los!

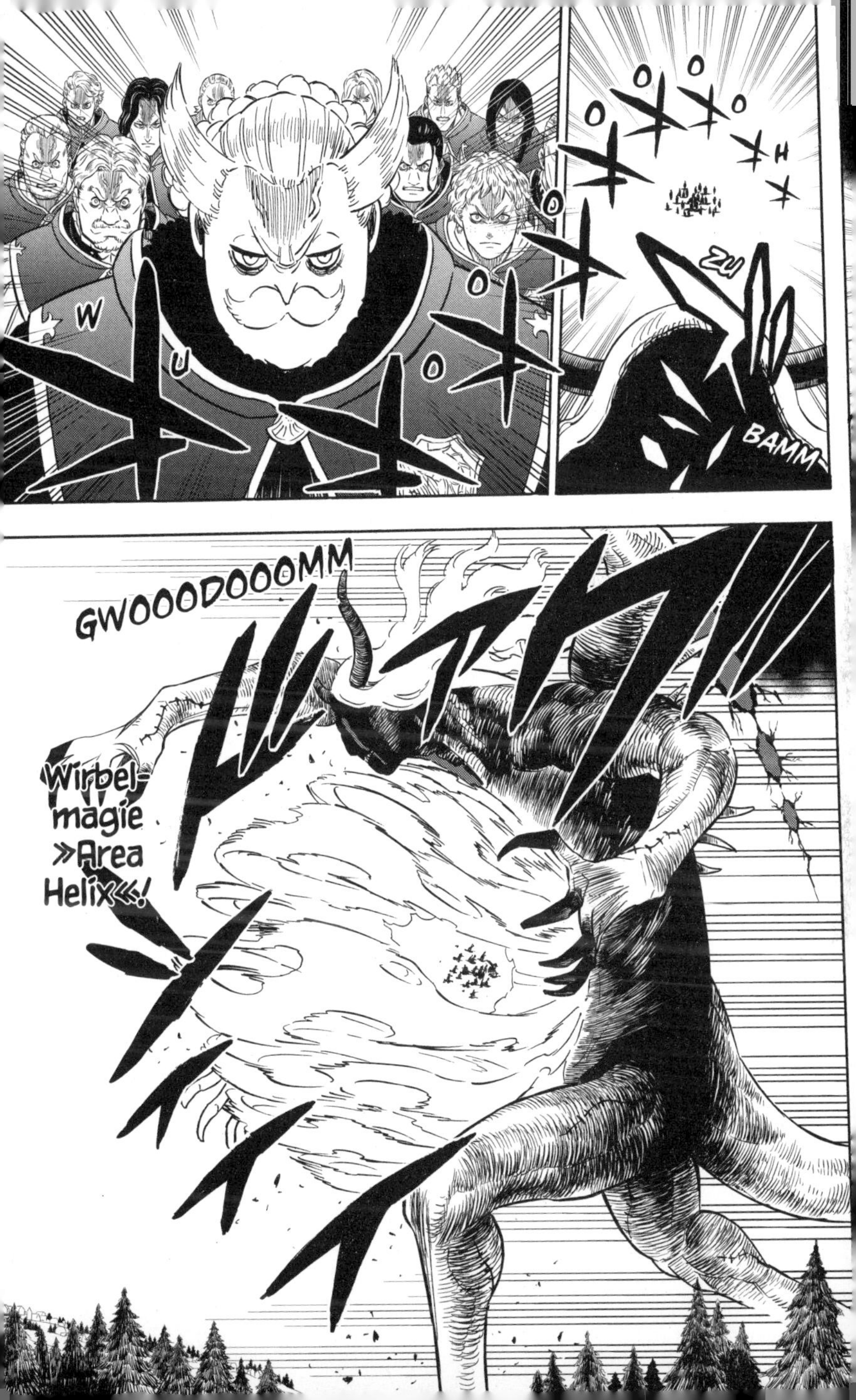
WUOOOOOOOH
ZU
BAMM
GWOOODOOOMM
Wirbel-
magie
»Area
Helix«!

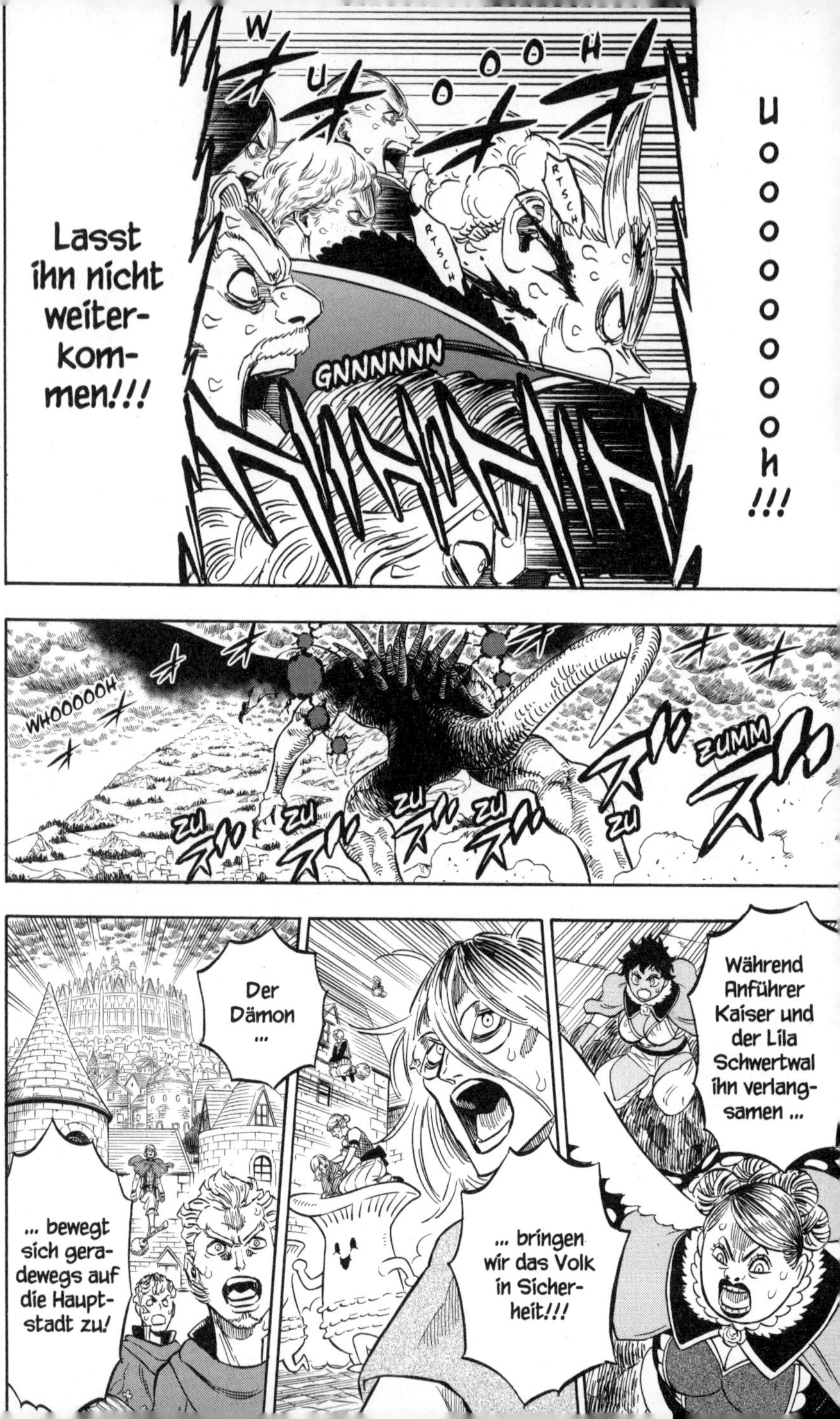

WUOOOH
Uooooooooooooh!!!
RTSCH
RTSCH
Lasst ihn nicht weiterkommen!!!
GNNNNNN
ZUMM
ZU
ZU
ZU
ZU
ZU
WHOOOOOH
Während Anführer Kaiser und der Lila Schwertwal ihn verlangsamen ...
... bringen wir das Volk in Sicherheit!!!
Der Dämon ...
... bewegt sich geradewegs auf die Hauptstadt zu!

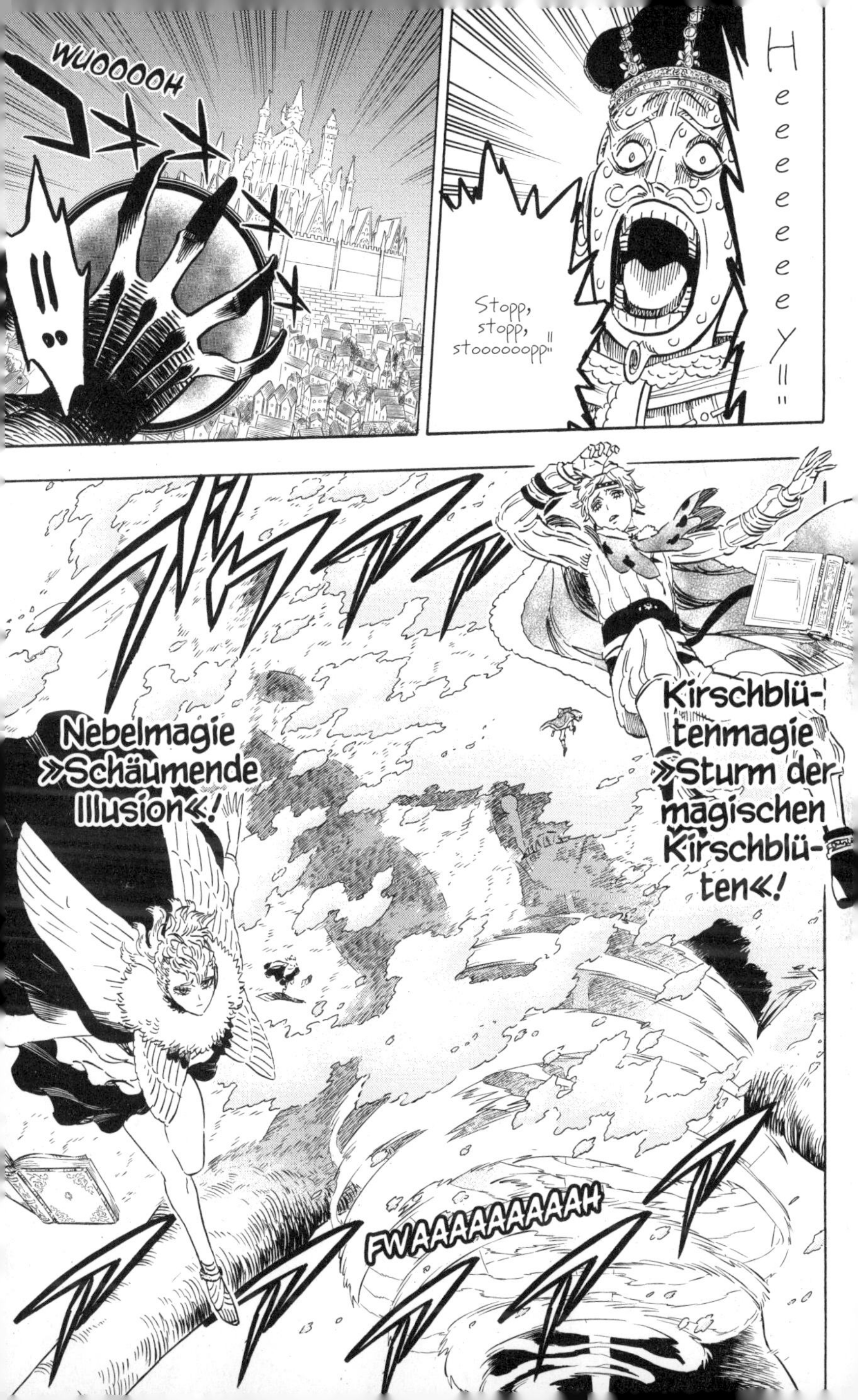
Heeeeeeeey!!
Stopp, stopp, stoooooopp!!
WUOOOOH
!!
Kirschblütenmagie »Sturm der magischen Kirschblüten«!
Nebelmagie »Schäumende Illusion«!
FWAAAAAAAAAH

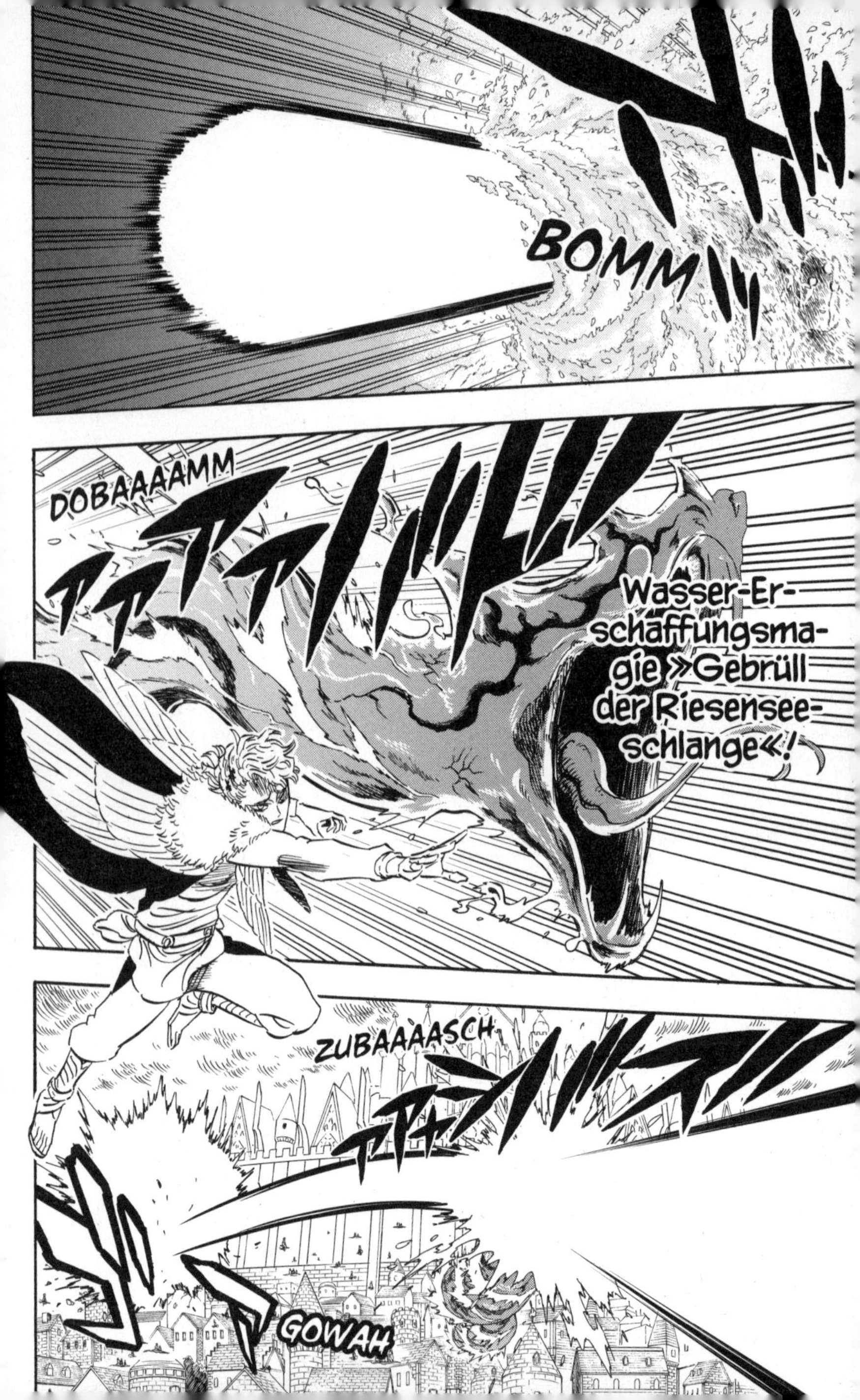
BOMM
DOBAAAAMM
Wasser-Erschaffungsmagie »Gebrüll der Riesenseeschlange«!
ZUBAAAASCH
GOWAH

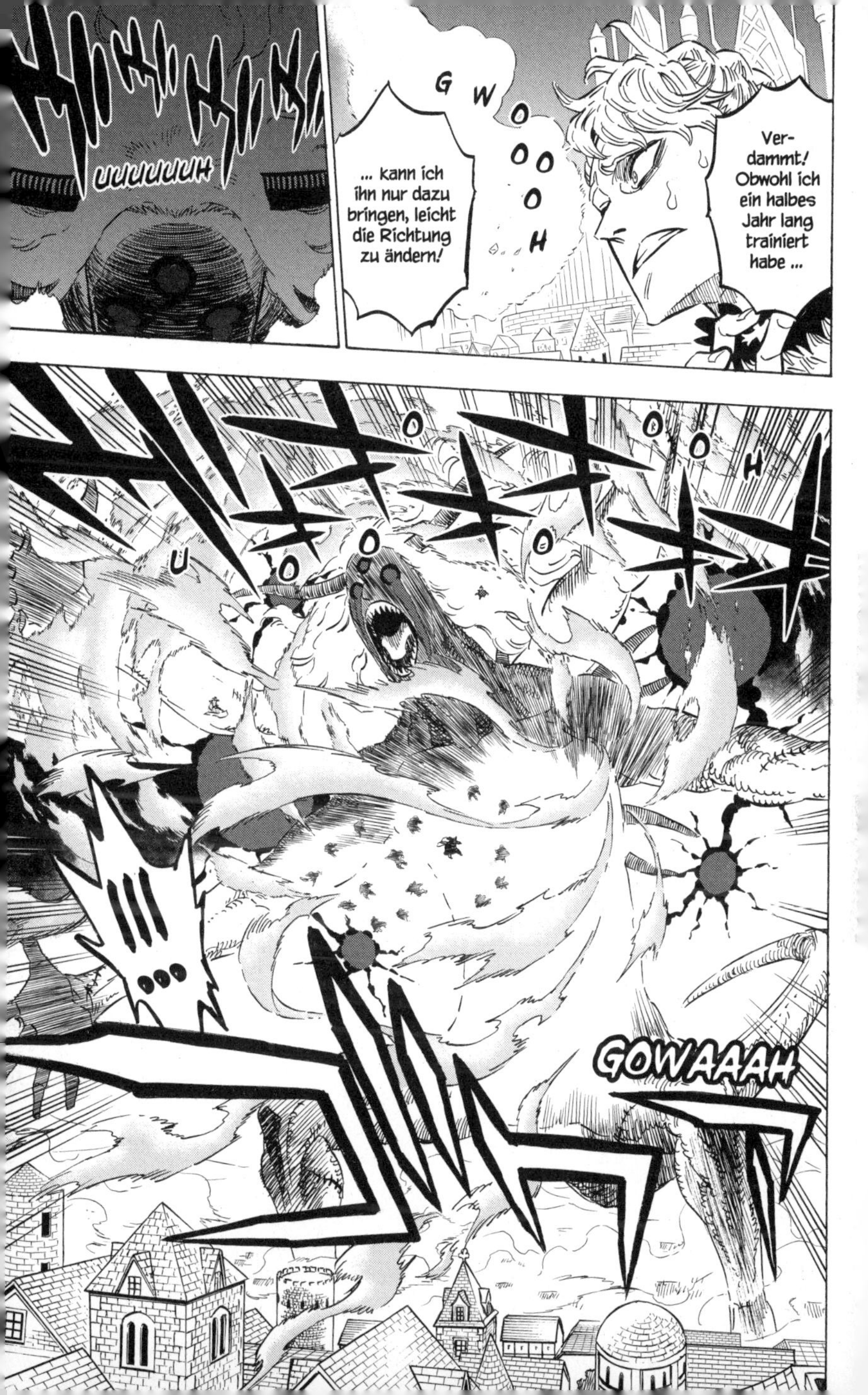

Verdammt! Obwohl ich ein halbes Jahr lang trainiert habe ...
GWOOOOH
... kann ich ihn nur dazu bringen, leicht die Richtung zu ändern!
UUUUUUH
UOOOOOOOOH
GOWAAAH

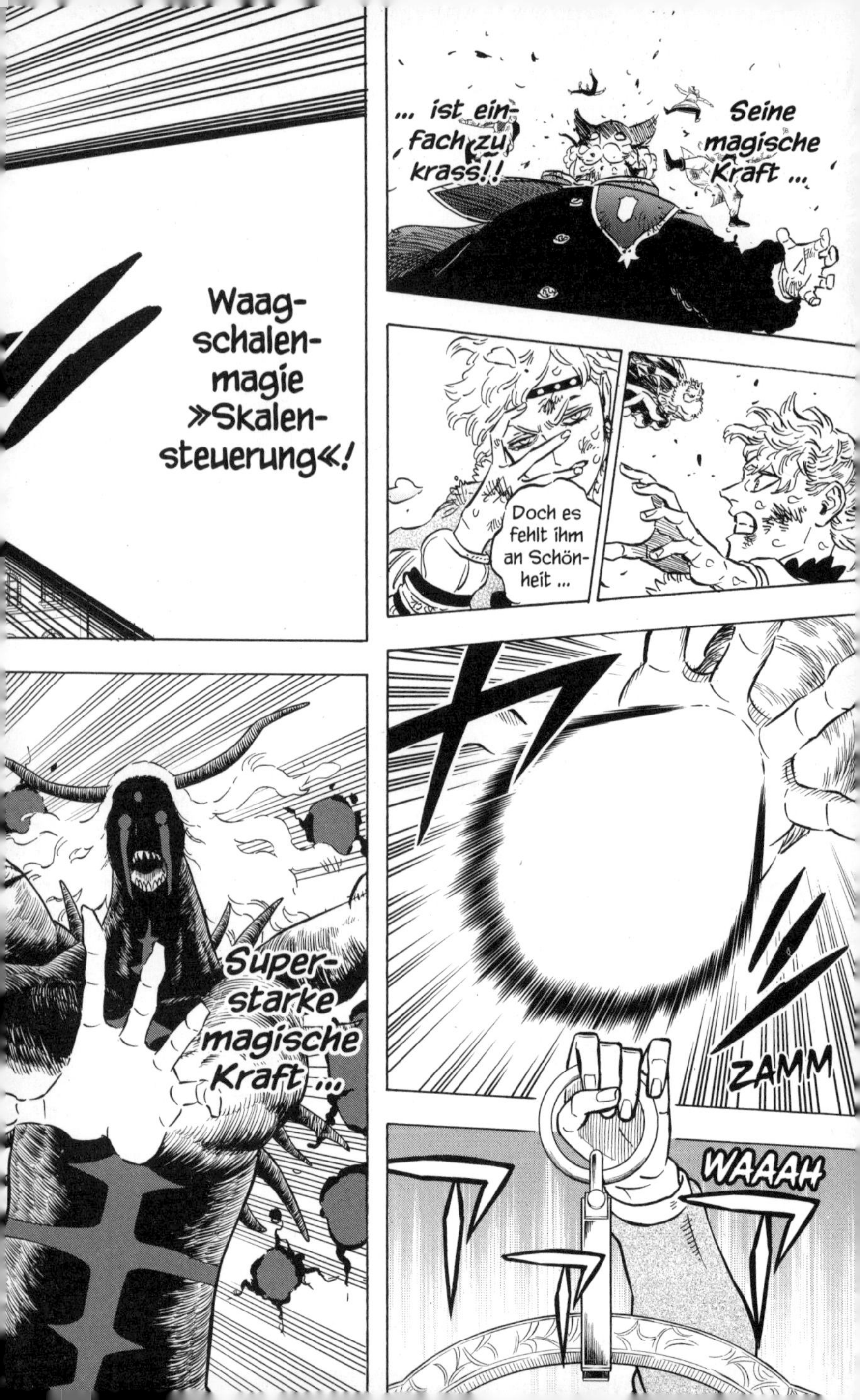

Seine magische Kraft ...
... ist einfach zu krass!!
Doch es fehlt ihm an Schönheit ...
Waagschalenmagie »Skalensteuerung«!
ZAMM
WAAAH
Superstarke magische Kraft ...

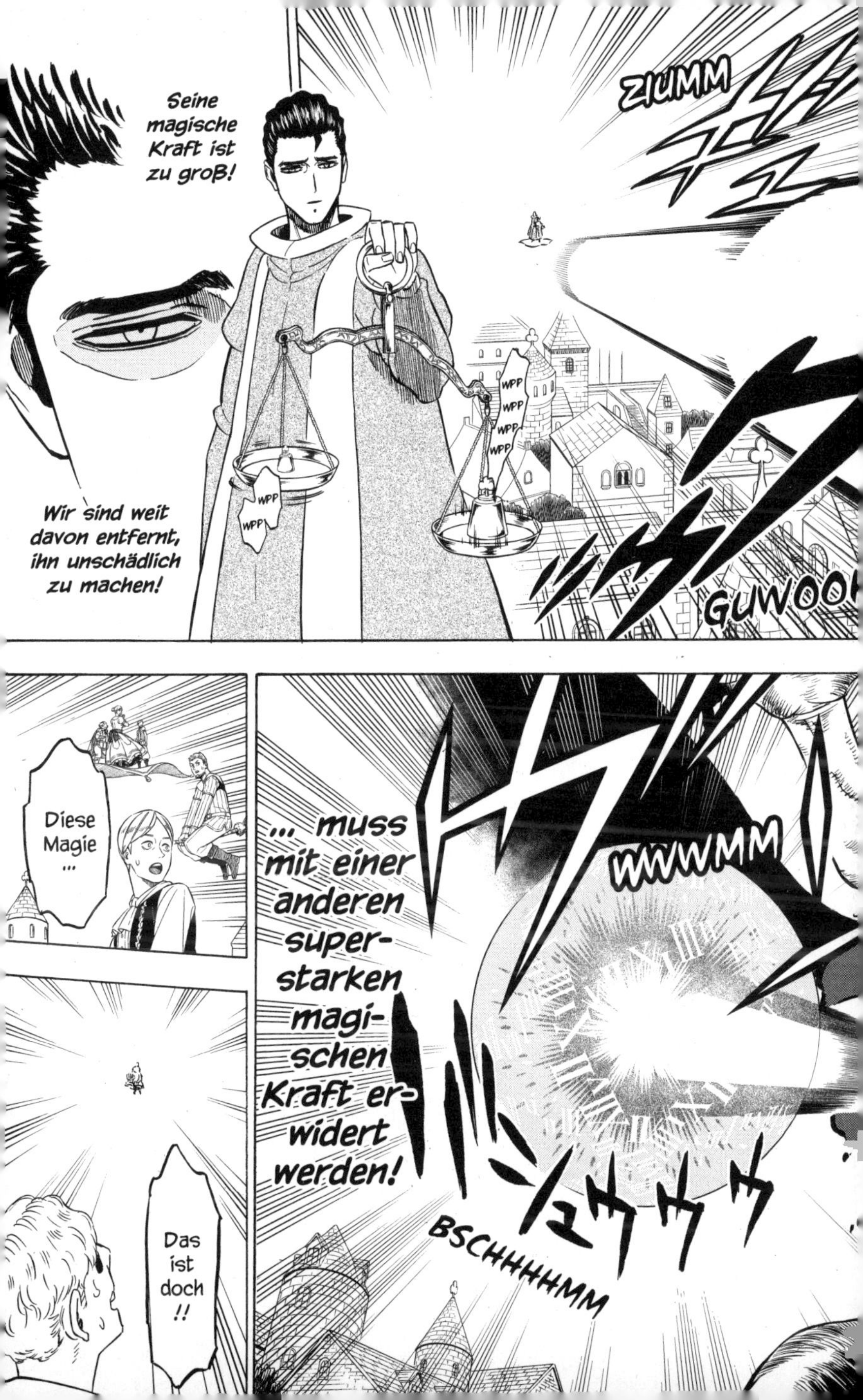
ZIUMM
GUWOO
Seine magische Kraft ist zu groß!
WPP
WPP
WPP
WPP
WPP
WPP
Wir sind weit davon entfernt, ihn unschädlich zu machen!
WWWMM
... muss mit einer anderen super-starken magi-schen Kraft er-widert werden!
BSCHHHHMM
Diese Magie ...
Das ist doch !!

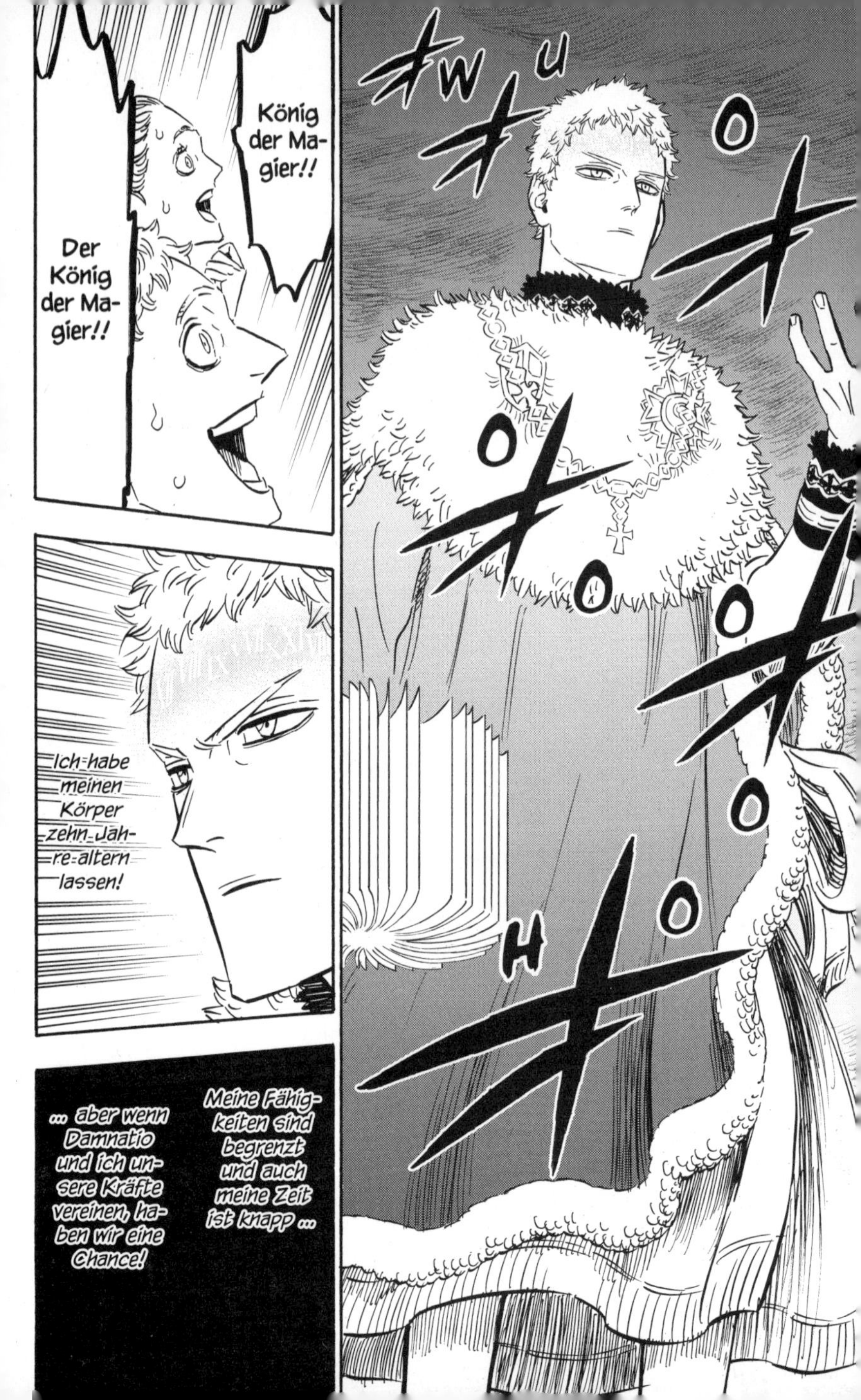
König der Magier!!
Der König der Magier!!
Ich habe meinen Körper zehn Jahre altern lassen!
Meine Fähigkeiten sind begrenzt und auch meine Zeit ist knapp ...
... aber wenn Damnatio und ich unsere Kräfte vereinen, haben wir eine Chance!

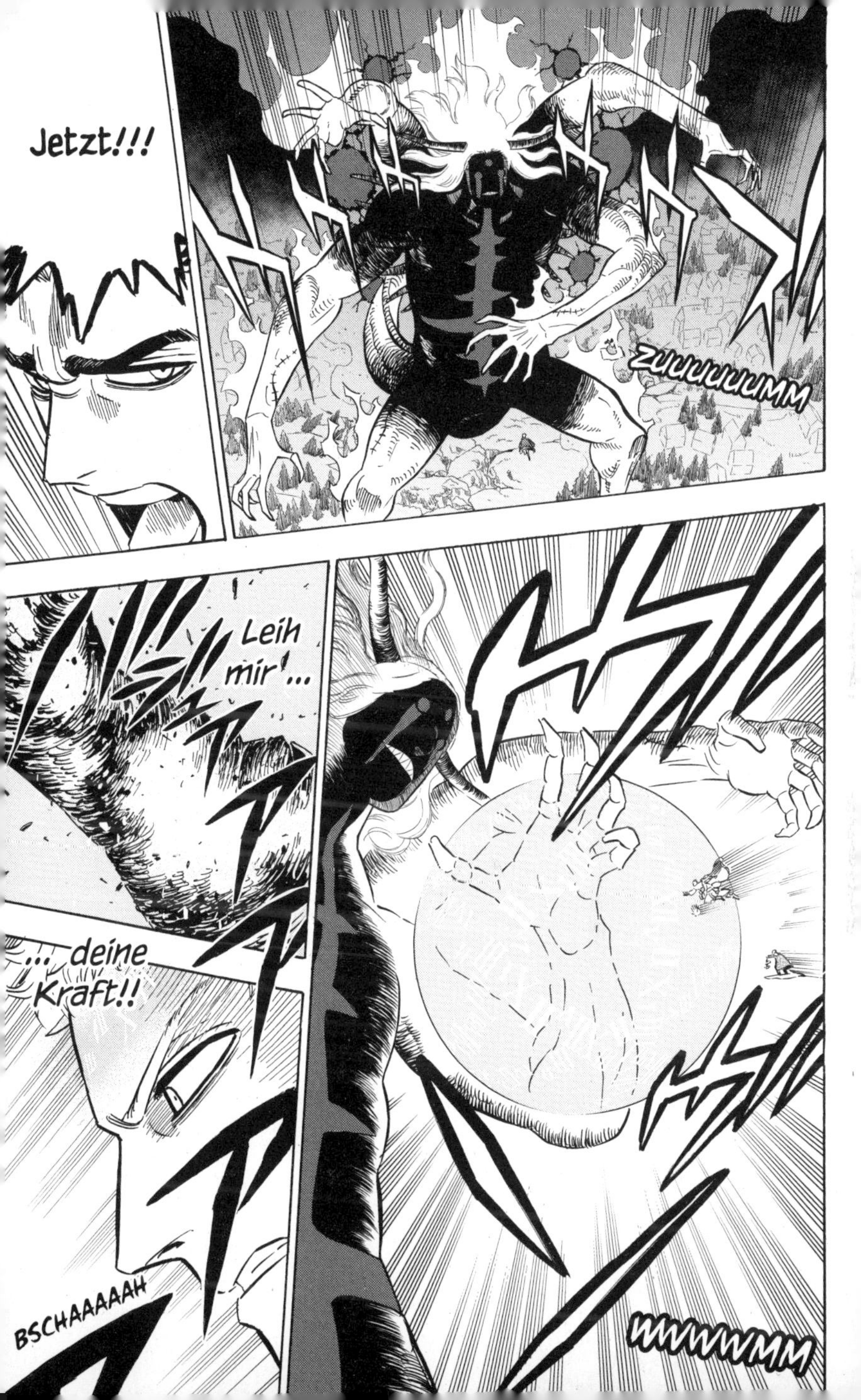
Jetzt!!!
ZUUUUUUMM
Leih mir ...
... deine Kraft!!
BSCHAAAAAH
WWWWWMM

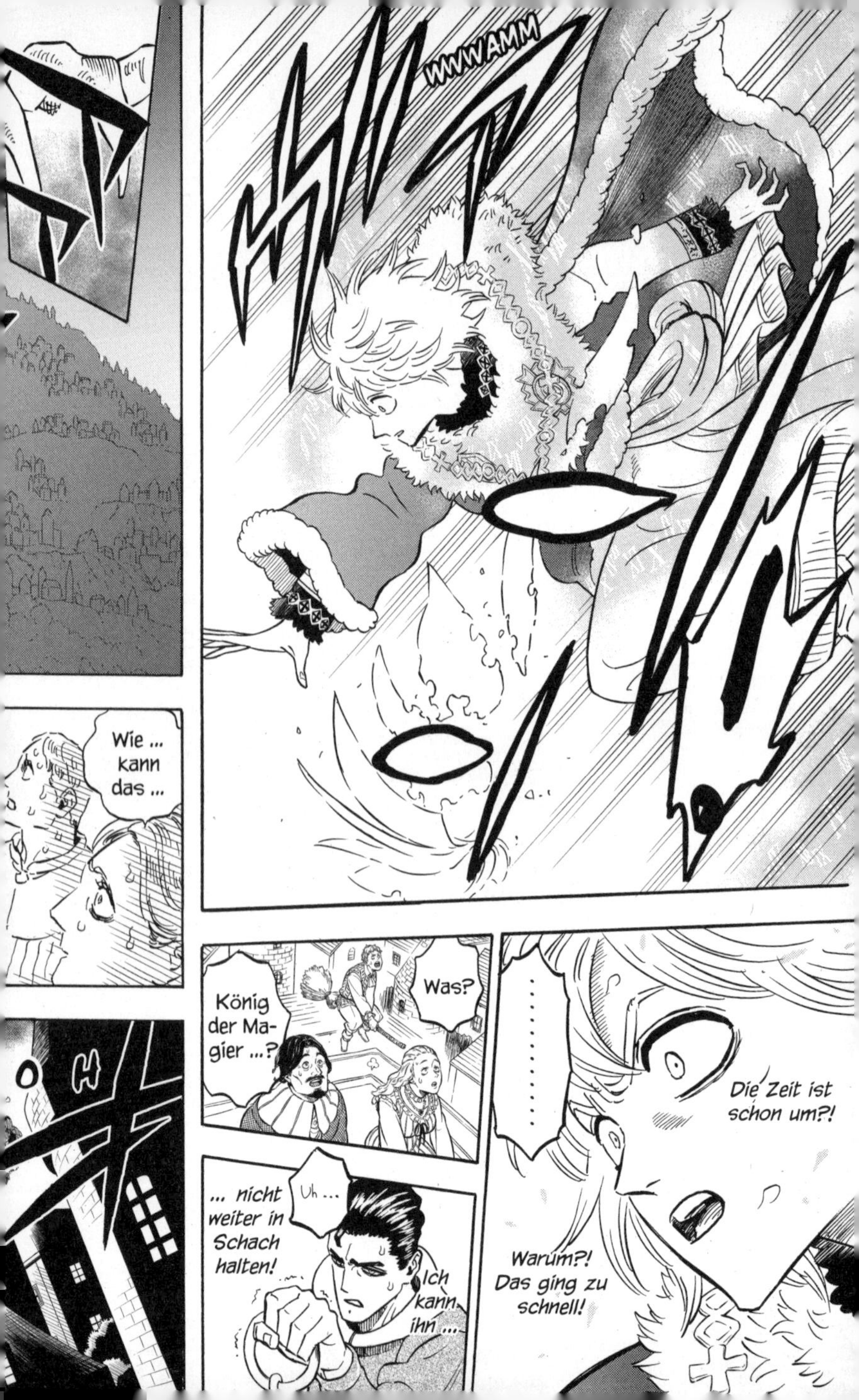
WWWAMM
Wie ... kann das ...
......
Die Zeit ist schon um?!
Warum?! Das ging zu schnell!
Was?
König der Magier ...?
Uh ...
Ich kann ihn ...
... nicht weiter in Schach halten!

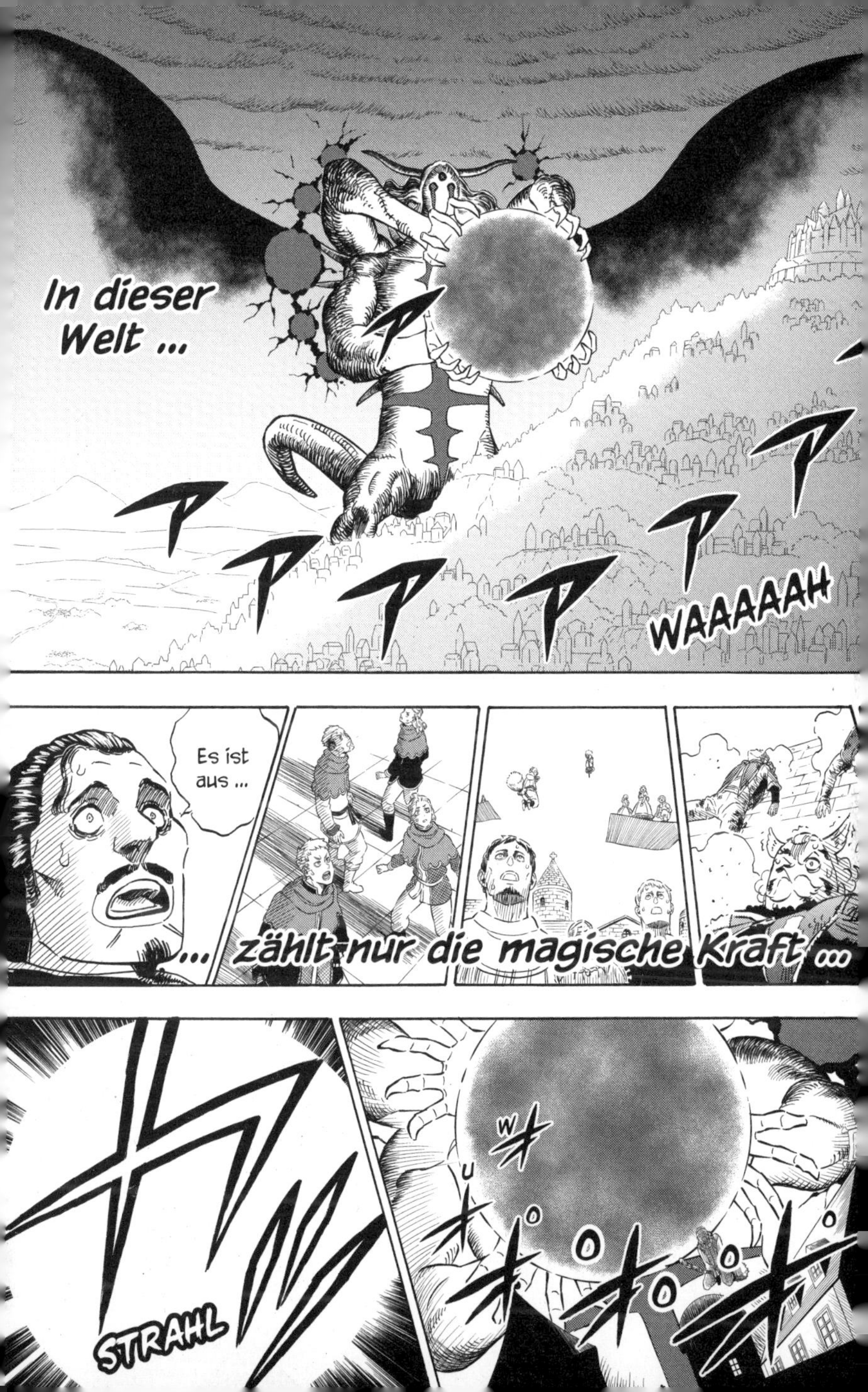
In dieser Welt ...
WAAAAAH
Es ist aus ...
... zählt nur die magische Kraft ...
STRAHL

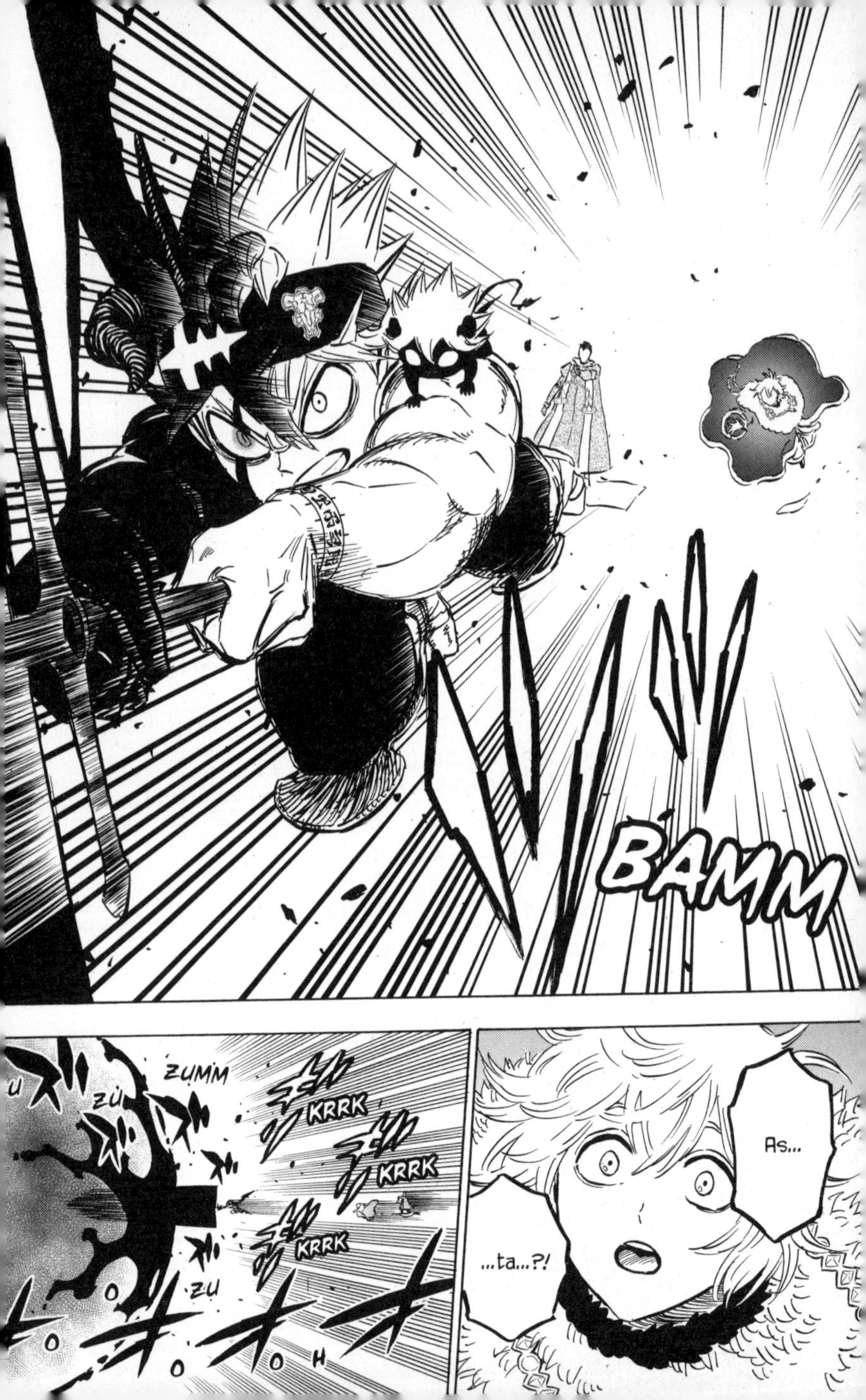
BAMM
As...
...ta...?!
ZUMM
ZU
KRRK
KRRK
KRRK
ZU

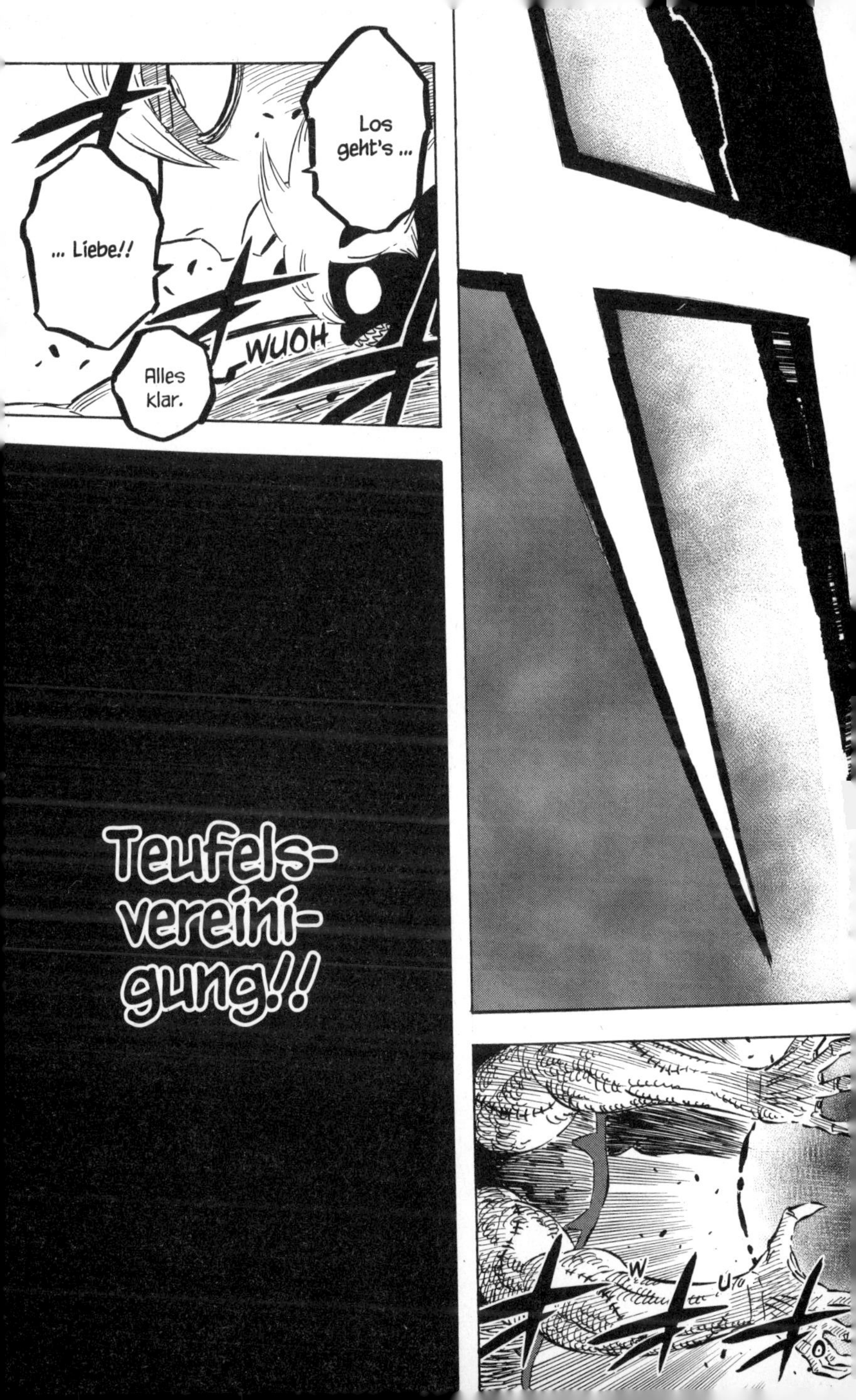
Los geht's ...
... Liebe!!
WUOH
Alles klar.
Teufels-
vereini-
gung!!

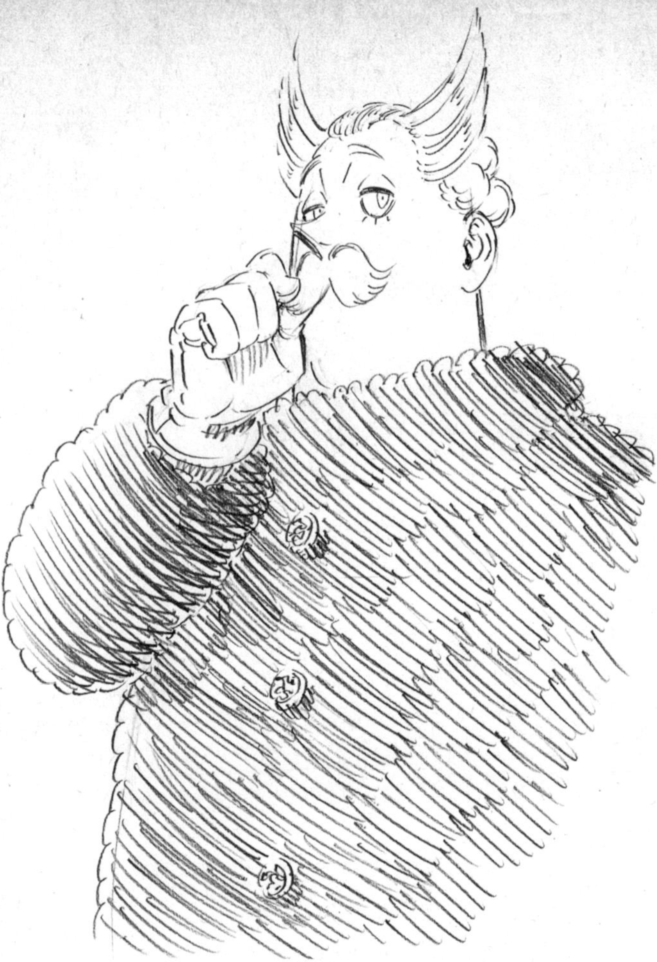

Kaiser Granvorka

Alter: 49 Jahre Größe: 193 cm
Geburtstag: 14. Oktober Sternzeichen: Waage Blutgruppe: 0
Mag: Gemütlich Zeit mit seiner Frau verbringen

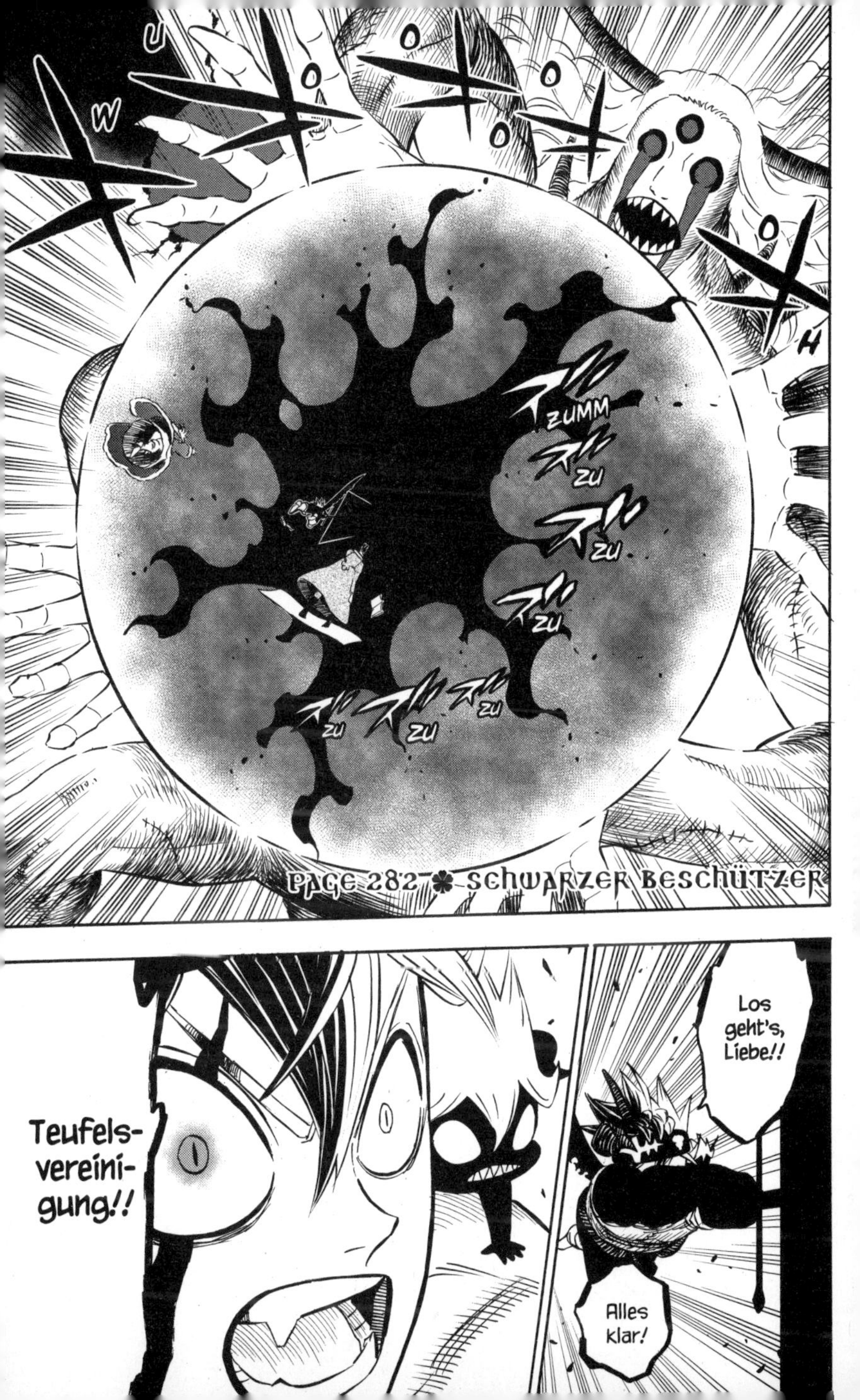
WUOOOOOH
ZUMM
ZU
ZU
ZU
ZU
ZU
ZU
PAGE 282 ✿ SCHWARZER BESCHÜTZER
Los geht's, Liebe!!
Alles klar!
Teufels-vereini-gung!!

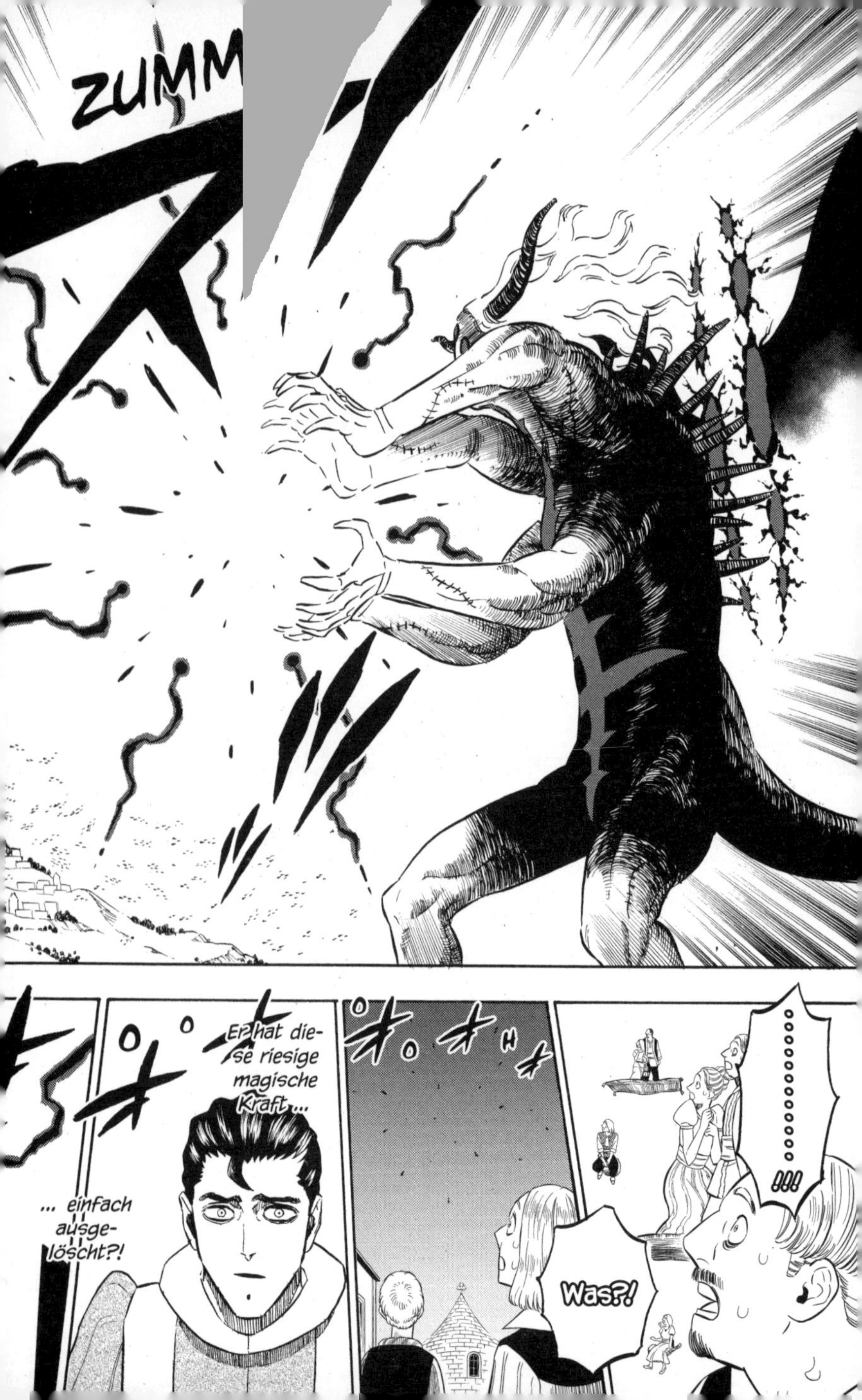
ZUMM
OOOOOOOOOOOOOO!!!
Was?!
Er hat diese riesige magische Kraft ...
... einfach ausgelöscht?!

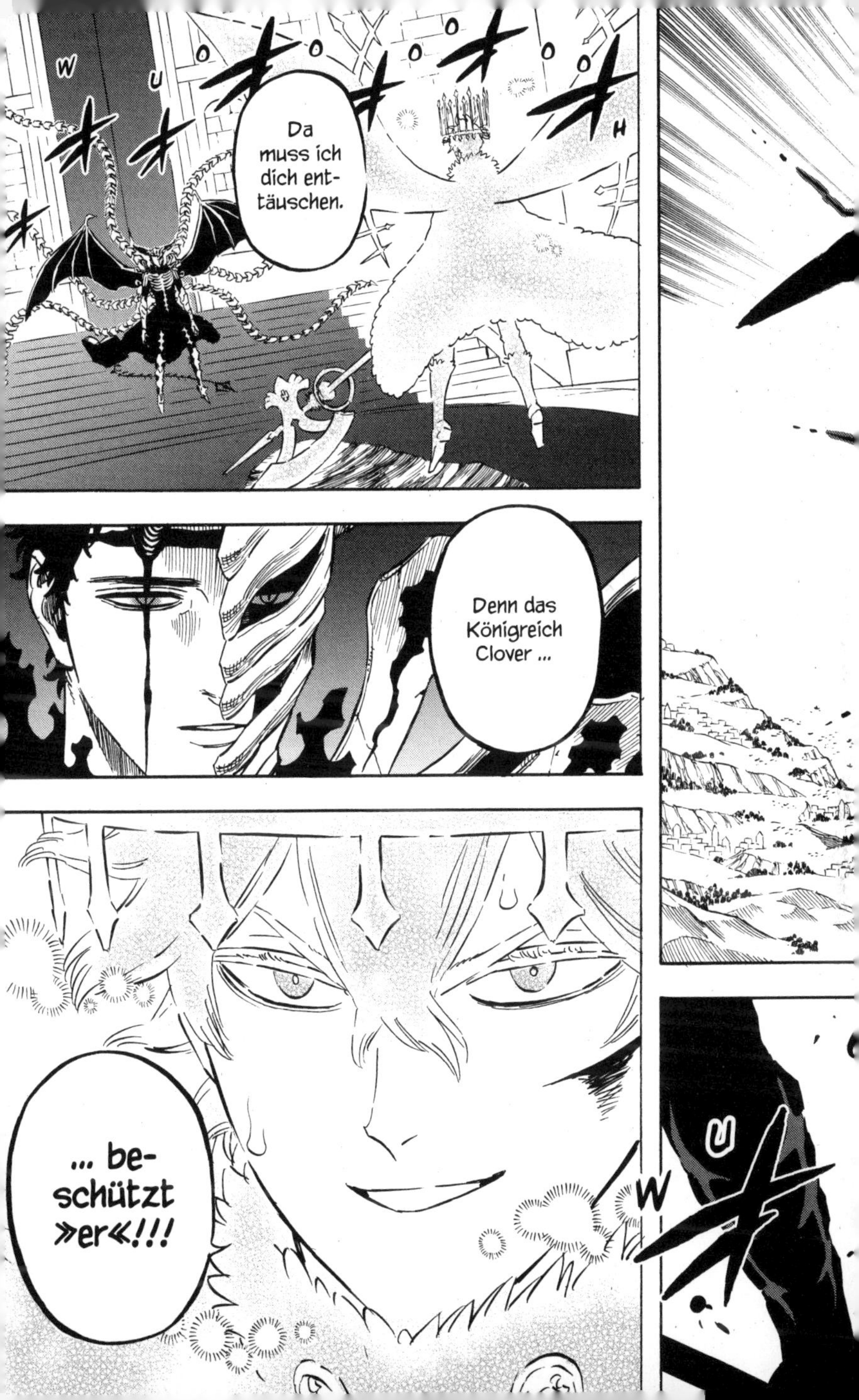
Da muss ich dich enttäuschen.
Denn das Königreich Clover ...
... beschützt »er«!!!

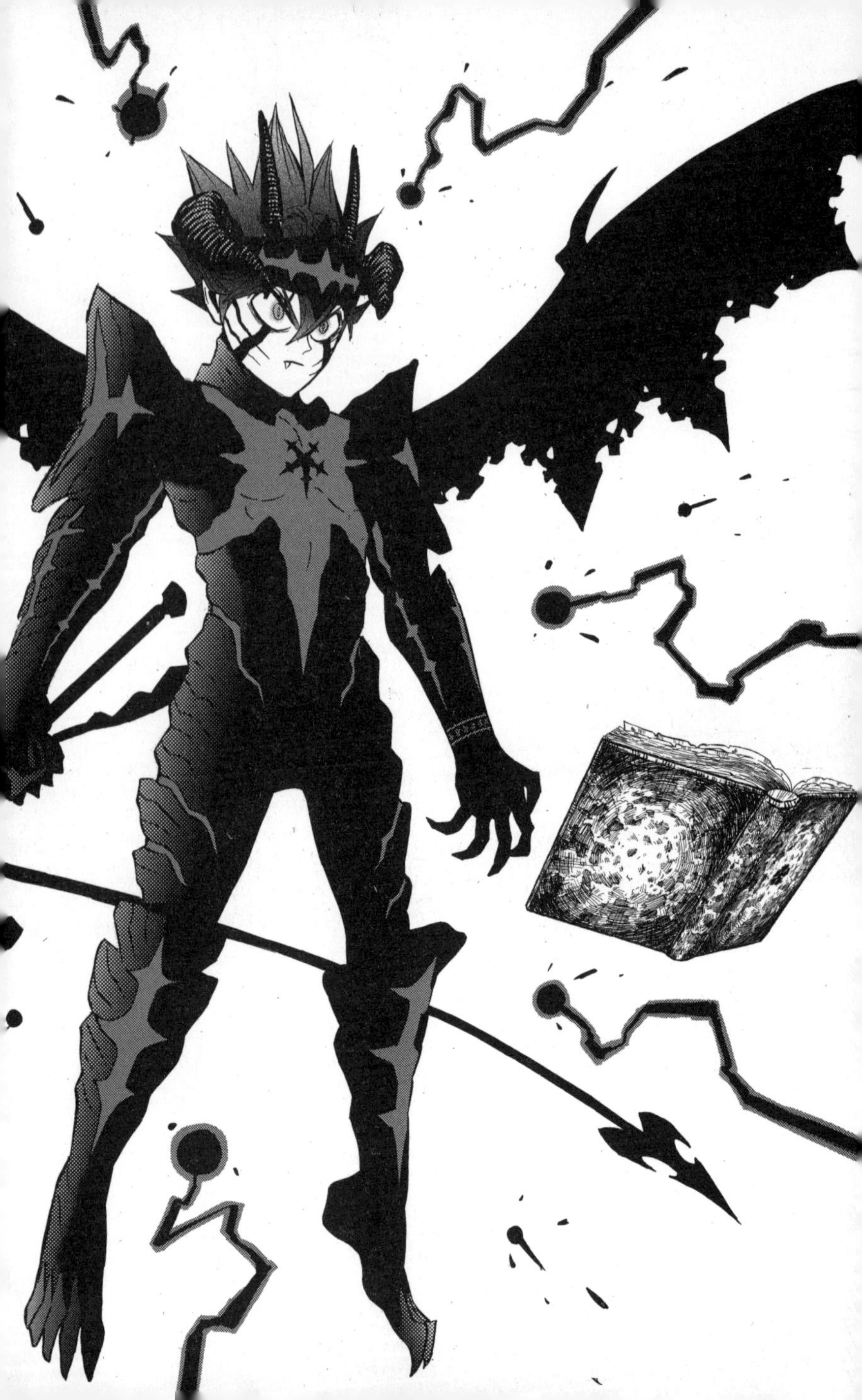

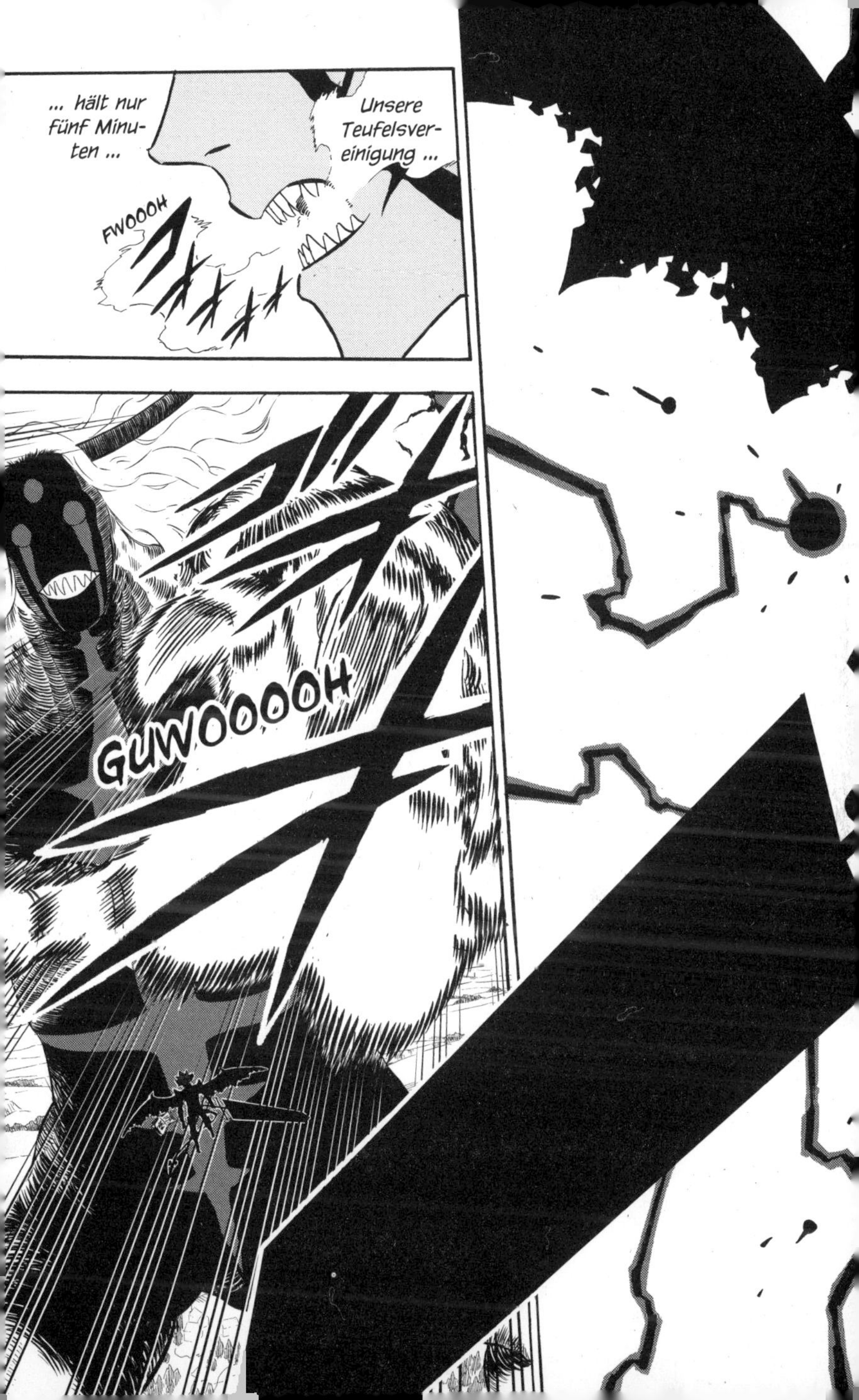
Unsere Teufelsvereinigung ...
... hält nur fünf Minuten ...
FWOOOH
GUWOOOOH

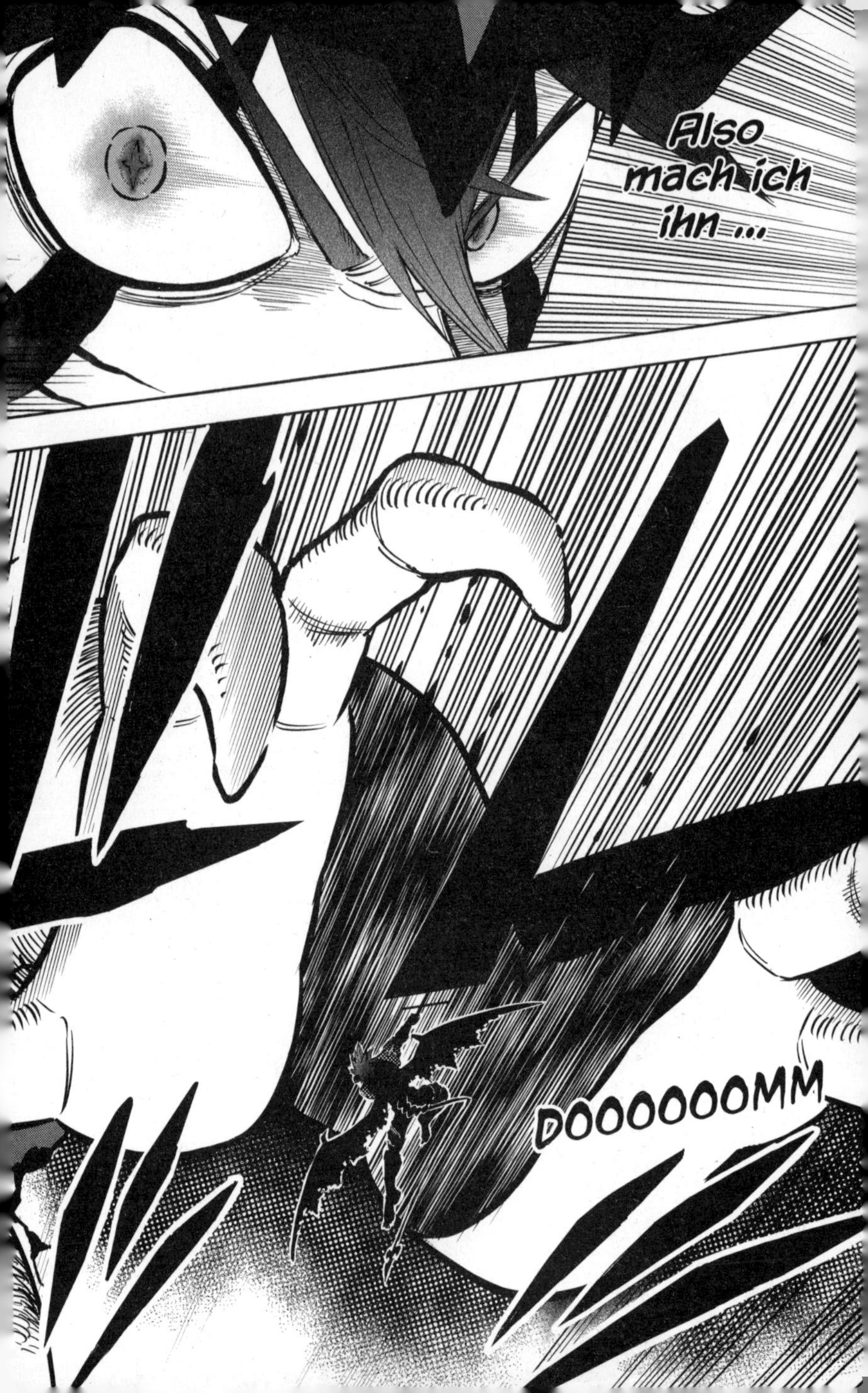
Also mach ich ihn ...
DOOOOOOMM

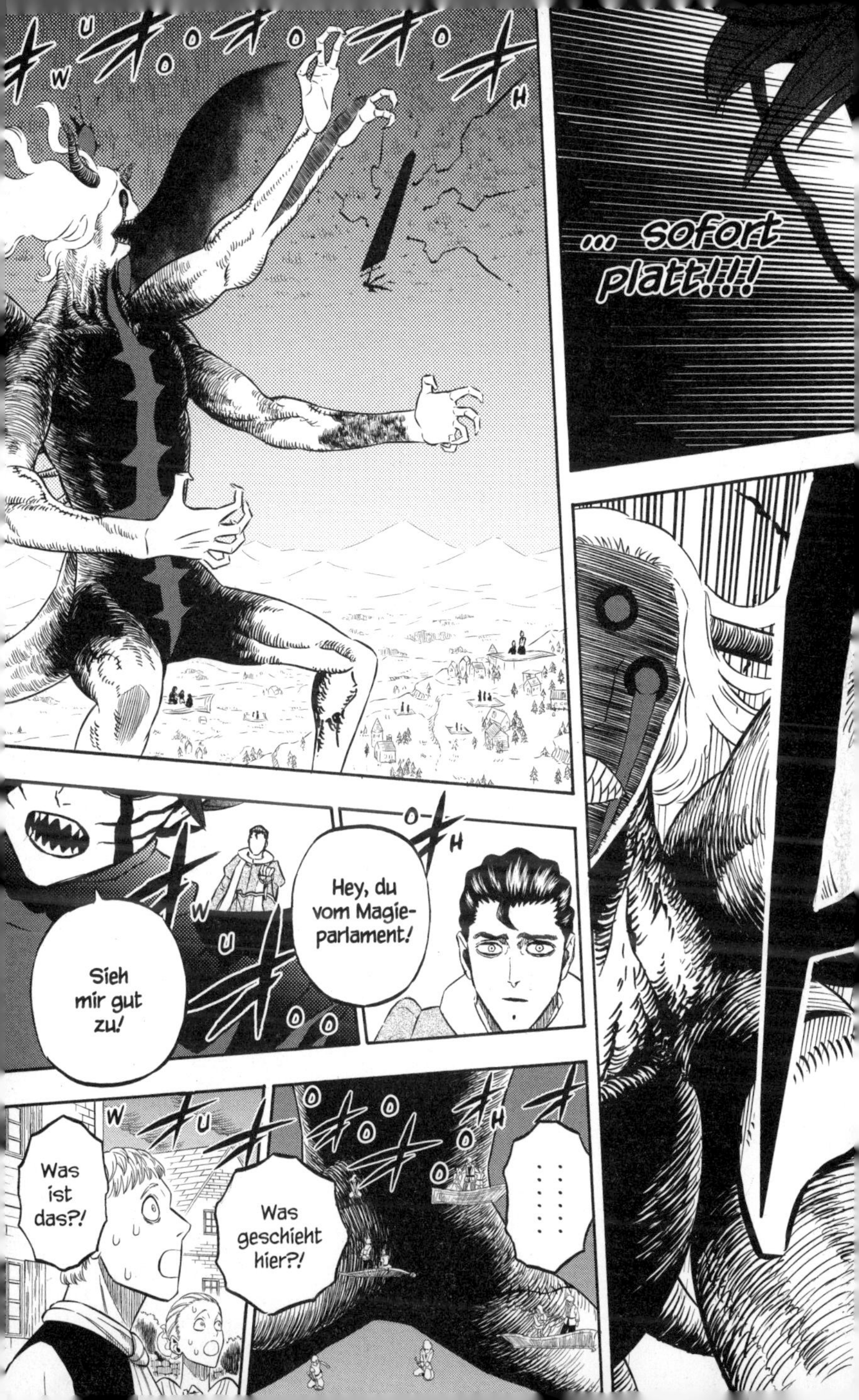
... sofort platt!!!
Hey, du vom Magie-parlament!
Sieh mir gut zu!
......
Was geschieht hier?!
Was ist das?!

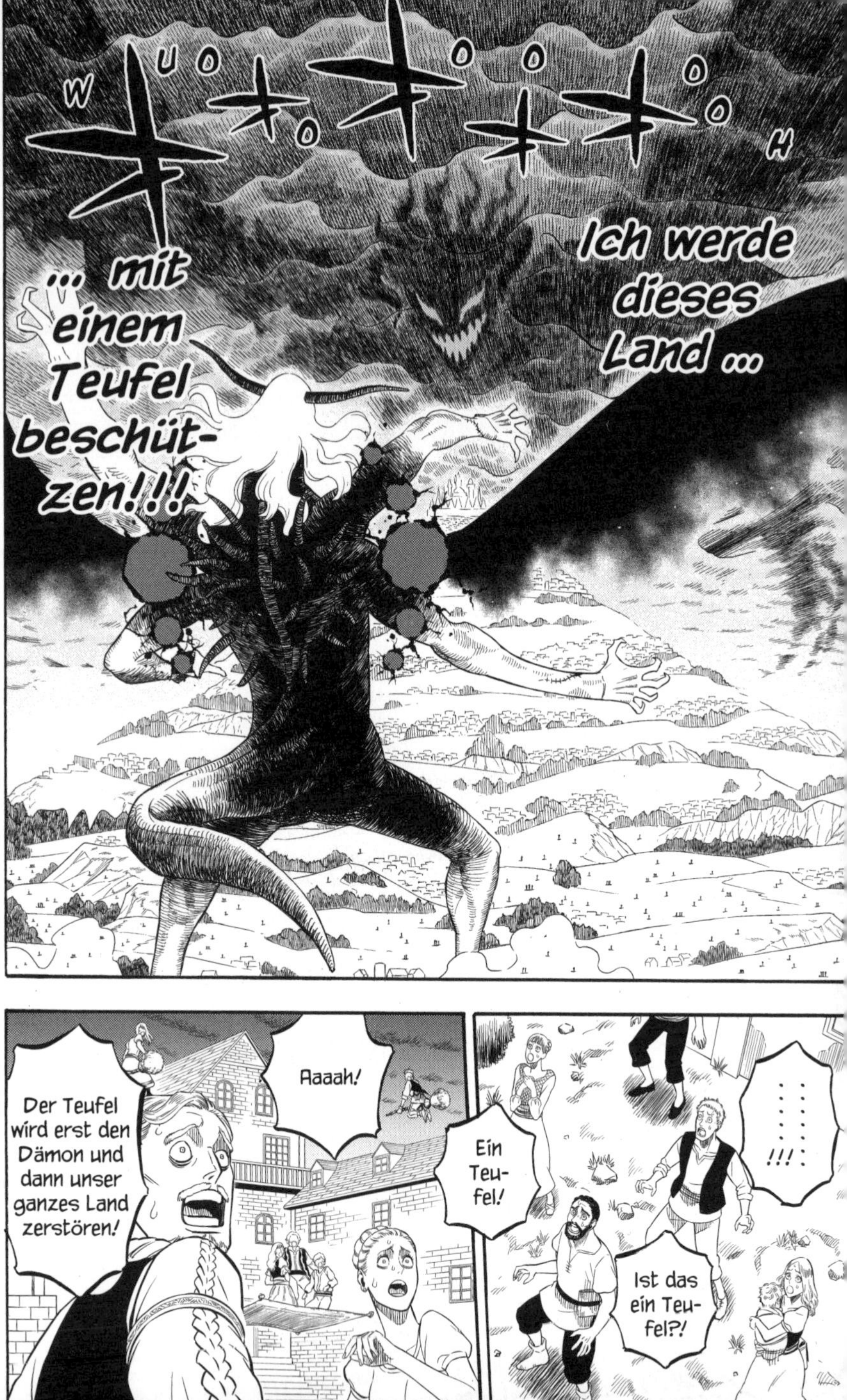
WUOOOOOOOH
Ich werde dieses Land ...
... mit einem Teufel beschützen!!!
......!!!
Ist das ein Teufel?!
Ein Teufel!
Aaaah!
Der Teufel wird erst den Dämon und dann unser ganzes Land zerstören!

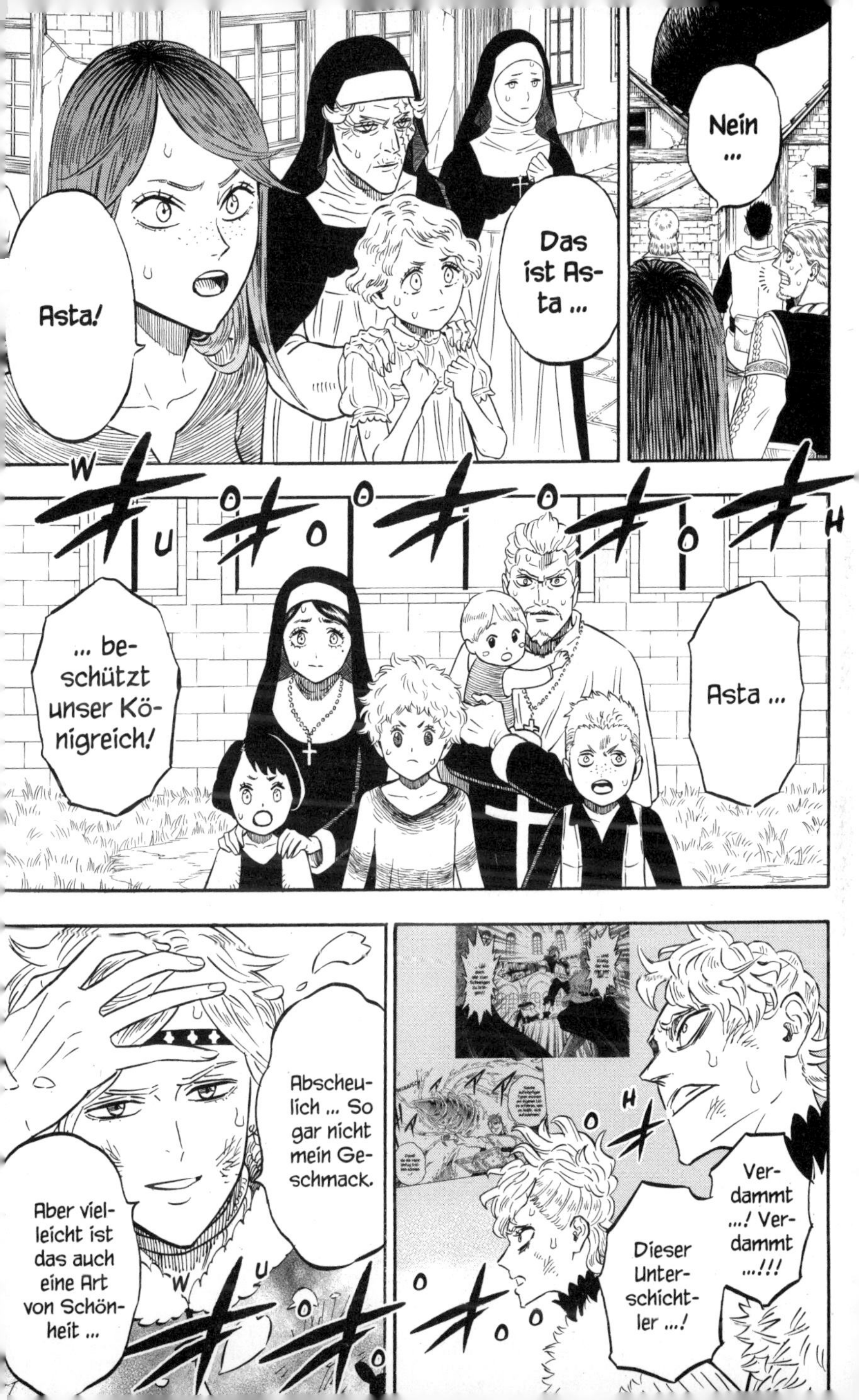
Nein ...
Das ist Asta ...
Asta!
WUOOOOOH
Asta ...
... beschützt unser Königreich!
Verdammt ...! Verdammt ...!!!
Dieser Unterschichtler ...!
OOOH
Abscheulich ... Sogar nicht mein Geschmack.
Aber vielleicht ist das auch eine Art von Schönheit ...
WUOOO

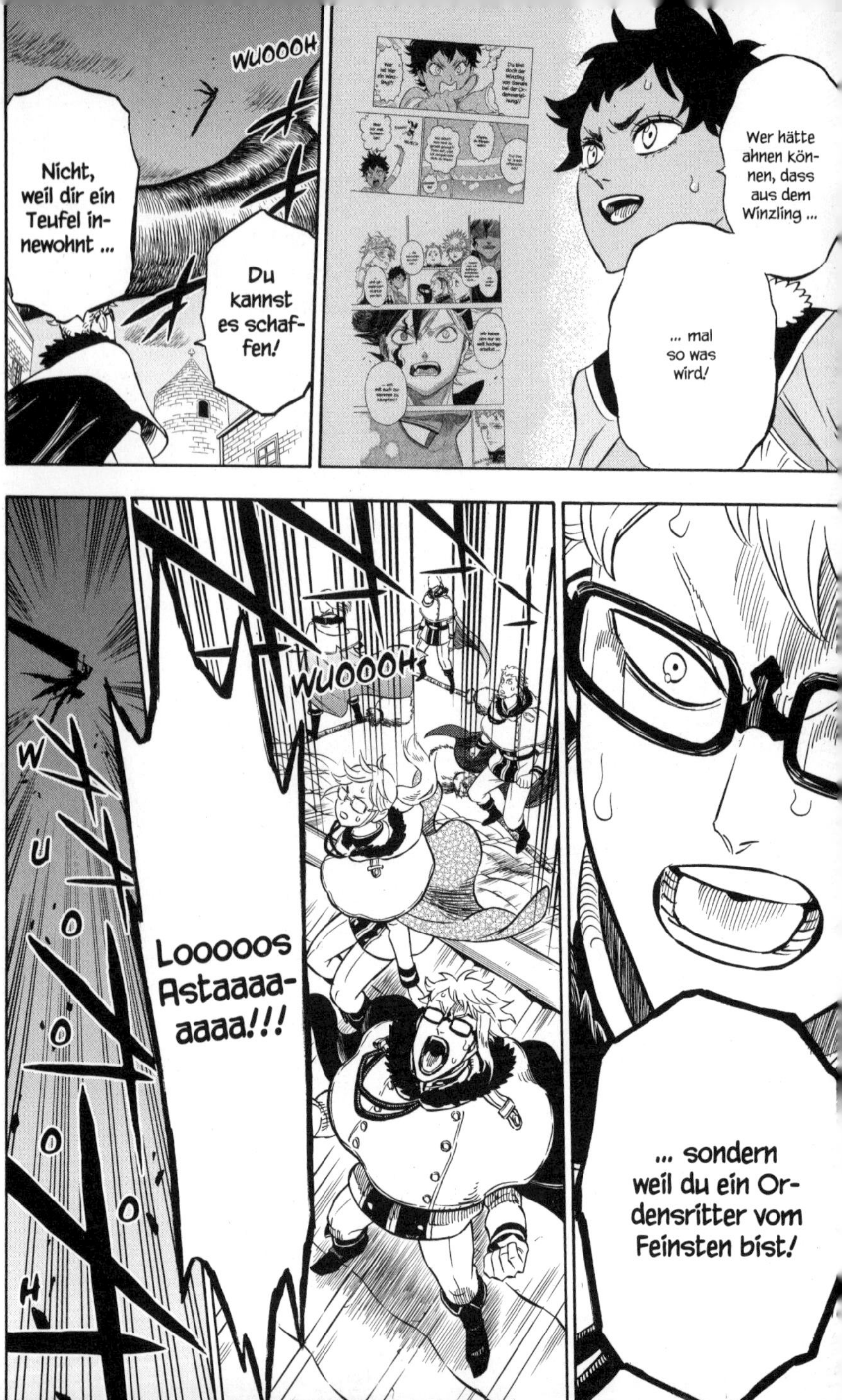
Wer hätte ahnen können, dass aus dem Winzling ...
... mal so was wird!
WUOOOH
Du kannst es schaffen!
Nicht, weil dir ein Teufel innewohnt ...
... sondern weil du ein Ordensritter vom Feinsten bist!
WUOOOH
Loooooos Astaaaaaaaa!!!
WUOOOOOOH

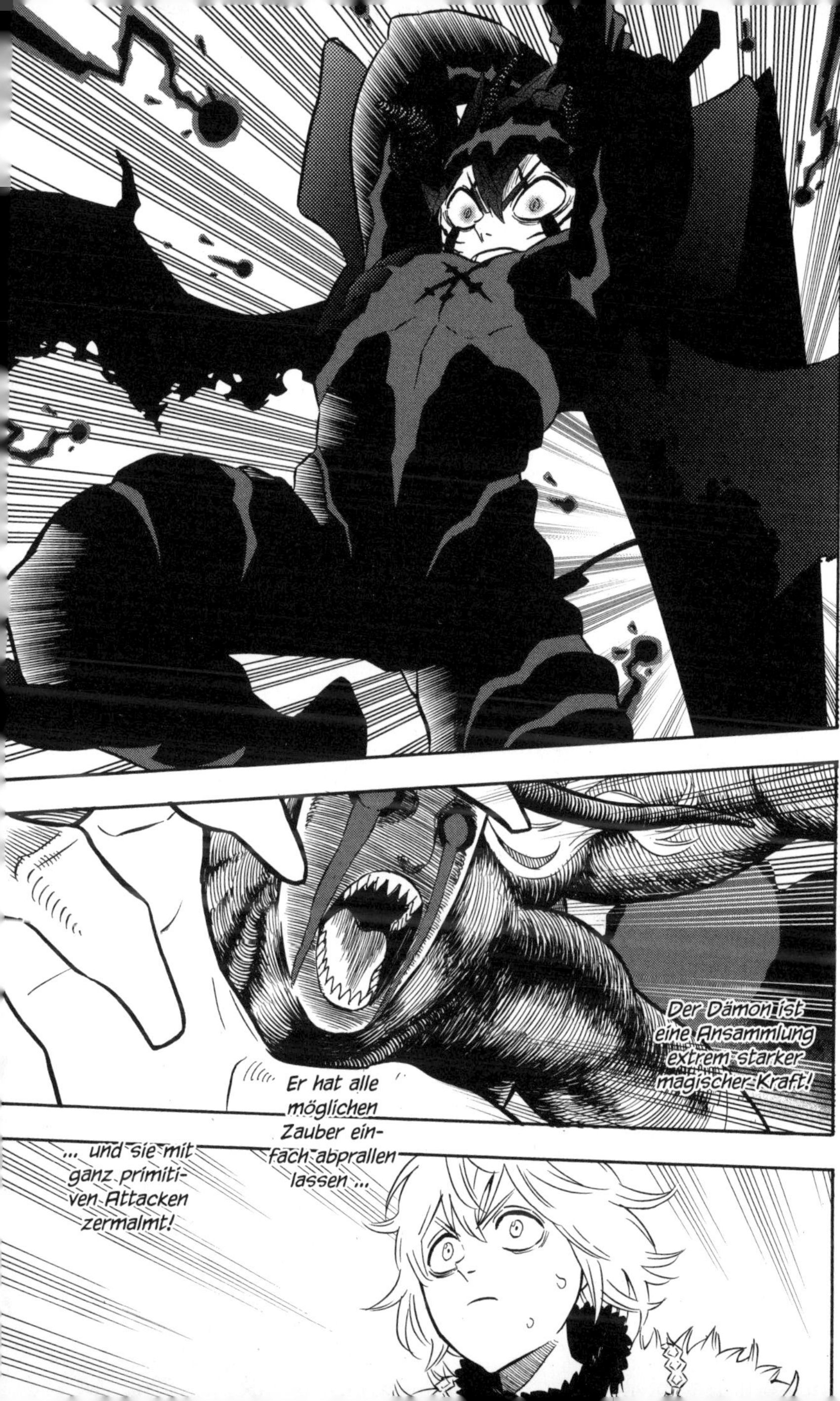
Der Dämon ist eine Ansammlung extrem starker magischer Kraft!
Er hat alle möglichen Zauber einfach abprallen lassen ...
... und sie mit ganz primitiven Attacken zermalmt!

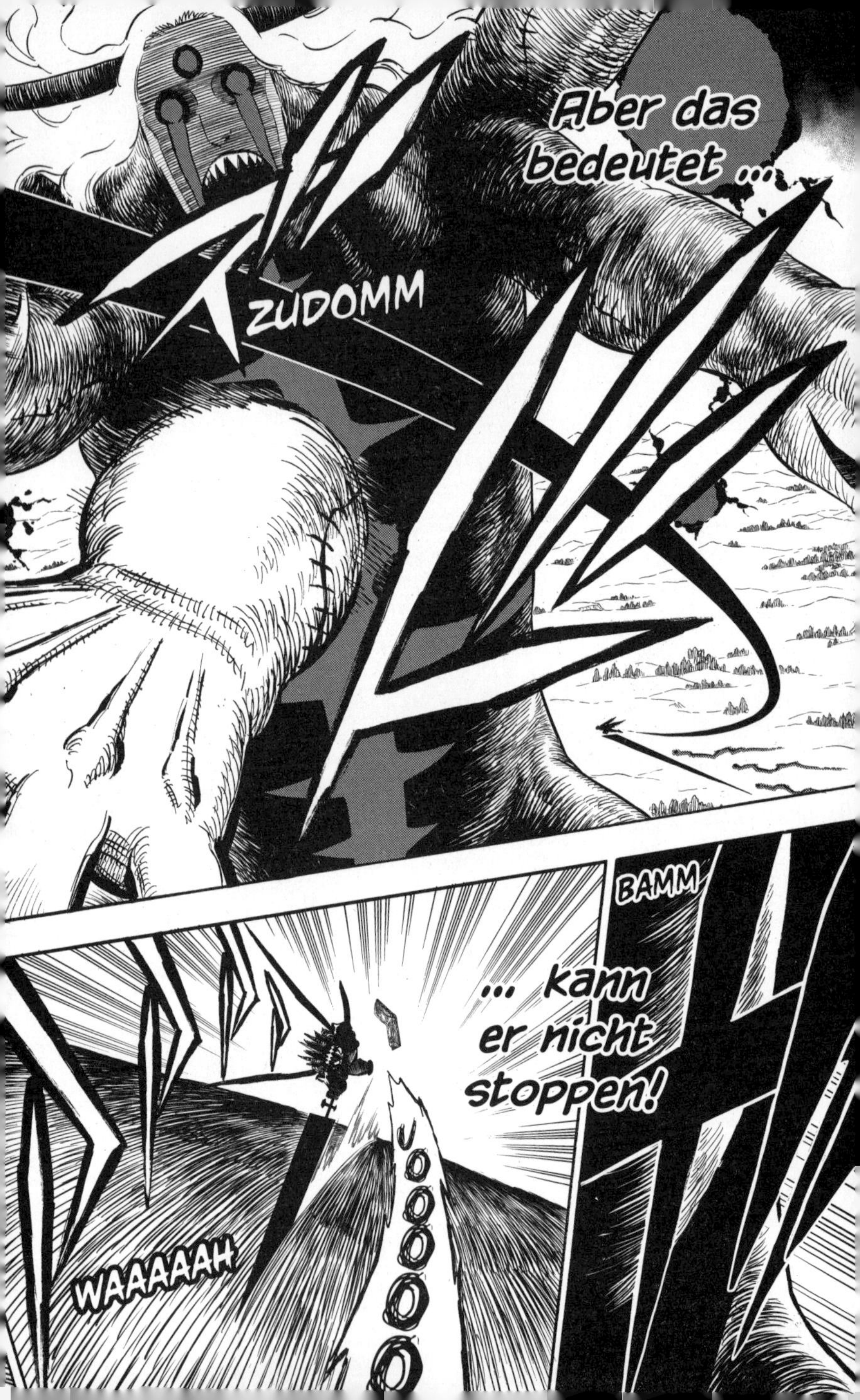
Aber das bedeutet ...
ZUDOMM
BAMM
... kann er nicht stoppen!
WAAAAAH
UOOOOOO

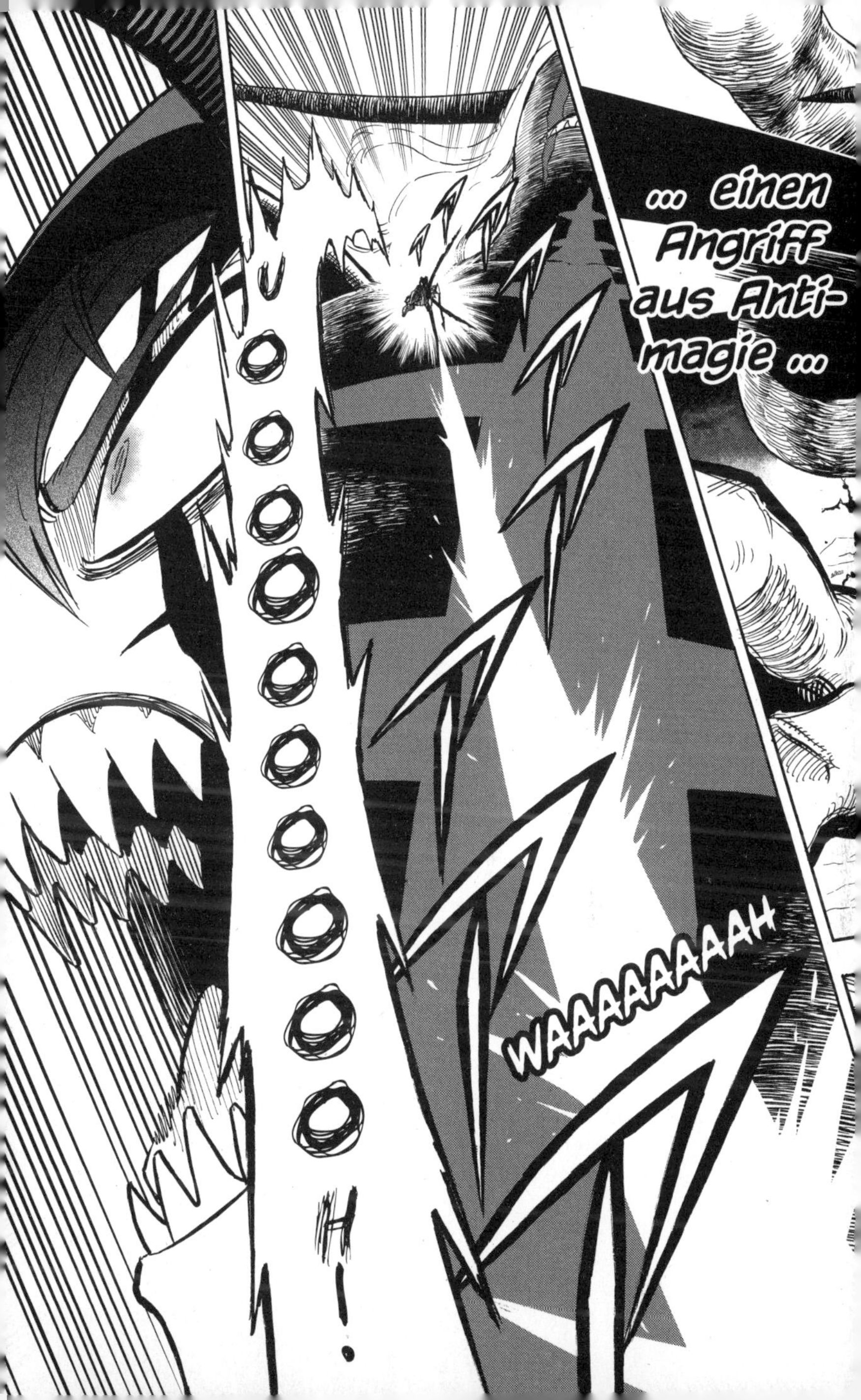
... einen Angriff aus Anti-magie ...
WAAAAAAAAAH

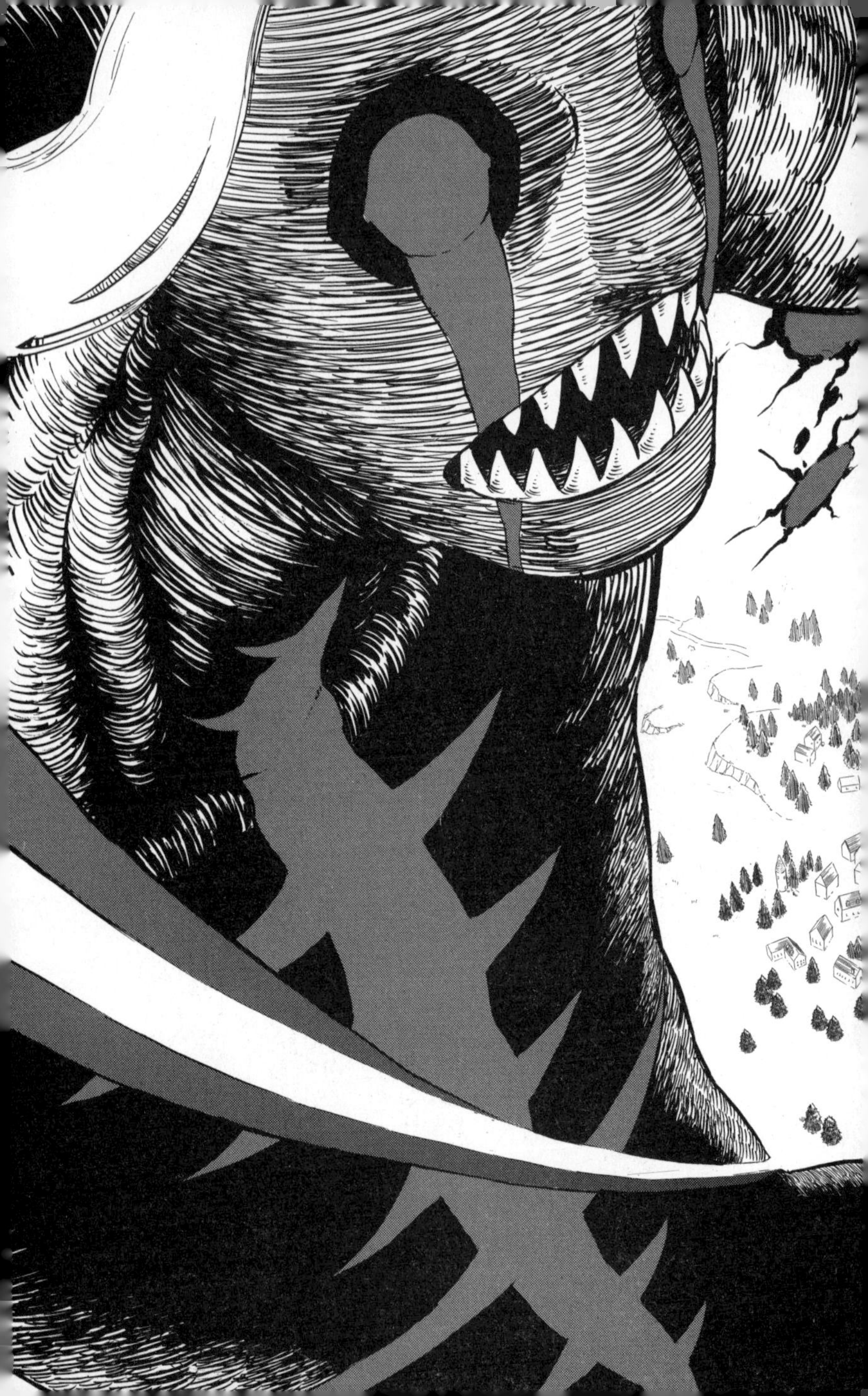

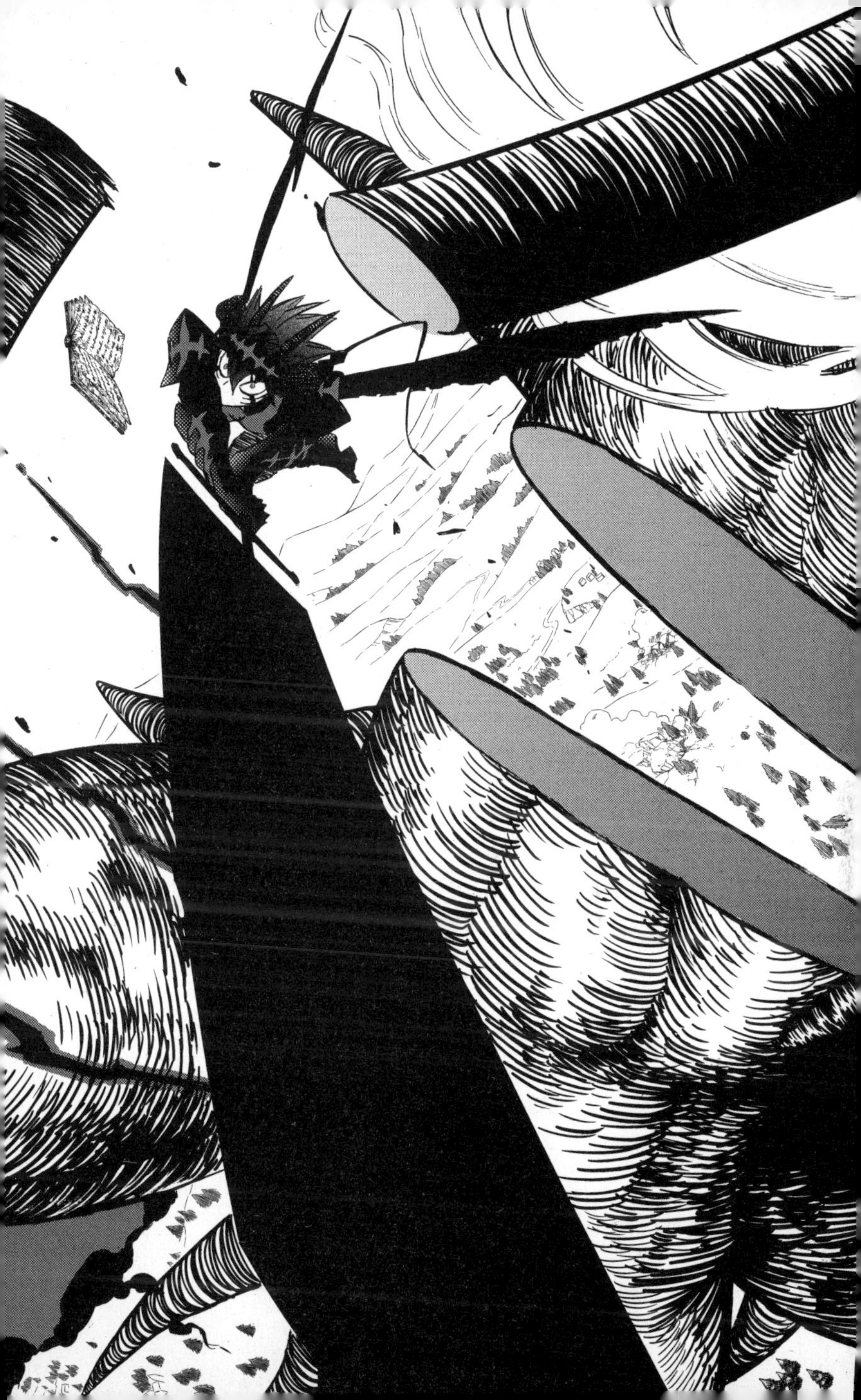

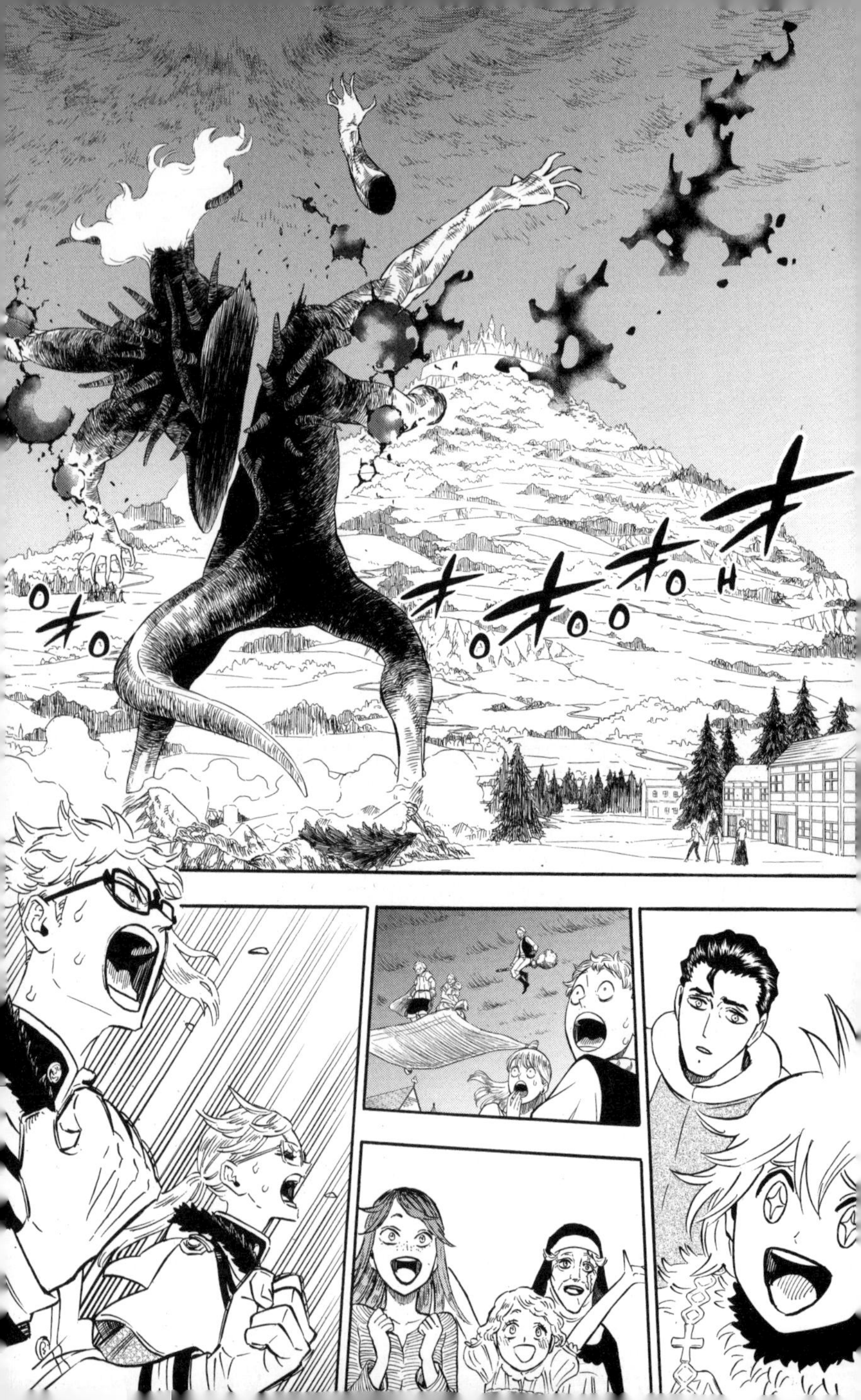
OO
OOOOH

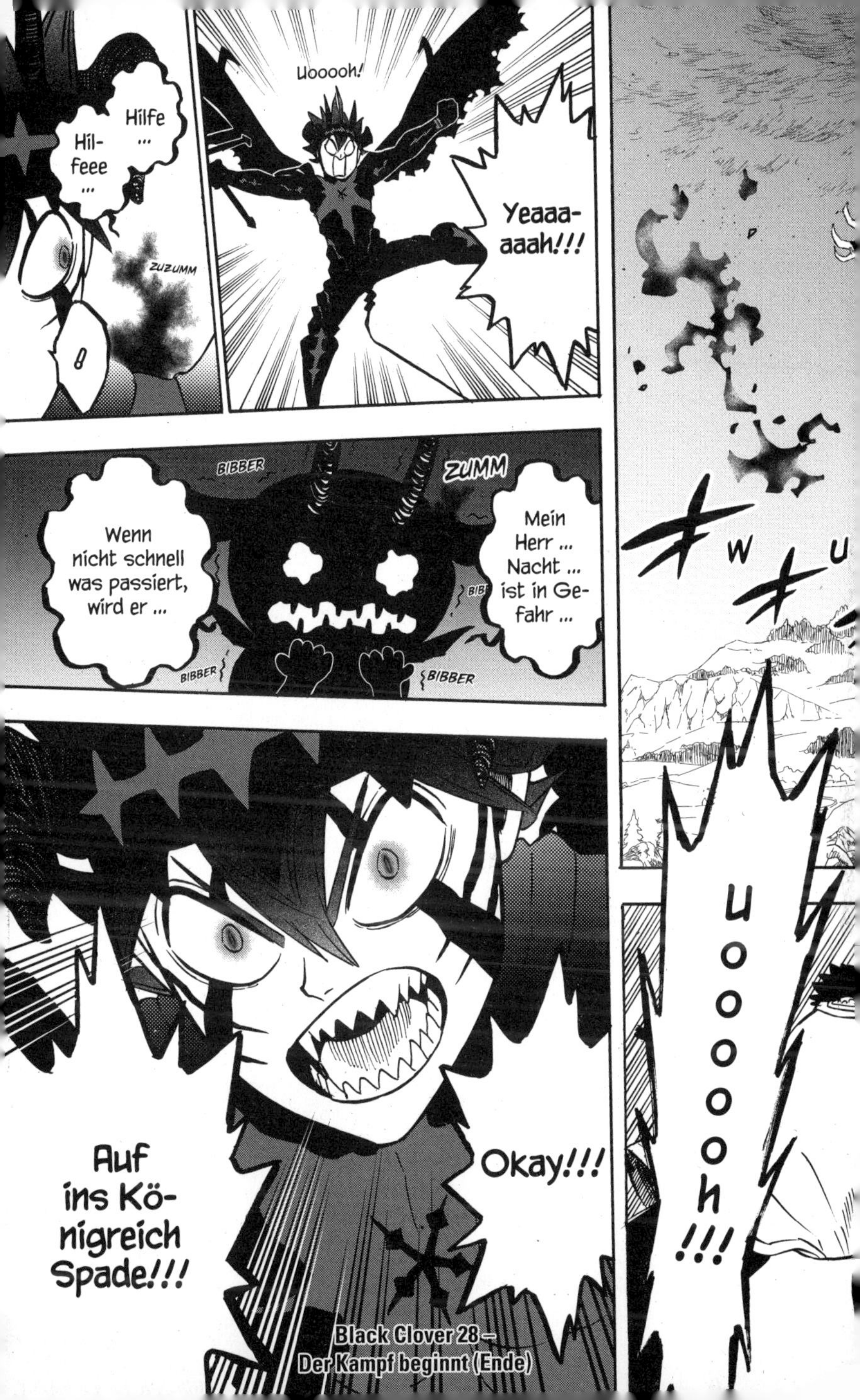

Black Clover 28 –
Der Kampf beginnt (Ende)

DER MANGAKAORDEN »UNBESCHRIEBENES BLATT«

Thema diesmal:
Was sind eure ständigen Begleiter bei der Arbeit (z.B. Snacks, Musik oder Utensilien)?

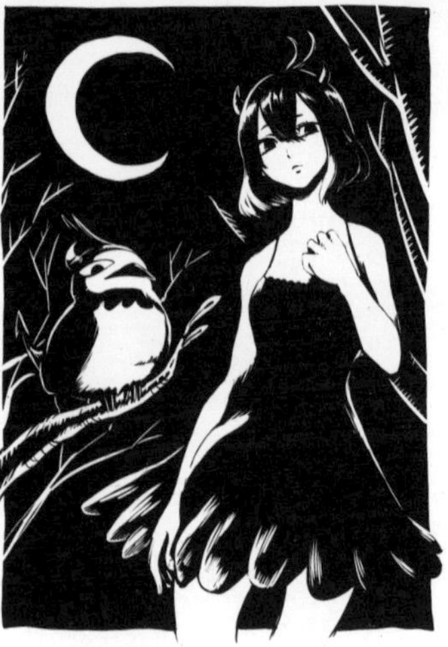

Energydrinks, Comedy-Sendungen, Nasentropfen
Masayoshi Satosho

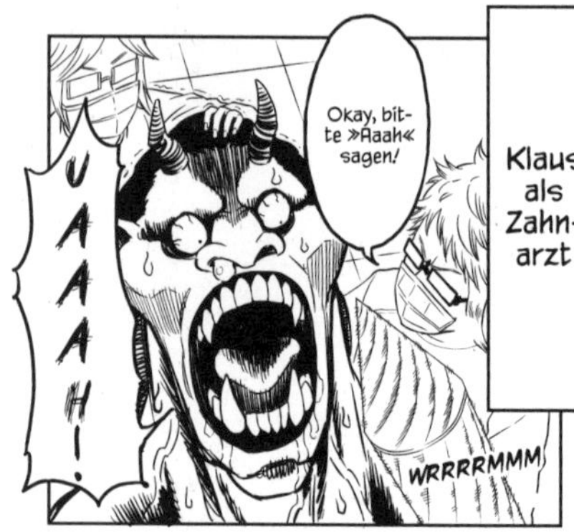

Kaffee, Schoko, Sheena Ringo
Kazuhiro Wakao

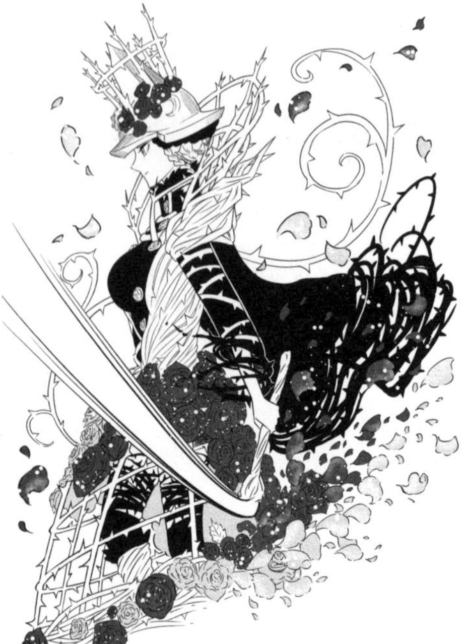

Kaffee
Hayato Sato

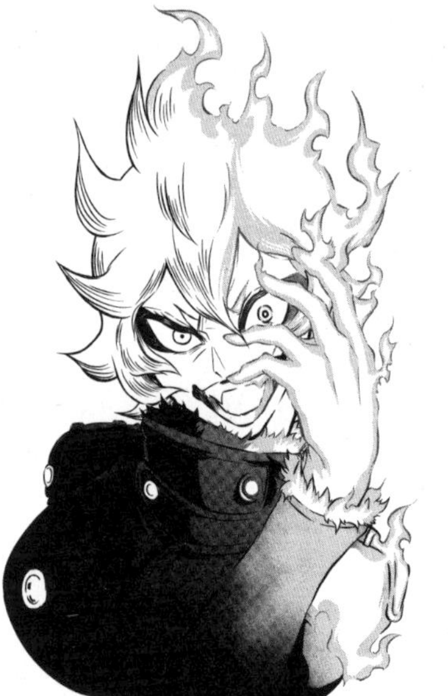

Halsbonbons, Tee, Gesichtsmasken
Sota Hishikawa

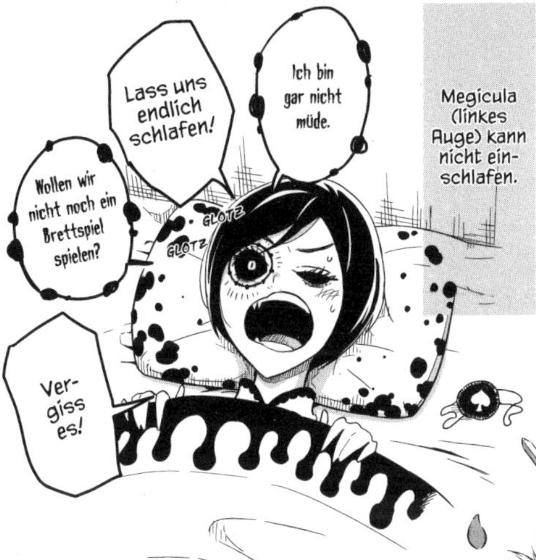

Kaffee, Ramune-Limonade, die Virtual-YouTuber-Gruppe Nijisanji
Yu Aoki

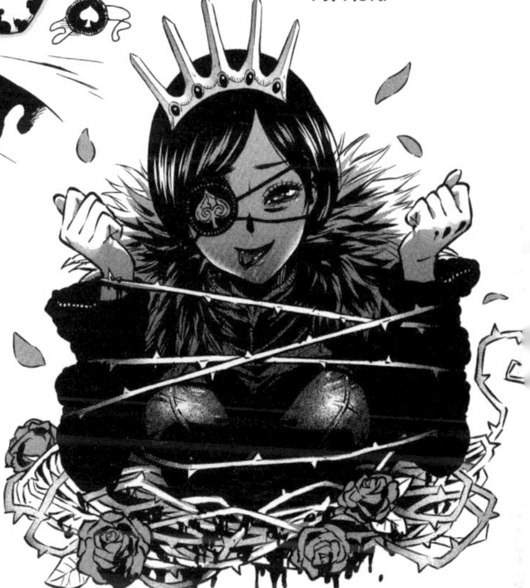

Kaffee, YouTube, Gespräche
Yotaro Hayakawa

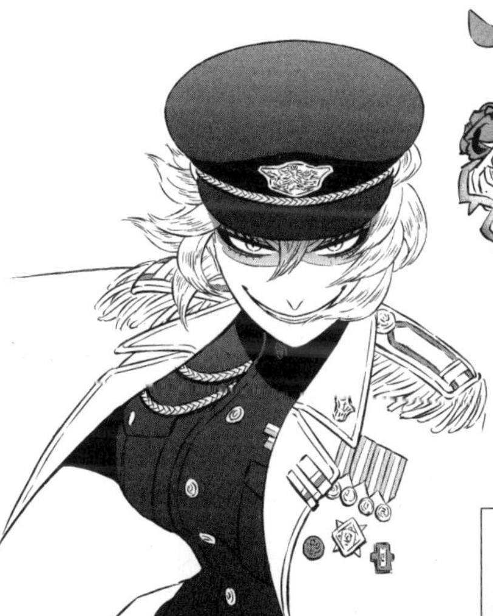

Radio, Filme, Augentropfen
Seiya Miyamoto

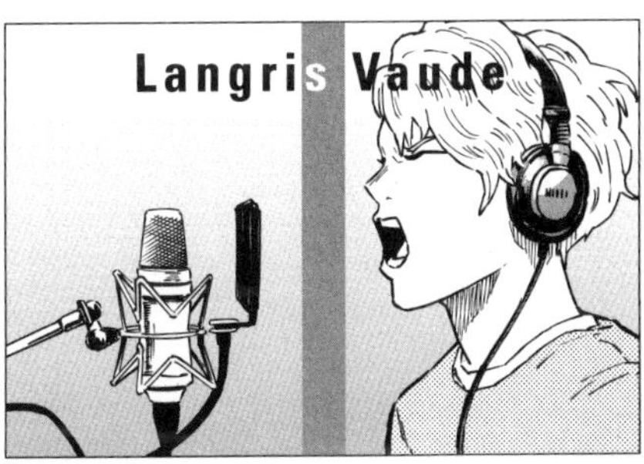

Zwei Sorten Getränke (Ein Tee und ein süßes Getränk)
Yagasa

BLACK CLOVER 28

Der Kampf beginnt

Ein kleiner Zusatz!

Aus meinen Unterlagen:
Die Anführer nach einem halben Jahr.
Vol. 2

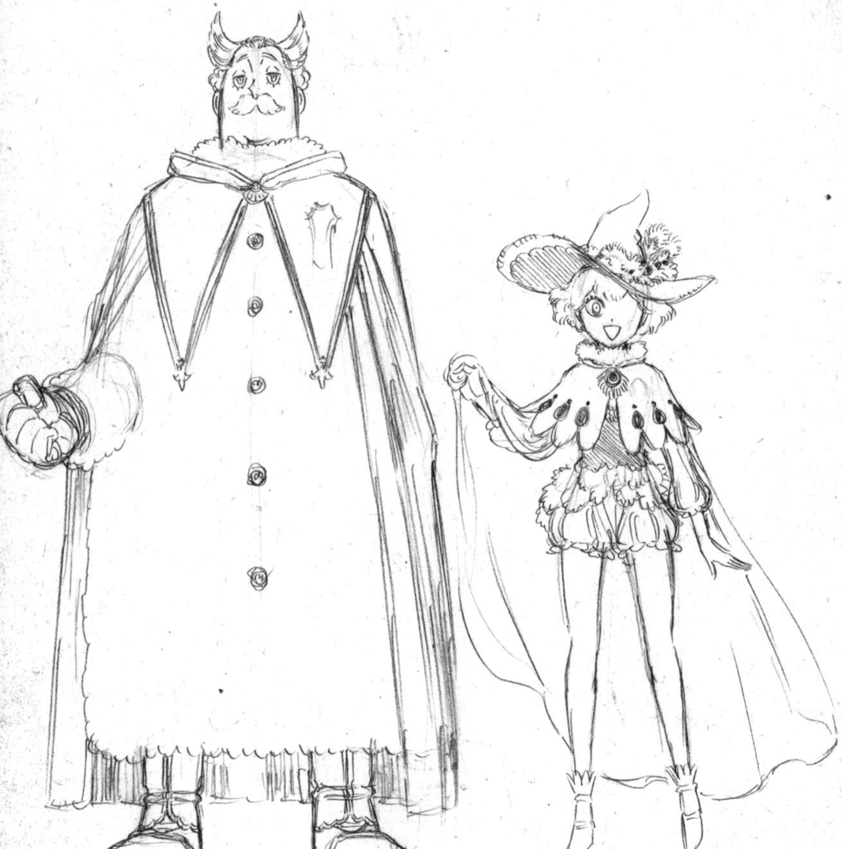

Kaiser Granvorka

Dorothy Unsworth

Yûki Tabata

DER MANGAKAORDEN »UNBESCHRIEBENES BLATT«

Thema diesmal:

Was sind eure ständigen Begleiter bei der Arbeit (z.B. Snacks, Musik oder Utensilien)?

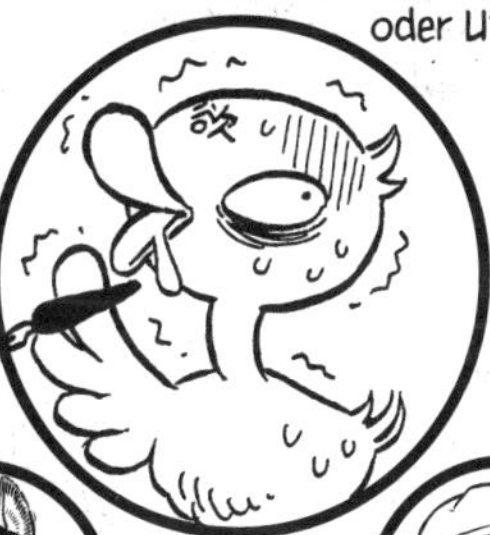

Je nach Stimmung trinke ich verschiedene Energydrinks: Oronamin C, Red Bull oder Ripovitan D!
Anführer Tabata

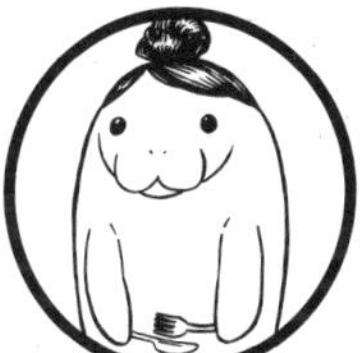

Während ich den Haushalt schmeiße und mich um unsere Tochter kümmere, knabbere ich zwischendurch immer Tintenfischchips mit Zitronengeschmack.
Ⓒ

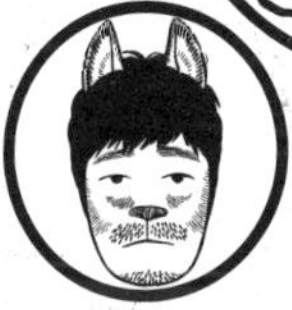

Mintia, Weingummis, Kaffee
Redakteur der Comicbände Fujiwara

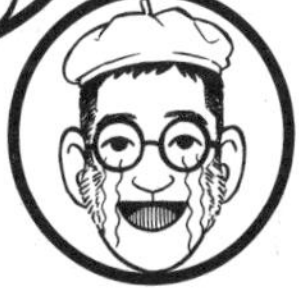

Ich knete durchgehend meinen »Crazy Aaron's Puttyworld Thinking Putty« (Intelligente Knete).
Redakteur Fukuda

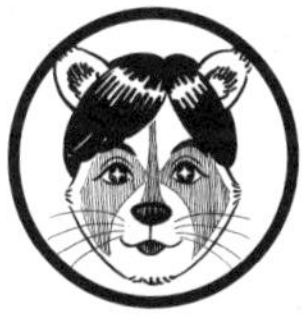

Konjak-Gelee (Traubengeschmack)
Medienbeauftragte Takahashi

Nachwort

Wenn dieser Band erscheint, läuft gerade die letzte Folge des *Black Clover*-Animes!
Unglaubliiiich!
Es hat mich wirklich überglücklich gemacht, dass aus meinem Manga ein Anime geworden ist und ich den Charakteren jede Woche dabei zusehen durfte, wie sie reden und sich bewegen!
Bei manchen Folgen hat sich das Produktionsteam wirklich selbst übertroffen und ich war einfach nur überwältigt!

Vielen, vielen, viiiielen Dank an alle, die am *Black Clover*-Anime mitgewirkt haben!

Der Anime ist jetzt vorerst vorbei, aber der Manga geht weiter! Ich lege mich also wie gehabt ins Zeug!!!

TOKYOPOP®

TOKYOPOP GmbH
Hamburg

TOKYOPOP
5. Auflage, 2025
Deutsche Ausgabe/German Edition

Aus dem Japanischen von Luise Steggewentz

Redaktion: Sabine Scholz
Lettering: Vibrant Publishing Studio
Herstellung: Shujun Wong
GPSR: produktsicherheit@tokyopop.de
Druck und buchbinderische Verarbeitung:
CPI–Clausen & Bosse GmbH, Leck
Printed in Germany

FSC MIX Papier FSC® C083411

Wir achten auf die Umwelt.
Dieses Produkt besteht aus FSC®-zertifizierten und anderen kontrollierten Materialien.

ISBN 978-3-8420-7108-7

www.tokyopop.de

BLACK CLOVER

STOPP!

Dies ist die letzte Seite des Buches!
Du willst dir doch nicht den Spaß verderben
und das Ende zuerst lesen, oder?

Um die Geschichte unverfälscht und originalgetreu mitverfolgen zu können, musst du es wie die Japaner machen und von rechts nach links lesen. Deshalb schnell das Buch umdrehen und loslegen!

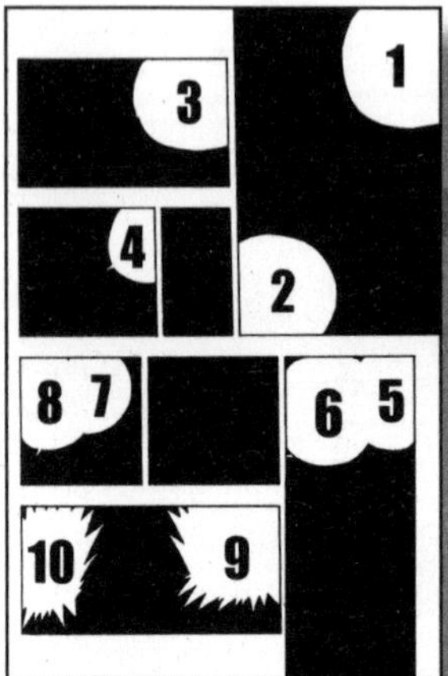

So geht's:

Wenn dies das erste Mal sein sollte, dass du einen Manga in den Händen hältst, kann dir die Grafik helfen, dich zurechtzufinden: Fang einfach oben rechts an zu lesen und arbeite dich nach unten links vor. Viel Spaß dabei wünscht dir TOKYOPOP®!